L'amour,
source de courage

Catalogage avant publication
de Bibliothèque et Archives nationales du Québec
et Bibliothèque et Archives Canada

Dubé Ouellet, Viviane, 1933-

  L'amour, source de courage : roman biographique
  L'ouvrage complet comprendra 2 v.
  ISBN 978-2-922327-52-6 (v. 1)
  I. Titre.

PS8607.U219A62 2010   C843'.6   C2010-942334-8
PS9607.U219A62 2010

MFR éditeur
280, rue des Chênes
Charlemagne (Québec) Canada J5Z 3Z6
Téléphone : 514 648-7092 ou 450 582-9244
Télécopieur : 514 648-6151 ou 450 582-7605
Courriel : *info@mfrediteur.com*
Site Web : *http://www.mfrediteur.com*

Diffusion mondiale : **MFR** éditeur

Révision : ***Corritexte***
corritexte@videotron.ca

Toile de la couverture :
Le sentier du bonheur, France Beaudry

Composition graphique de la couverture et
infographie : PromInfo

Viviane Dubé Ouellet © 2010
450 472-0251

ISBN 978-2-922327-52-6

Viviane Dubé Ouellet

L'amour, source de courage

Tome 1

roman biographique

PRÉLUDE

La fresque de cette odyssée puise sa source dans une école de rang composé de 42 élèves, où une seule enseignante devait suffire à la tâche. La suite peut vous paraître inconcevable. La science nous apprend aujourd'hui que des facteurs insoupçonnés assurent à notre insu la continuité de la création. Les héros de cette biographie sont comme ces papillons ou ces mille créatures de l'air que des ruses de la nature ont menées à leur rencontre. Fort de leur amour et de leur tendresse, ce couple semble donc prédestiné à vivre une des plus grandes histoires d'amour du Québec.

Dès le premier contact avec les protagonistes de ce roman biographique, l'auteure fut captivée par la force de conquérant qui rejaillissait de chacune des étapes de leur vie. Tout lui démontre que, déjà jeunes adultes, ces jeunes gens détenaient la foi du charbonnier, c'est-à-dire une confiance immuable dans l'avenir. Le lyrisme dans leur manière de traduire leurs émotions et leurs sentiments a su l'émouvoir. L'évocation de souvenirs heureux, ordinaires, drôles et parfois tristes... l'a définitivement convaincue de rédiger cette œuvre. Profondément touchée, elle leur dit :

« Ce serait vraiment dommage que se perde l'histoire d'une si grande et si noble aventure. »

Le coup de foudre frappa Véronique et Léonard à l'aube de l'année 1952. Depuis l'adolescence, ces deux êtres se nourrissent d'un même rêve : la passion d'aimer et celle de réussir leur vie. Elle frôle ses 19 ans, et lui, il vient d'atteindre sa majorité. Enflammés par le désir de se retrouver dans les bras l'un de l'autre, les jeunes amoureux chantent en chœur *L'hymne à l'amour* de Piaf. Le dynamisme, la détermination et la ténacité qui les propulsent vers l'avant tout au long de leur vie à deux vont-ils leur permettre de contourner les séismes qu'ils rencontreront très tôt sur leur parcours? Soyons attentifs car, à cause de leurs ambitions, leur comportement devient souvent imprévisible...

L'auteure s'est mise à l'œuvre en 2007. Elle était loin d'imaginer l'ampleur de la tâche. Persévérante, elle a mis en place tous les morceaux du puzzle afin que chacun des événements vécus soient conformes à la réalité. Ce roman biographique semble parfois dépasser la fiction. voici pourquoi l'écrivaine a pris grand soin de vous situer dans le temps et dans l'espace, histoire de vous familiariser avec les mœurs familiales de l'époque, de connaître leur milieu de vie et leurs défis personnels. Le début du deuxième tome vous convaincra de l'importance d'un tel apprivoisement.

Si vous êtes amoureux de la nature et si les enfants occupent une grande place dans votre vie, faites le voyage avec cette femme de cœur et cet homme d'action. Ils vous en feront voir de toutes les couleurs. La morale d'une vie de turbulences est parfois l'apothéose d'un courage à toutes épreuves.

INTRODUCTION

*L*A RANDONNÉE MATINALE vers sa nouvelle classe permet à Véronique et à sa sœur de goûter au spectacle de l'aurore et à la douceur des chauds rayons de septembre. Il y a dans l'atmosphère un je-ne-sais-quoi de différent, de sécurisant. Les sourires qu'elles échangent sont éloquents. Au coin des yeux de la jeune institutrice, brille l'eau tremblante du bonheur et scintille une lueur de paix. À la fin des vacances, la commission scolaire lui a offert une classe nombreuse que d'autres enseignantes ont refusée, bien que cette école soit pourvue d'appartements très confortables pour les enseignantes qui désirent demeurer sur place. C'est une construction récente et moderne pour l'époque : fournaise à bois au sous-sol, électricité, eau courante et salle d'eau.

Quelle différence avec les maisons d'écoles des années précédentes! Là où il fallait sortir au froid pour se rendre aux *bécosses*, situées au fond de la cour, dans un hangar attenant à l'école. On frissonne rien que d'y penser! Ces dernières ressemblaient en tous points aux classes d'Émilie Bordeleau. Ce roman, *Les filles de Caleb*, d'Arlette Cousture, diffusé sur écran a rappelé bien des souvenirs à Véronique...

Bien que cette demoiselle soit une fleur fraîchement épanouie, elle est audacieuse. Le bref parcours de ses 18 ans lui a quand même permis d'affronter certains défis en parcourant la route de l'espoir avec ses parents. Témoin de la précarité des finances des siens, l'aînée de dix enfants a tenu bon pour ne pas laisser filer son rêve d'enfant. Classée en septième année, à l'âge de 12 ans, elle nourrit une ambition qu'elle garde bien secrète : elle vise à exceller aux examens de l'Instruction publique de septième année afin d'être exemptée du cours de huitième. Le secondaire se donne à Trois-Pistoles, au couvent de la Congrégation des sœurs de Jésus-Marie.

Son ultime objectif est de faire en sorte d'épargner les coûts d'une année de pensionnat afin d'économiser le plus d'argent possible à ses parents pour le bénéfice de ses frères et sœurs. Sa détermination lui demandera de l'abnégation. Discipline, volonté et courage lui sont continuellement sollicités pour parvenir au but ultime. Pour la même raison, après quelques années, elle exercera son autorité et ses acquis sans avoir terminé son cours d'École normale.

Véronique commencera à enseigner dès l'âge de 15 ans après avoir fait un an à l'École normale chez les Ursulines, et ce, dans l'espérance de retourner chercher son diplôme. Le sens du devoir, elle l'a fait sien au cours de sa tendre enfance. Dès l'âge de raison, elle est d'un précieux secours pour sa mère qui doit s'absenter, pour une heure ou deux, afin de vaquer aux travaux des champs et de la ferme. Son statut d'aînée de la famille lui a donné le droit de commander, mais en principe, elle a surtout pratiqué l'écoute et la générosité envers ses plus jeunes frères et sœurs.

Ces deux aptitudes qui font partie intégrante des compétences d'un professionnel de l'enseignement ne lui feront jamais défaut auprès des élèves. Véronique est en somme *une main de fer dans un gant de velours*. La jeune institutrice sait se faire respecter. Sa patience et son indulgence auprès des jeunes lui permettent de se faire aimer et apprécier des enfants et des parents... La majorité d'entre eux conservent d'heureux souvenirs de leurs jeunes années scolaires. Son but est de leur transmettre le goût du savoir.

Soif de défi

Nous sommes au matin du 5 septembre 1951. La veille, Véronique s'est installée à l'école avec sa sœur Pascale âgée de 13 ans. Celle-ci passera son certificat de septième année à la fin de l'année scolaire. L'environnement leur plaira au premier coup d'œil : un restaurant, un magasin général, et un bureau de poste se situent à l'intersection des chemins, dont l'un d'eux conduit au village. Il ne manque qu'un clocher, et leur environnement aurait l'aspect et surtout les avantages d'un petit faubourg. Logées confortablement et si bien entourées, les deux jeunes sœurs éprouvent de la satisfaction et pressentent y vivre des jours heureux.

La tête débordante d'idées nouvelles, Véronique voit arriver, par petits groupes, les élèves dans la cour de l'école. La jeune institutrice de 18 ans esquisse un sourire et surveille sa montre. Bien qu'elle soit empressée de les réunir à l'intérieur de la classe, de fortes émotions font palpiter son cœur devant la fourmilière d'enfants qui gambadent sous ses yeux. Une certaine anxiété s'est emparée d'elle depuis son réveil, mais en les voyant agir en toute liberté, elle réalise vraiment à quel point son défi est de taille. Outre la générosité et l'expérience, Véronique conçoit que ce nombre effarant d'écoliers exigera d'elle beaucoup d'audace, d'optimisme et de confiance. En un clin d'œil, elle revoit ses classes précédentes qui comptaient au maximum 25 élèves. De nature optimiste, des pensées positives viennent à sa rescousse et lui apportent l'assurance requise :

«Après trois ans, j'ai appris à lire sur les visages des jeunes», se persuade-t-elle pour se donner de l'aplomb.

En réfléchissant à certaines de ses observations antérieures qui furent pour le moins marquantes, elle a également constaté que, par malheur, certains d'entre eux deviennent souvent plus sournois et plus vindicatifs en vieillissant.

À l'instant même où Véronique mesure son empressement et sa curiosité de faire leur connaissance, elle imagine brièvement la nervosité que les écoliers vivent eux-mêmes en ce moment. C'est avec une impatience fébrile qu'ils attendent que la porte de l'école s'ouvre pour apercevoir enfin la maîtresse qui leur enseignera cette année. Elle se doit de les accueillir chaleureusement écartant cependant tout geste de familiarité. Pour ce jour de la rentrée, la prière suivie du catéchisme se termine en un mot de bienvenue. Tous affichent des yeux souriants, attentifs et vigilants. Son regard se dirigeant tour à tour du tableau aux élèves, afin de capter leur attention, Véronique explique le travail de français qu'elle a préparé pour chaque niveau. Le front penché sur leurs cahiers, les écoliers se mettent au travail. Elle s'adresse ensuite aux plus petits et distribue les livres de lecture aux premier, deuxième et troisième cours. L'enseignante travaille auprès de chacune des divisions afin d'évaluer leurs aptitudes en lecture et en vocabulaire.

Tout en les observant de manière très attentive, Véronique s'abstient de toute réprimande car elle croit que c'est en les laissant évoluer selon leurs habitudes qu'elle pourra, à la fin de cette première journée, déterminer les points à corriger. Devant le nombre important d'élèves dans sa classe, elle mise sur une stratégie dès la première semaine afin de pouvoir donner satisfaction à chacun, y compris aux parents et à elle-même. Sa décision s'avérera efficace :

«Pour faire régner la discipline dans ma classe, mon secret sera de les tenir constamment occupés.» affirme-t-elle à Pascale après le départ des enfants à quatre heures.

Ce leitmotiv sera respecté avec fermeté.

Comme le matériel didactique est rare à l'époque, elle passe ses soirées à écrire analyses et exercices au tableau noir, mettant en pratique les règles de grammaire et les conjugaisons déjà vues, et ce, pour chaque degré. Au cours de la soirée, elle corrige un à un les travaux du quatrième au septième cours. Même si cette tâche se révèle parfois lourde, c'est la seule méthode qui lui permet de découvrir sur-le-champ les notions incomprises.

Les cahiers sont redistribués par Pascale, avant l'arrivée des enfants le lendemain matin, avec des notes explicatives pour les corrections. Durant ce temps, elle s'occupe des première, deuxième et troisième années, l'une à la suite de l'autre jusqu'à dix heures trente. Les 13 petits de première année quittent l'école avant la récréation. Tous les matins, elle donne une dictée aux élèves des troisième et quatrième degrés, celle-ci est suivie d'une seconde comportant les difficultés au programme des niveaux plus avancés. La récitation des leçons s'enchaîne division après division et permet aux élèves de faire, entre-temps, de la correction ou de terminer les exercices inscrits au tableau. Les leçons sont sues et les devoirs sont faits, car les parents secondent la maîtresse auprès de leurs rejetons. À la grande satisfaction de Véronique, la roue tourne avec efficacité. Elle est heureuse de devoir poursuivre cette course contre la montre chaque matin.

L'après-midi se déroule de façon à rendre tout ce petit monde heureux. Les programmes de mathématiques et de français sont suivis à la lettre pour chaque degré tandis que l'histoire, la géographie, le civisme et la bienséance de même que les sciences naturelles sont partagés en deux groupes. Cette initiative de Véronique est fascinante pour les jeunes qui se glorifient d'en apprendre davantage.

Il faut surtout remarquer leurs yeux qui brillent lorsqu'ils répondent les premiers à certaines questions qui s'adressent aux plus avancés. Dès la fin du mois de septembre, elle sait avoir conquis l'intérêt de tout le groupe. Il ne lui reste plus qu'à conserver sa vitesse de croisière afin que les progrès de ces jeunes cerveaux éveillés et désireux de savoir puissent combler les attentes des parents, et des autorités. Dans sa sollicitude, Véronique continue de se rendre disponible durant la récréation ou après les heures de classe pour ceux qui désirent des explications supplémentaires. Une belle complicité s'installe entre les élèves et leur enseignante, et d'excellents résultats ne se font pas attendre.

La patience et l'amour de Véronique pour les jeunes témoignent de quelqu'un qui a toujours eu le goût et la soif d'apprendre. Sa grande sensibilité l'invite à se pencher sur les plus faibles comme sur les plus forts. La profession qu'elle a choisie lui permet de travailler avec amour à l'éclosion de tous ces jeunes et brillants enfants âgés entre 6 et 14 ans. Cette vocation de transmettre des connaissances la remplit de bonheur, bien davantage que son salaire mensuel. La jeune fille de 18 ans fait preuve de zèle et de ténacité, qualités que l'on retrouve à l'époque chez les enseignantes passionnées.

Si la jeune institutrice s'épanouit dans ce rôle, à défaut d'être infirmière ou médecin comme elle l'aurait souhaité, il demeure néanmoins qu'elle est toujours à la recherche de sa voie. Le silence s'en prend jusqu'à ses pensées en les empêchant de se formuler. Sur la tribune de la classe, là où elle passe des heures à corriger des travaux, son regard se fixe parfois sur le jeune boisé d'épinettes chétives qui garnit le flanc de la colline. Elle essaye de percer devant elle l'obscure étendue de l'avenir et d'entrevoir ce que sera sa vie...

Depuis l'été 1948, elle a continué de correspondre avec les religieuses de Yamachiche, communauté chez laquelle plusieurs jeunes professeures talentueuses et ambitieuses sont regroupées au cours de l'été par les Inspecteurs de l'Instruction publique. Riches du don de l'enseignement, ces demoiselles qui œuvrent dans le domaine sont identifiées rapidement par les responsables de l'instruction au Québec qui, lors de ces années de pénurie, se tiennent constamment à l'affût de jeunes filles douées pour cette mission. Ces demoiselles ont la chance de recevoir de cette École normale, pendant les vacances, des cours gratuits afin de parfaire leur pédagogie. Ce manque de professeurs, qui commence déjà à se faire sentir à l'époque, annonce l'ère des *Baby-Boomers*. Cette dernière n'est pas encore identifiée.

Depuis ce stage, Véronique continue de prier afin de connaître *sa vocation*. Toutefois, elle n'ose pas encore partager le secret avec ses parents ni avec personne à l'exception de sa sœur Suzanne, seule confidente de Véronique. Tous ignorent le projet qu'elle nourrit. Cette jeune fille est une personne généreuse qui aime la vie, mais qui demeure toujours timide devant les inconnus et, surtout, envers le sexe masculin. Ce qui la différencie des demoiselles de son âge est son penchant pour le recueillement et la prière. Son âme s'élève naturellement devant les splendeurs de la nature et ses pensées se tournent vers le Créateur et les merveilles qu'Il a daigné offrir à l'être humain. Elle garde de bons souvenirs des années où elle fut pensionnaire. Elle éprouvait jadis des frissons en entendant les voix des religieuses venant de la chapelle qui, vers les cinq heures du soir, entonnaient des psaumes vers le Très-Haut. Son imagination évoquait le chœur des anges chantant et dansant dans le ciel. Ses deux années d'étude auprès des sœurs lui ont laissé de profondes traces, elle a découvert chez certaines de ces femmes de Dieu toute la sollicitude qu'elle regrettait ne pas avoir trouvée chez sa mère à l'époque de sa puberté. Et, c'est sans doute grâce à elles et aussi à la formation qu'elle a reçue d'elles que Véronique a pu faire taire sa révolte et rétablir une meilleure communication avec l'Auteure de ses jours.

Considérant les conditions auxquelles les fidèles épouses étaient soumises pendant cette période de grande noirceur, Véronique reconnaît que les aînées des grosses familles de cette époque ont presque toutes eu un rôle de premier plan à jouer. Plusieurs d'entre elles ne se sont jamais mariées ou sont entrées au couvent par dépit. Devant la maladie ou le poids de la fatigue, devant le surcroît de travail et le nombre de bébés qui se multipliaient année après année, vers qui ces pauvres femmes pouvaient-elles se tourner, sinon vers leurs filles? En plus d'assumer les trente-six métiers qu'elles accomplissaient à l'intérieur du foyer, précisons que la plupart des maris comptaient sur leurs conjointes pour partager les rudes travaux des champs. Par contre, jamais un seul d'entre eux n'a osé laver la vaisselle ou changer le petit...

Cette adolescente âgée de 15 ans, toujours sous la tutelle familiale et paternaliste, dut posséder un bon matin de septembre tous les attributs d'une adulte autonome, efficace et digne. Ayant grandi dans un vase clos, elle n'a aucune expérience en communication. Elle avait entretenu le sentiment collectif d'infériorité des filles de rang, ce qui lui faisait rechercher l'approbation de tous côtés. À compter de ce jour-là, il lui faut vaincre sa timidité chaque fois qu'elle doit intervenir, se présenter dans un commerce, participer à des réunions, et même lorsqu'arrive le moment de recevoir les personnalités qui se présentent en classe tels que messieurs le curé, l'inspecteur, et parfois le commissaire d'école.

Jusqu'à présent, elle a beaucoup apprécié l'amabilité, voire le respect de la majorité des parents de ses élèves. Elle reconnaît que leur attitude lui a facilité la tâche de beaucoup, surtout au cours de ses deux premières années d'enseignement.

Maintenant à l'aube de ses 18 ans, des questions épineuses tourmentent le cœur et la raison de Véronique. La sollicitude et la compassion envers les enfants sont-elles devenues les mesures qu'elle a prises pour répondre et coopérer à l'œuvre de la création? Elle l'ignore. Peut-être que la générosité qui l'habite est une invitation à se retirer du monde. Pourquoi sent-elle un bien-être en consacrant ses journées et ses soirées au développement, à l'instruction, à l'éducation et à l'épanouissement des jeunes? Son intérêt pour l'éducation est-il relié au besoin de vivre à l'intérieur des murs d'un couvent? Un matin en se réveillant, survient une interrogation qui supplante toutes les questions précédentes et qui l'aidera peut-être à clarifier son questionnement :

«Et moi, est-ce que j'en veux des enfants? Même au prix de sacrifier toute la sécurité offerte à toutes ces filles qui entrent en religion et qui, du même coup, font fi des plaisirs et des détresses des mères d'une nombreuse couvée! Suis-je prête à mettre des enfants au monde même au prix de sacrifier une vie paisible, une vie sans trop de soucis?»

Cette question embarrassante lui demandera encore beaucoup d'introspection et de discernement. À travers le dédale de son cheminement, ce choix, pourtant encore très épineux, en 1950, à cause de la résistance de l'Église envers les moyens contraceptifs, apparaît sans ambages aux yeux de Véronique. Sur un point, sa résolution est déjà prise :

«Même dans les conditions idéales, jamais elle ne voudrait avoir autant de marmots que sa mère. Les règlements sont faits pour servir les gens, pas pour les soumettre», raisonne-t-elle.

Ce matin-là, il apparaît à Véronique que son orientation s'avère trop importante pour être prise à la légère. De nombreux éléments tant négatifs que positifs viennent souvent contredire les notions qu'elle a acquises et qui ne manquent pas de faire osciller la balance, soit vers le noviciat, soit vers le mariage. Elle implore Dieu de lui donner des signes révélateurs sur le rôle qu'elle doit jouer dans l'avenir. Quelle est la mission qui l'attend en ce bas-monde? Plus les jours passent, plus elle a de la difficulté à se sentir en paix, heureuse avec elle-même. Elle est consciente que cette classe multiple lui demande déjà beaucoup d'énergie et de concentration. Une pensée éclairée lui rendra cependant la tranquillité d'esprit lors des semaines qui suivront. Son intuition lui dit de lâcher prise :

« Je n'ai que 18 ans, rien ne presse! Arrête! Cette déli-bération a assez duré. Après tout, j'ai signé un contrat avec la commission scolaire que je dois respecter! »

Avant que cela ne devienne une obsession, elle s'en remit au Tout-Puissant et réalisa que la priorité actuelle était de demeurer entière, constante et joviale auprès des jeunes frimousses. Soulagée momentanément du tourment qu'elle s'infligeait à vouloir fixer son avenir, elle remarque que le réveil du lendemain s'effectue sur une note beaucoup plus joyeuse, voire entraînante. Cette intense réflexion mise de côté apaise la tension tout en dégageant la respiration de l'enseignante. Elle se sent beaucoup plus énergique pour vivre son moment présent. Elle demande par contre la grâce d'être éclairée lorsque l'heure sera venue de faire un choix.

Donner le goût du savoir reprend ses droits de lé-gitimité dans le cœur de Véronique. Demeurant à une distance éloignée de leur bercail et n'ayant pas de moyen de transport, l'école est devenue, pour les deux sœurs, une demeure quasi permanente. Afin de combler les longues heures de certains dimanches après-midi, elles répondront, après plusieurs semaines, aux invitations reçues du voi-sinage. Puis, de fil en aiguille, les demoiselles de son âge viendront leur rendre visite de temps à autre. En compagnie de Pascale, elle se rend au magasin général pour remplir le garde-manger. Elles doivent parfois repousser cette sortie à cause de la présence intempestive des hommes qui se complaisent dans ce repaire qu'ils ont adopté afin de se retrouver entre eux. Bien que ce soit la dame du propriétaire qui les accueille, Véronique et Pascale se sentent incommodées devant toutes les paires d'yeux qui les regardent de biais en ayant l'air de s'interroger à leur sujet. Quelques-uns les dévorent du regard, mais sans jamais oser leur adresser la parole.

Dans ce rang, où les fermiers commencent à fleurir à vue d'œil, les cultivateurs et les commerçants se soutiennent. Les uns ne peuvent pas vivre sans les autres. Le magasin du coin est, sans contredit, le rendez-vous de tous, jeunes et moins jeunes. Cet endroit devient une source de vie où on échange expériences et opinions. On s'entretient autant des nouvelles que des renseignements qui se diffusent sur les ondes radiophoniques. De plus, c'est la place où l'on s'informe et où l'on discute des affaires du gouvernement, des nouvelles politiques. On se fait un plaisir de louanger ou de condamner le député de la région, surtout en temps d'élection. On parle de la nouvelle industrie du tracteur avec la mécanisation qui s'y rattache, des prix, des changements qui s'opèrent dans la culture depuis la guerre, des nouveaux couples entourés d'une marmaille imposante...

Bref, ce lieu s'avère une oasis de dialogues et de retrouvailles, surtout après les Fêtes, pause au cours de laquelle le labeur des fermiers s'allège. Ces intervalles sont absolus et primordiaux pour les agriculteurs qui peinent depuis avril dernier. Tous jouent aux cartes en regardant la neige tomber drue et fine. Du coin de l'œil, ils surveillent le vent qui claque ses longs fouets dans les vitrines du magasin car une tempête n'attend pas l'autre à cette époque de l'année dans le Bas-Saint-Laurent. Le soir, chacun ramène à la maison des bribes de leur milieu paroissial et des différentes associations existantes à l'ère des années cinquante.

À peine croyable, mais dans ce climat harmonieux, certains ont vu là se dessiner des fresques de leur avenir.

Le mois de décembre s'achève. Véronique prépare la belle fête de Noël avec les enfants. Entourée de cette marmaille à laquelle elle s'attache de plus en plus, l'enseignante avoue être plus heureuse que jamais. Les élèves lui donnent à la mesure qu'ils reçoivent. Bien que l'institutrice verse à ses parents une partie de sa paye au montant de quatre-vingt dollars par mois (80,00 $), elle a prévu des économies pour l'achat de petits cadeaux. Son but est de souligner non seulement la fête de l'Enfant-Jésus, mais aussi de récompenser le travail soutenu depuis le début de l'année.

Au matin du 22 décembre, une surprise les attend. Une période de chants de Noël écrits au tableau décoré finement de sapins multicolores modifie l'ambiance coutumière et enchante tout son petit monde. La dernière heure de l'avant-midi est réservée aux récits; assis à leur place, ils racontent à tour de rôle les souvenirs du plus beau Noël qu'ils ont vécu. Dans un coin de la classe, les petits de première et de deuxième année lui confient tout ce qu'ils attendent du petit Jésus. Tout en faisant des rapprochements avec la naissance d'un de leur petit frère, elle leur raconte ensuite la naissance du petit Jésus. Elle se doit d'être prudente car les traditions commencent à changer au début des années cinquante, mais pour plusieurs, les cadeaux se donnent encore au Jour de l'An. Noël est uniquement une fête religieuse, bien que certains entretiennent des liens avec leur parenté des États-Unis et finissent par adopter leurs coutumes, telle que celle du réveillon. Pour ceux qui n'ont pas de foyer, le bas de Noël pendu à la tête du lit semble faire partie de nos mœurs depuis toujours.

Ceux qui demeurent au loin dînent à l'école. Au cours de l'après-midi, une période de dessin est suivie d'une longue récréation au milieu de laquelle Véronique leur distribue chocolats, bonbons colorés et sucre à la crème. Les bonbons enveloppés dans de petits sacs sont tirés au sort. À la sortie, elle leur offre une petite surprise enrubannée qu'ils devront mettre près de la crèche, car c'est carême dans le temps de l'Avent. Véronique n'insiste pas sur l'arbre de Noël ignorant si chaque élève a le bonheur d'avoir son sapin. S'imprégnant de la joie des petits et des grands, les émotions l'envahissent tout à coup. Comblés d'un tout petit rien, les enfants quittent l'école, ce soir-là, heureux comme des princes, en fredonnant des cantiques de Noël.

Le lendemain, vers les onze heures, une *sleigh* s'engage dans la cour de l'école. Pascale court ouvrir la porte avant que son père n'ait le temps de sonner :

«Nous t'attendions, lui dit-elle avec un sourire pétillant.

«Bonjour les filles! Ça va bien? Comme il fait bon chez vous!

Véronique est fière de lui montrer certains détails pour lesquels celui-ci n'avait pas été mis au courant. Leur petit chez-soi est propre, confortable, mais décoré avec modestie.

— Quelle belle école comparée à celle de l'année dernière! Faudrait pas que ta mère voie cela, il y a de quoi être jalouse!

— Si vous êtes prêtes, on y va, car la jument va prendre froid.

Ils s'enveloppent de la grande peau de mouton, et les briques sont encore chaudes. En route, leur père leur apprend :

— Il ne reste plus que deux jours avant Noël, et beaucoup de préparatifs sont à terminer pour le repas de famille. On va s'arrêter au village, votre mère m'a donné une liste.»

Elles ne sont pas rentrées au bercail depuis plusieurs semaines, vu que la fin de semaine de chaque mois est consacrée à calculer les notes des *"concours"*. Ce travail est suivi de l'évaluation du comportement de chacun : les efforts, le succès ou les échecs et les absences. Pour faire suite, l'institutrice doit transcrire le tout en détail dans le bulletin de chaque enfant, puis dans le grand journal de l'école. Si on se fie aux expressions verbales et à l'empressement de se faire des accolades, on devine que cette séparation fut difficile pour eux, du plus petit au plus grand. L'ambiance de la maison retrouve sa gaieté, les rires fusionnent. Avec Suzanne, cadette de Véronique et aînée de Pascale, elles forment un joli trio.

La vie offre des chances inégales à ces trois sœurs qui ont peu de différence d'âge. Suzanne est une fille trop généreuse à qui sa mère a confié la maisonnée. Se souciant de toutes les responsabilités qu'elle doit assumer, celle-ci fut souvent le sujet de conversation entre Pascale et Véronique. Les deux petites dernières, Jocelyne et France, leur ont aussi beaucoup manqué. On sous-entend que nos deux visiteuses questionnent Suzanne au sujet de l'atmosphère et des conditions matérielles qui régnaient au foyer pendant les fins de semaine où elles étaient absentes. Afin de compenser, celles-ci se sont promis de semer la paix, la gaieté, l'harmonie et l'amour au sein des leurs pendant ce temps de réjouissances.

Les retrouvailles sont des plus joyeuses et prennent souvent un air de fête. Les jours de vacances défilent à vive allure et ne sont jamais assez longs pour raconter tous les faits cocasses qu'ils ont vécus pendant leur éloignement On connaît leur situation, septembre les sépare les uns des autres depuis quatre ans. Romance et sa mère sont absentes du lundi au vendredi soir tandis que Pascale et Véronique, confortables dans leur école et dépourvues de transport, brillent par leur absence trois fins de semaines sur quatre. Les parents profitent de cette blanche campagne qui scintille au soleil pour rendre visite aux parents d'Esther qui se font vieux. Les grands-parents vivent sur le bien paternel avec leur fils Marius et son épouse Annette, des nouveaux mariés.

Après avoir fait du sucre à la crème, Véronique et Suzanne se préparent à concocter une nouvelle recette pour le souper. Ces jeunes frères et sœurs n'ont pas besoin de télévision pour se distraire. Liés par des confidences et des complicités depuis toujours, il n'existe aucun secret entre ces jeunes comparses. Leurs furtives et tacites conni-vences se partagent dans des éclats de rire. Selon eux, c'est le temps de l'apprentissage, et ils font presque l'éloge de leurs étourderies.

Autour de la table pour le souper, survient dans la conversation un fait inusité, voire contrariant et humiliant pour certains d'entre eux. Personne n'a fait allusion à cet accroc depuis l'incident. Prises par les urgences et l'ouverture des classes, les grandes n'ont pas eu la chance de faire la lumière sur ce fait. L'occasion rêvée leur est offerte aujourd'hui sur un plateau d'argent. Pour une fois, Esther n'est pas dans le secret... Par contre, Germain, l'aîné des garçons, pose une condition avant de se livrer :

«Que tout ceci reste entre nous, sans quoi vous ne saurez rien.

Elles acquiescent.

Spontanément, avec un sourire tantôt espiègle, tantôt embarrassé, Germain décrit toute la mise en scène :

— C'était au début d'août. Avant de monter dans le *boghei* avec maman pour se rendre au village, papa nous demande de vider la charrette de son contenu et de déplacer un amas de paille qui se trouvait dans le coin nord du *fenil*.

Après l'avoir transporté, Richard suggère :

— On devrait faire une surprise à papa. Le voyage de foin vert que l'on a étendu est sec maintenant, pourquoi on ne l'enverrait pas sur la tasserie avec l'autre? Ensuite, on pourrait mettre de côté tout ce qui traîne et balayer le plancher du *fenil*. Il sera étonné à son retour!»

En accord, Germain et les autres se sont mis à l'ouvrage.

Tout à coup, Richard pique la fourche sur une matière solide. Il crie aussitôt à ses frères Germain et Jérôme. Ils y vont avec précaution ne sachant trop à quoi s'attendre, peut-être un vieux meuble, qui sait ? Imaginez la trouvaille lorsqu'ils découvrent une imposante cruche de grès dans laquelle leur mère conserve ses cornichons pour l'hiver. On lève le couvercle :

— Un effluve nous monte au nez, pas celui des cornichons mais plutôt une exhalaison de vapeurs sucrées et acidulées, on tourne autour comme si on avait découvert une bombe, dit-il. De minuscules petites bulles s'échappaient de temps à autre de ce liquide odoriférant.

Le découvreur de cachette lève la tête vers nous et poursuit tout en badinant :

— Si le goût est aussi agréable que la senteur, ça doit être pas mal bon. C'est la couleur du vin, j'ai envie d'y goûter.

Jérôme court à la maison chercher une tasse :

— On a chaud et le petit liquide rosé est plutôt désaltérant et pas mauvais à boire non plus, dit Germain. Après y avoir goûté, Richard et moi, on a continué notre corvée. »

Pendant toutes ces heures, Véronique et Suzanne avouent ne pas s'être inquiétées de leur absence car les garçons avaient de l'ouvrage pour la journée. À quelques reprises, les intonations qui leur parviennent de la grange leur laissent croire que tout se déroule avec facilité. Au souper, de la bonne humeur et des fous rires sont de la partie. Ne se doutant de rien, leurs grandes sœurs les excusent sur le moment.

En dépit de ses bonnes intentions, la pauvre Suzanne ne parvient pas à maîtriser toute l'indignation qu'elle a ressentie ce soir-là ; et lui vint soudain le goût de les rabrouer, elle prend la parole :

— Notre cauchemar a commencé vers 8 heures lorsqu'il fut l'heure de la toilette. Après une journée dans la poussière, c'était une urgence de vous laver! Jérôme a répondu à mon appel sur-le-champ. Je revois encore Richard descendre l'allée en titubant derrière Jérôme. Ignorant le pourquoi de son comportement, je cours vers lui pour l'aider. Il était si mal en point, j'étais obligée de le soutenir! Soudain, une étrange senteur vient m'effleurer les narines! À mon grand étonnement, son haleine dégageait une forte odeur de boisson. Prise de panique, la moutarde m'a monté au nez. Là, j'ai crié à Véronique pour qu'elle aille à la rescousse de Germain. Par bonheur, sa condition était beaucoup moins alarmante que celle de Richard. Tu étais trop euphorique pour mon goût, mais tu pouvais te déplacer sans l'aide de personne, dit-elle en lui jetant un regard sévère.

Même après des mois, les émotions que Suzanne avait éprouvées ce soir-là et qu'elle croyait chose du passé l'atteignaient avec intensité. Son jeune instinct maternel qui s'éveille clame toute l'importance du rôle qu'elle joue auprès d'eux depuis plus de trois ans. Elle ne peut s'empêcher de les gronder, et de manière radicale elle ajoute :
— Imaginez l'air que vous aviez ce soir-là!
— Chaque minute se révélait dramatique pour nous tous, déclare Véronique. Lorsque Richard, aussi pâle qu'un drap, s'est vidé l'estomac au beau milieu de la cuisine en entrant dans la maison, on a su que vous aviez bu et nous étions très inquiètes. Mais où, quand et comment aviez-vous obtenu cette boisson? Là était notre question...

Puis, en levant vers eux un regard compréhensif, l'aînée veut les amener à réfléchir :
— L'heure du retour de nos parents approchait, vous n'étiez pas conscients de l'anxiété que vous nous faisiez vivre?
Pour clore la discussion et sans doute pour se donner bonne conscience, Germain, son jeune frère de 12 ans, ajoute dans un murmure :

— On lui avait quand même préparé deux autres belles surprises», glisse-t-il en regardant ses sœurs de ses yeux enjôleurs.

Dans un moment de silence, chacune d'elles revit la suite des péripéties de ce soir-là. Les haut-le-cœur de Richard à peu près disparus, leur toilette terminée, les trois garçons furent mis au lit. Mais comment cacher cette histoire aux parents? Cette inquiétude continuait de harceler les gardiennes. Au cas où ils apprenaient la vérité, Suzanne et Véronique savaient très bien que les blâmes se dirigeraient contre elles, les aînées. Elles imploraient le ciel que le facteur temps leur vienne en aide. Même après avoir tout nettoyé, une tension s'emparait d'elles, étant certaines que des relents d'alcool occuperaient encore la cuisine à leur retour, même après s'être préoccupées d'aérer au maximum. Toujours est-il qu'elles furent épargnées! L'alerte ne se rendit pas, cette fois, jusqu'à Esther. Les filles ne comprenaient rien. Dans leur chambre, ce soir-là, elles chuchotaient :

«C'est surprenant que notre mère ne se soit rendu compte de rien. Elle a tellement d'intuition, on ne peut jamais rien lui passer. Si elle n'a rien perçu en entrant, c'est qu'elle avait sans doute d'autres problèmes à régler ce soir.» déclare Pascale.

Les aînées furent d'une discrétion sans pareille durant les jours qui suivirent, non pas pour protéger leurs frères, mais bien dans le but d'éviter une querelle entre Esther et Antoine. Quant au père, voyant le remue-ménage du *fenil*, il n'est pas surpris de la présence de quelques intrus autour de sa cache. Stupéfait devant la réduction du contenu, Antoine ne sait comment agir. Après réflexion, il décide de laisser retomber la poussière quelques jours, espérant que les curieux se dévoilent. Toutefois, vu l'âge de ses fils, il prend la précaution de dénicher une meilleure planque l'été prochain lorsque viendra le temps de faire fermenter des cerises à grappe.

Pour rien au monde, les grandes ne veulent compromettre le but de cette journée qui était de se réjouir et de profiter de leurs retrouvailles. Pascale, douée d'une mémoire étonnante, les surprend en leur racontant diverses anecdotes vécues dans son nouveau patelin. Puis Suzanne rassemble les amateurs de cartes et de dames. La soirée se termine sur une note gaie et très enthousiaste. En entendant les douze coups de minuit, ils regrettent tous que ces heures d'intimité aient filé si rapidement.

Tout en profitant de ses vacances au maximum, la joyeuse Véronique demeure toujours à la recherche de son orientation. Elle n'a pas fermé la porte aux prétendants. Par contre, elle s'en tient à sa résolution :

« À la croisée des routes, je ferai mon choix », s'était-elle promis, il y a quelques mois.

La joie de vivre l'habite, elle se sent euphorique sans trop savoir pourquoi. Afin de goûter davantage à l'atmosphère joyeuse des Fêtes, elle se rend au village le soir de la messe de minuit. Depuis la veille, une fée a recouvert la campagne de la plus traditionnelle des bordées de neige pour Noël. De gros flocons duveteux habillent les arbres et coiffent les toits sur lesquels de longues et nombreuses cheminées laissent s'échapper une blanche fumée qui s'élève vers le ciel étoilé. L'aspect est féerique partout où les regards se posent. Véronique, accompagnée de Suzanne et de Pascale, descend à petits pas vers l'église, fascinée par les sapins multicolores qui se donnent en spectacle à travers les carreaux des fenêtres.

Cette marche envoûtante lui donne l'occasion de rencontrer René, un ancien copain de Saint-Jean. Ce garçon très attachant, plutôt de type intellectuel, ne lui est pas indifférent. Leur conversation reprend comme s'ils s'étaient vus hier. Véronique découvre qu'il a formulé de grands rêves depuis leur dernière rencontre. Prisonnier de sa vieille maman qu'il n'ose pas quitter par respect et par amour filial, René projette d'émigrer à la ville. À proximité des collèges, il planifie faire des études en psychologie. Elle le félicite de son choix, puis ils se quittent. En février, un premier valentin signé : "Je ne t'oublie pas" sera glissé dans le courrier. Un petit velours frôle le cœur de la jeune fille !

En revenant de la messe du jour de l'An, le père, en compagnie de Véronique et de Suzanne, décide de s'arrêter chez l'oncle Joseph qui habite toujours la maison ancestrale. Les vœux de Bonne Année se chantent sur toutes les lèvres. L'atmosphère est très chaleureuse, il y a de l'animation dans tous les recoins de la maison. La cousine Agnès tourne autour de Véronique pour lui présenter son fiancé. L'attirant à l'écart, elle lui demande si elle a un *cavalier*. À la suite d'une réponse négative, elle lui parle de son futur beau-frère qui possède des biens à Saint-Mathieu. Si Véronique en juge par la personnalité de l'amoureux de sa cousine, elle se doit de répondre à cette invitation. Par contre, la neige et le froid s'avèrent un handicap sérieux pour des fréquentations éloignées dans ce coin de pays en hiver. La population qui y habite, depuis toujours, se plie aux caprices de la température et en prend son parti. Les correspondants tentent de s'apprivoiser à distance en espérant faire connaissance à la mi-carême, signe avant-coureur du printemps. Faut-il préciser que le téléphone n'existe encore que pour les privilégiés de la société ? Les bureaux de Poste de sa Majesté et la voie ferroviaire assurent à eux seuls les communications entre amis et parents éloignés.

Jour des Rois, le 6 janvier 1952 est jour férié à l'époque ! Véronique et Pascale se rendent à l'église. De là, elles se dirigent à l'école avec les gens du rang en auto-neige. Tex, propriétaire d'un Bombardier, est quelquefois obligé de faire double ou triple voyage afin de transporter tous ces passagers pour la messe dominicale. Peu à peu, les citoyens délaissent le *berlot* pour cette invention du siècle qui leur offre rapidité et chaleur.

Le lendemain, ce sera au tour d'Esther, de Romance et de Jocelyne de déserter leur foyer. Cette demeure, qui s'est réchauffée au contact de tous ses membres pendant la période des Fêtes, se sentira de nouveau tremblante de solitude. L'attitude de leur mère laisse deviner qu'elle vit certaines ambiguïtés. En vérité, au bout de quatre ans d'enseignement, elle sent le besoin de faire une remise en question. La jeune femme est dépassée par les urgences qui se pointent de part et d'autre, et elle n'a pas toujours l'énergie pour les affronter toutes à la fois. Après avoir considéré les pour et les contre, elle n'ose pas révéler ses attentes. Elle compte cependant sur l'intuition des siens et leur empathie pour lui apporter ce qu'elle attend d'eux.

*La parole a été donnée à l'homme
pour cacher sa pensée.*

Stendhal

À la recherche du meilleur de soi

Le mois de janvier leur a filé entre les doigts. Tout ce qu'il a laissé derrière lui est un paysage insolite. L'immensité qui se projette à leurs yeux est habitée de rêves. Un léger changement les reprend en main et leur déverse une sorte d'oubli au son d'un vent plaintif.

En dépit des humeurs, l'hiver conserve ses droits. Pour la jeunesse qui persiste dans les chantiers, l'heure *de revenir au bord* sonne le plus souvent en février. La neige couvre jusqu'à quatre pieds de hauteur le tronc des arbres, et parfois plus. Les hommes, harassés, plient bagages et regagnent leur patelin. Plusieurs jeunes bûcherons saisonniers demeurent encore sous le toit paternel en attendant d'avoir suffisamment d'argent pour se marier et s'installer à leur compte. C'est le cas d'Alain et de Fernand qui, une fois arrivés *au village*, sont venus grossir le nombre de joueurs de cartes et de conteurs d'histoires au magasin du Coin. Même si cette bande de jeunes contribue aux recettes de la place, ils se doivent de respecter les consignes du propriétaire qui ne tolère ni les jurons ni les propos vulgaires de ceux qui pourraient choquer quelques-uns de ses fidèles clients.

Ignorant les habitudes du secteur, Véronique croit que le magasin sera désert vendredi soir, vers l'heure du souper. Libérée de sa semaine, elle désire se procurer les quelques articles qui lui manquent pour le week-end. Le seuil franchi, la jeune institutrice pressent les regards qui se tournent dans sa direction. Elle fixe le comptoir et s'adresse directement à madame Chamberland. Intimidée, elle n'achète que le strict nécessaire et se presse de partir. Vu qu'une faible minorité de dames se présentent dans les magasins de nos campagnes, surtout en hiver, les hommes ont tout leur temps pour *reluquer* celle qui passe là par hasard. L'étrangère se sent comme une proie prise au piège. Elle refuse de faire les frais de leur conversation. À leur façon de l'observer, elle voudrait être un oiseau pour entendre leurs commentaires dès qu'elle aura quitté les lieux. Son imagination improvise tout un scénario :

— La connais-tu, toi, cette fille-là?

— Je ne l'ai jamais vue, elle doit venir d'une autre paroisse. Ah! Ce ne serait pas la maîtresse d'école par hasard.

Et quelles autres platitudes peuvent-ils dire à mon sujet, se demande-t-elle. Elle suppose tout ce qui peut se dire sur sa personnalité, son apparence. Il ne faut pas se le cacher; les hommes des années cinquante, à moins d'être engagés dans une vie de couple, restent toujours des conquérants, des séducteurs et, trop souvent, des prétentieux. Est-il besoin de préciser que les mœurs n'ont rien de similaire avec celles que l'on verra 20 ans plus tard? La liberté sexuelle n'influence pas encore les opinions des gens respectables à cette époque. Face à l'allégeance des filles qui doivent garder leur virginité jusqu'au mariage, le jeune homme n'a pas d'autre choix que de se faire chasseur afin de dénicher son âme sœur le plus vite possible. Son union lui permet de donner libre cours à sa libido tout en lui assurant la stabilité, voire l'amour. Filles et garçons qui choisissent la voie du mariage doivent, par conséquent, acquérir très tôt beaucoup de maturité d'esprit afin de faire un choix judicieux. Nombreux sont ceux qui se marient avant leur majorité; la perle rare devient alors sa compagne ou son compagnon pour la vie.

Par malheur pour Véronique, la jeune enseignante traverse la page de notre histoire où les filles mettent rarement les pieds dans les endroits publics. Les quelques restaurants qui existent sont fréquentés par la gent masculine. Quelques filles s'y introduisent accompagnées d'un copain, ce qui n'est pas coutume non plus. Cette période de notre passé est, pour un grand nombre de foyers, celle où le paternel tient les cordons de la bourse. Les enfants qui travaillent à l'extérieur doivent remettre leur salaire à leur père, en totalité ou en partie. Bien entendu, c'est lui qui fait les achats. Par contre, il se trouve quelques exceptions où le bercail fonctionne sous l'autorité matriarcale. Les lieux publics, à moins que la dame soit accompagnée, demeureront le territoire des hommes, jusqu'à la deuxième guerre mondiale, période où les femmes ont été admises dans les manufactures.

Au cours de l'automne, Véronique est parvenue, après plusieurs visites au magasin, à se familiariser avec l'endroit et ses propriétaires. Même monsieur Chamberland, homme plutôt réservé, a su la mettre à l'aise. L'arrivée de nombreux bûcherons, en février, est venue perturber les liens amicaux qu'elle a créés avec eux au prix de gros efforts. L'heure est venue où elle s'interroge sur son manque d'aplomb en public :

«L'embarras que je ressens en présence de toutes ces figures masculines me force à me retirer, raisonne-t-elle.

Elle n'ignore pas que les clients qui occupent la majeure partie de l'espace du magasin sont là pour y demeurer. Véronique avance en pleine noirceur. Un conseil lui vint dans son sommeil :

— Quant tu te regardes dans le miroir et que tu as envie de le casser, ce n'est pas le miroir qu'il faut briser, mais toi qu'il faut changer.»

Véronique vit une triste situation. Elle est incapable d'affronter seule, et d'un même coup, toutes ces nouvelles figures intimidantes. Ce combat, qu'elle doit gagner à tout prix, exige un sentiment d'assurance et de fierté d'elle-même qu'elle n'a pas encore acquis. De toute évidence, cette situation équivoque vient réveiller les sombres réminiscences de son adolescence perturbée. D'ailleurs, elle se demande si elle pourra être aimée un jour de quelqu'un qui répondra à ses attentes. Mille et une questions préoccupent l'esprit de cette jeune fille sur l'art de plaire. Pour une première fois, dans l'espoir d'y trouver des solutions, elle se remet vraiment en question :

« Je paierais cher pour me débarrasser de cette timidité qui devient un handicap fort sérieux, songe-t-elle dans ses heures les plus sombres. »

Hélas ! Depuis sa puberté, elle n'est pas parvenue à maîtriser ce manque d'assurance qui la trahit en public. Cette sensation pénible l'empêche de foncer et de s'épanouir, et elle sait fort bien qu'une personne qui ne parvient pas à s'épanouir ne pourra jamais réaliser ses passions ni même ses désirs les plus chers. Puisqu'elle refuse les répercussions de son comportement actuel sur sa vie future, il lui faut une solution à tout prix. Pour débuter, elle doit avant tout détecter la source de son problème. Après cette démarche, il lui sera possible d'en analyser la complexité. Sans quoi, elle passera à côté du bonheur sans le voir.

Ses corrections terminées, elle agit selon les déterminations qu'elle a prises. Véronique fait semblant de se concentrer sur un dépliant afin de leurrer Pascale et de retrouver ainsi son intimité pour enfin s'adonner à une longue démarche. Pour une première fois, elle fait une rétrospective de son passé, parvient à considérer ses émotions et à évaluer ses attitudes. Le film des jeunes années de cette fille est plutôt évocateur de ses états d'âme actuels. Se rappelant certains faits intermittents, elle constate qu'elle est toujours dans l'attente de valorisation et d'attention de la part des siens et que ce déchirement la pourchasse depuis l'adolescence. Même lointaine, sa première année de pensionnat lui rappelle certaines situations embarrassantes où la gêne l'empêchait de s'exprimer devant les élèves de sa classe. Sa mère porte une certaine responsabilité envers le mal qui lui empoisonne l'existence. De vieux souvenirs concernant la famille restent indélébiles et des mots prononcés lui font encore très mal.

Un jour, en visite chez sa sœur après la messe, Esther se retrouve en présence de parents et de connaissances. Ceux-ci ne manquent pas de la complimenter sur la beauté des six enfants qui l'accompagnent. En acquiesçant, elle laisse échapper :

«Parmi mes six filles, c'est Véronique qui est la moins jolie ! Elle est gardienne aujourd'hui de nos deux cadettes.

Pour renchérir, la tante ajoute :

— Ah oui ! Puis, je peux vous dire qu'elle n'est vraiment pas belle, celle-là.»

La mère ne dit rien, les enfants échangent des regards entre eux, et la tante n'ose pas en ajouter davantage, assurée que son insinuation est claire pour tout le monde. Quatre de ses frères et sœurs sont témoins de ce propos. Toutefois, ce sera son frère Germain qui lui dévoilera ce double mépris, au retour de la messe. Cette mésestime confirmée a résonné comme un rejet durant des mois dans la tête de l'adolescente. Sans le savoir, ces mots laisseront une empreinte psychique.

Alors que cette offense avait causé tant d'amertume et de hargne au cœur de ses 14 ans, elle a peine à croire que ces vieilles blessures, qui semblaient endormies par le temps, soient toujours latentes après quatre ans. Revêche, mais déterminée à faire de la lumière, l'aînée persévère à nager dans les eaux brumeuses de son adolescence où elle revoit Pascale et Suzanne, ses deux jeunes sœurs, remarquables pour leur beauté et adulées pour leur féminité. Véronique ne pouvait s'empêcher, au milieu de cette période de noirceur, de nourrir des sentiments de jalousie envers elles. Tout se déroule bien vite dans son imaginaire tout comme dans sa vraie vie d'ailleurs.

Pendant l'année qui a succédé à ce fait, Véronique a dû assumer son autonomie afin de répondre aux exigences et aux responsabilités de la profession d'enseignante malgré ses 15 ans et son manque d'expérience. L'environnement des deux premières écoles où elle a fait son apprentissage était, en réalité, perdu dans un rang où il n'y a guère de va-et-vient à cause des jeunes ménages qui s'y étaient installés depuis peu. Vu que les résidants sont moins nombreux, la chance de voir un petit commerce s'y installer est peu probable. Histoire de se distraire, pendant ces deux premières années, la jeune institutrice révise et met en pratique toutes les notions de pédagogie qu'elle a apprises à l'École normale. Rentrant à sa classe le lundi matin pour n'en sortir que le vendredi soir, elle s'y consacre corps et âme. De retour chez ses parents pour les fins de semaine, elle redevient l'aînée de la marmaille, donc dispose de peu de temps pour se faire des amis.

Âgée maintenant de 18 ans, Véronique se retrouve, au cours de l'hiver 1951-1952, dans un contexte qui lui plaît et qui lui fait peur à la fois. Elle a l'impression de renaître dans ce petit faubourg issu d'un carrefour. La croisée des chemins du roi est occupée par des commerces, six résidences et une école qui forment un cercle autour du hameau d'où on peut entendre le carillon du clocher du village à l'angélus.

Les mamans qui évoluent dans ce secteur sont très affables. Leur mode d'agir, leur façon d'être et de se conduire en public inspirent la jeune institutrice. Elle remarque que chacune endosse sa personnalité avec ses défauts, ses carences, et aussi avec ses qualités. Ces femmes semblent à l'aise en tout temps et en tout lieu. Leur rôle de femme au foyer ne les empêche pas d'être avenantes envers les clients, que ce soit au bureau de poste, au magasin ou au restaurant. Même si leur coiffure n'est pas du dernier cri, ces épouses accomplies sont capables de projeter leur charme et d'incarner leurs valeurs tout à la fois. Véronique prend conscience que ces jeunes mamans éprises de leurs maris ont appris à s'aimer, puis à aimer ce qu'elles font. Témoin de leur épanouissement et de leur autonomie, elles sont à leur insu des modèles pour la jeune enseignante.

Constante dans l'exploration de son univers intérieur, elle s'arrête et s'insurge contre toutes ces pensées négatives qui l'habitent :

«Ce sentiment d'infériorité a trop duré, se reproche-t-elle. J'en ai fini de chercher tous les motifs de mon enfance qui m'empêchent de déployer mes ailes comme je le souhaite, raisonne-t-elle», se sentant coupable de s'être engagée sur cette pente.

Une véritable lutte naît dans son for intérieur, et le seul moyen de gagner le combat est de chasser de sa mémoire tout ce qui a pu l'empêcher de s'affirmer jusqu'ici et de sourire à la vie.

L'affirmation deviendra son cheval de bataille pour longtemps.

Pendant les nuits blanches qui se succèdent, Véronique comprend tout à coup que tout est dans la façon de regarder les choses. Grâce à son milieu de travail, elle entrevoit des possibilités. La démarche entreprise vers sa propre identité est déjà en opération. Se construire une belle personnalité est une question de temps et de facteurs. Les résultats seront la somme des efforts qu'elle aura mis à s'apprécier. À compter de ce jour, elle veut faire abstraction de tous les éléments qui freinent son évolution. Résolue à découvrir et à intercepter les occasions qui lui seront offertes, elle ferme les yeux seulement quelques heures durant toute la fin de semaine. Selon les règles qu'elle s'est établies, la jeune enseignante doit identifier son moi et, de là, prendre tous les moyens susceptibles de favoriser son épanouissement.

Cette prise de conscience suivie de lectures sur divers thèmes lui révèlent des horizons insoupçonnés et lui dévoilent des perspectives nouvelles. Les relations humaines lui font comprendre que les rapports sociaux et amicaux conduisent à de nouvelles sphères, souvent vers une spiritualité plus profonde. Son esprit d'observation et son écoute envers les gens qui l'entourent lui ouvrent d'autres portes sur l'avenir. Sa démarche est laborieuse, mais elle réussit, après quelques mois, à se projeter comme une jeune fille radieuse, charmante, et dotée d'une belle ouverture d'esprit. À travers une lente démarche, Véronique apprendra qu'il y a une condition importante pour la mener au succès dans la vie : se découvrir soi-même et se convaincre de son potentiel. Ce cheminement pourra désormais l'éclairer dans ses choix futurs.

Aujourd'hui, en l'an deux mille, plusieurs psychologues attaquent le problème des complexes par la racine, c'est-à-dire l'image de soi :

«Tout n'est que croyance dans la vie», disent-ils. Il est plus qu'important qu'une personne arrive à se fier à elle-même, à croire en ses compétences, en ses habiletés, en ses capacités, et par-dessus tout en sa beauté physique. Croire, voilà la grande importance des croyances. Le professionnel poursuit son discours en prouvant qu'à partir de nos convictions s'établissent nos valeurs. Par la suite, celles-ci se traduisent par des normes ou par des règles qui, elles, dictent nos attitudes. Suivies de nos comportements, elles apporteront éventuellement le succès dans notre vie. Franchies une à une, ces étapes permettent de développer de nouvelles certitudes qui

deviendront des appuis. Par malheur, en ce début du mois de février 1952, la pauvre Véronique vit à l'ère où l'éclosion de ses belles théories n'a pas fait encore son apparition.

L'hiver bat son plein. L'institutrice et sa jeune sœur se maintiennent au chaud depuis leur retour de vacances. Le besoin d'épicerie les oblige à prendre contact avec la vie extérieure. Comme elle s'apprête à sortir du magasin pour rentrer chez elle, un jeune homme se présente et lui offre de porter ses paquets. Tout en marchant, il l'invite au cinéma de la paroisse pour le lendemain. Elle se fait violence et se contraint à démarrer dans son nouveau cheminement. Véronique demeure prudente et accepte à condition que sa sœur les accompagne, exigence qui ne semble pas incommoder le jeune homme.

Le samedi, lorsqu'Alain vient à leur rencontre, il est accompagné de Claude, un camarade. Il le présente gentiment à Pascale. Avec un groupe de jeunes du rang, ils s'entassent dans l'auto-neige du taxi pour se rendre au cinéma. Première tentative pour Véronique de prendre contact avec des jeunes de son âge. Pascale et Véronique apprécient cette sortie qui se répétera à deux semaines d'intervalle, leur permettant de mettre un peu de piquant dans leur vie monotone. La semaine n'est pas terminée qu'une belle lettre parfumée lui parvient de son correspondant qui lui exprime son impatience de faire sa connaissance. Elle craint que sa cousine Agnès l'ait métamorphosé en étoile de cinéma. Elle s'empresse donc de lui répondre et d'échanger leurs photos.

Le mois de février se fait redoutable. Avec ses rafales qui soufflent formant des amoncellements de neige derrière tous les obstacles qui bloquent le vent dans sa course, un banc de neige titanesque s'est accumulé sur le chemin du roi, entre l'école et la propriété voisine, atteignant la hauteur des fils électriques. Les *sleighs*, les traîneaux et l'auto-neige sont les moyens de transport de cette région enneigée et poudreuse. On peut y inclure la raquette, les skis et la marche pour les plus jeunes.

Il est environ cinq heures du soir. Assise à son pupitre, l'institutrice s'arrête un moment et jette un regard sur ce qui se passe à l'extérieur. Le mur de fenêtres qui longe la façade de l'école lui permet d'admirer le défilé des fermiers et des bûcherons saisonniers qui, certains jours, affrontent une rafale à vous couper le souffle. À la file indienne, et parfois deux par deux, les assidus du magasin général retournent à leur domicile. Les uns se déplacent pour faire le *barda*, les autres pour participer au souper familial tout en partageant les anecdotes les plus cocasses de la journée. Le repas terminé, une bonne moitié d'entre eux retournent à leur banc afin de prendre leur revanche aux dames ou aux cartes tout en dégustant liqueur et chocolats.

Véronique, qui continue de progresser dans l'avenue de la libération de ses complexes, s'amuse en catimini derrière les grandes fenêtres de sa classe. Ses réflexions sont momentanément perturbées par la procession qui se déroule toujours vers la même heure, chaque fin d'après-midi. À l'abri de leurs regards, elle se concentre sur la physionomie, la démarche et les traits physiques de chacun, croyant peut-être repérer un oiseau rare qui se serait glissé dans la mêlée.

Un soir, à l'heure du retour au bercail, la sonnerie de la porte se fait entendre. Elle n'attend personne, dehors la poudrerie est aveuglante, on ne voit rien. Elle pense tout de suite à un grand qui revient pour chercher un livre oublié ou des explications. Les écoliers sont bienvenus chez elle à toute heure, et les plus proches en bénéficient largement. Dans le clair-obscur, à travers le vitrail, elle aperçoit un grand jeune homme avec un sac d'école. Elle ouvre la porte tout en lui faisant un grand sourire lui laissant vite deviner qu'elle a compris que le sac d'école qu'il tient ne lui appartient pas... Il paraît trop jeune pour avoir un enfant d'âge scolaire, se dit-elle.

Dans le portique, affichant un demi-sourire, un jeune homme se présente poliment. Puis, sans embarras, il lui explique, à travers des mots de compassion pour l'enfant, que le sac qu'il vient de ramasser au bord du chemin est sans doute celui d'un tout petit. Tout en échangeant, elle sent son regard plonger dans le sien. Elle est conquise par la beauté de ses yeux, jamais elle n'en a vu de pareils. Au bout d'une dizaine de minutes, il prend congé en lui disant que son souper l'attend. Ses yeux verts, un brin rieurs, ne la quittent pas de la soirée; elle se surprend même à répéter son prénom qui chante comme une musique dans sa tête :

« Je le reverrai certainement de loin, à travers la parade des bûcherons en vacances. »

Même si elle se presse devant la pile de cahiers qui l'attend, elle ne parvient plus à se concentrer. Ses pensées s'envolent sans cesse vers lui. Sa carrure, son port de tête, ses cheveux bruns bien coiffés se dessinent à ses yeux comme par magie. Puis, l'image devient claire et c'est toute sa physionomie qui se présente à son esprit. Véronique se rappelle non seulement du profil et du maintien de ce beau garçon, elle le replace dans le banc qu'il occupe à l'église.

Une semaine s'écoule, les élèves parlent de Mardi gras. C'est le début du carême avec le mercredi des Cendres. Lundi, vers les cinq heures, la sonnerie se fait entendre à nouveau.

Pascale va ouvrir :

— Un monsieur demande à te voir, vient-elle lui dire dans la classe.

Dehors, la poudrerie roule avec entêtement ses blanches voiles dans les champs. Ruisseau, clôtures et arbustes dorment sous une épaisse couverture immaculée.

D'instinct, Véronique pense à un papa qui veut s'entretenir de son enfant, et plusieurs questions fusent dans sa tête en même temps qu'elle longe le corridor :

«Tu me reconnais, dit-il, avec un large sourire.

Elle remarque son allure et sa tenue vestimentaire très soignée. Ses pensées se bousculent pendant que, lui, il se prépare à formuler son invitation :

— Je suis venu te demander si tu accepterais de m'accompagner demain dans une soirée dansante à Saint-Clément, lui propose-t-il. Personne ne porte les déguisements réservés aux personnages traditionnels du Mardi gras, et ça se passe dans une maison privée. On remplit le Bombardier d'Alexis!

Elle demeure agréablement surprise mais ne sait trop quoi répondre. Les avertissements des parents retentissent à ses oreilles. Elle réfléchit quand même, se fait avocate et se dit que la personnalité de ce garçon inspire confiance. Néanmoins, Véronique sent le besoin d'être libérée de ses craintes et lui demande :

— D'autres jeunes filles seront-elles de la partie?

Il lui nomme les deux demoiselles, deux sœurs de ses élèves de troisième année, qui feront partie des passagers. Elle réfléchit rapidement, argumente avec sa conscience puis retrouve en partie la tranquillité d'esprit : «De toute façon, Pascale et moi ne courons aucun danger. Nous avons besoin de faire connaissance avec les gens de l'arrondissement», tentant de se convaincre pendant qu'un autre détail vient vite la tracasser. Avant d'accepter, elle ose donc lui formuler son inquiétude :

— Je ne peux laisser Pascale ici toute seule, as-tu objection qu'elle...?

Il ne lui laisse pas terminer sa phrase et la rassure :

— Ce n'est pas une enfant, elle a au moins 14 ans...

— Elle les aura le mois prochain. As-tu toujours l'œil aussi juste?» lui répond-elle avec un grand sourire.

Après l'avoir remercié de son invitation, ayant soin de préciser l'heure du départ, Léonard prend congé l'air triomphant.

L'atmosphère qui règne autour d'elle respire la joie. Elle ne parvient pas à oublier ce regard étincelant et doux à la fois. Physiquement, il supplante avec brio ceux qu'elle a rencontrés au cours des semaines précédentes. Par ailleurs, son geste porte à croire qu'il l'a préférée à bien d'autres avant de l'inviter pour cette danse. Véronique ne veut rien précipiter mais, malgré tout, elle souhaite que cette première sortie soit le prélude d'une longue fréquentation. De ce désir, naît une pensée logique qui la tourmente :

«Sera-t-elle, lors de cette soirée, à la hauteur des attentes de ce jeune homme distingué?»

Voilà qu'une seconde pensée se charge d'amortir son enthousiasme, elle ne connaît rien de cet homme. De toute évidence, elle ne peut se soustraire aux préceptes de ses parents, sur le choix de leurs relations, si bien spécifiés dans son volume *Sur la route de l'espoir*. Elle tient à s'assurer de ne pas faire d'erreur en s'initiant dans une relation qu'elle souhaite pourtant de tout son être. Elle songe à son père qui, en l'apprenant, aura tôt fait une investigation sur les origines et la conduite de ce jeune homme. Le connaissant mieux que quiconque, elle lui pardonne par contre cette éventuelle recherche menée avec subtilité, sachant que ce n'est pas par snobisme, mais plutôt par souci du bonheur et de la sécurité de sa fille.

Les origines
du don Juan

Pour se protéger contre toute éventualité, Véronique a bien voulu connaître ce Don Juan qui s'est permis de semer un peu de romantisme, un soir de février, parmi des piles de cahiers à corriger dans l'encadrement de deux grands tableaux noirs. Qu'adviendra-t-il de cette soirée avec cet inconnu? Une seconde opportunité les remettra-t-il en contact?

En s'intéressant à l'identité de ce jeune homme, elle apprend que Léonard est né en septembre 1930, invité à prendre la place de son grand frère qui se prénommait également Léonard. Au cours du mois précédant sa naissance, leur foyer avait été affligé d'un grand deuil. Leur aîné décédait à l'âge de 17 ans, victime d'une péritonite aiguë. Il fut décidé que le nouveau-né porterait le prénom de son grand frère disparu. Toute sa vie, le nouveau-né conserverait, pour plusieurs de ses frères et sœurs, le surnom affectueux de Bébé. Cette nouvelle naissance avait dissipé l'ennui et apporté de l'entrain dans la maison endeuillée. Entouré de tendresse, il sera le choyé de toute cette maisonnée pendant cinq ans.

Un matin de janvier, le petit homme de cinq ans aura la surprise de découvrir, peu après les fêtes, un deuxième cadeau. Une frêle poupée, baptisée sous le prénom de Laurie, trônera à son tour dans le berceau placé non loin du fourneau. N'ayant plus l'exclusivité auprès de ses nombreuses mères, il se tourne vers son frère Luc qui l'invitera à explorer d'autres champs d'attractions.

L'enfant est le dernier des garçons d'une marmaille nombreuse. Léonard grandit dans un climat de sérénité. Autour de lui, tout est sujet à l'émerveillement... À l'opposé des enfants du deuxième millénaire, il n'appréhende pas l'abandon ni la séparation de ses parents. Sa mère ne s'absente jamais. Travaillant d'une étoile à l'autre, Anne préfère souvent demeurer chez elle, même le dimanche matin où tout le monde se rend à l'église. Par contre, Samuel et tous les siens sont assurés de s'asseoir autour d'une table bien garnie à leur retour. Cette épouse et mère trouve son bonheur dans sa maison en veillant à ce que chacun d'eux ne manque de rien ; c'est une mère poule qui a l'œil partout.

Baignant dans ce climat de quiétude, Léonard apprivoise très jeune les bâtiments, les outils et les instruments, les champs et les animaux. Témoin des expériences de tous les jours, il évolue avec rapidité car son père est un homme heureux à condition d'être entouré de sa marmaille. Dès leur jeune âge, des responsabilités qui dépassent souvent les limites leur sont confiées, au dire de leur mère. Sur ces reproches, il lui répond :

« C'est toi qui manques de confiance envers tes enfants. »

Les parents qui triment d'une étoile à l'autre ont-ils d'autres choix que de s'appuyer et de se fier à leurs rejetons ? Les ancêtres de Léonard sont de ceux qui ont fait partie du groupe des défricheurs de ce rang que l'on nomme depuis La Société. En ménage, Anne et Samuel font tout ce qui est humainement possible pour améliorer leur situation. En plus d'être un modèle de prévoyance, Anne a le sens de l'économie. Selon elle, chaque sou doit être dépensé avec parcimonie, et chaque transaction mérite réflexion et approbation du mari. De son côté, Samuel se porte acquéreur de deux lots à Bellevue en prévision d'y établir au moins deux de ses gars. Après le décès des aînés, Léonard et Maurice, le regard des parents se tournent vers les deux garçons plus jeunes, Léopold et Luc.

Évoluant dans un climat très ouvert sur le présent et l'avenir, Léonard devient très tôt un enfant responsable. La nature, avec les changements de saison qu'elle entraîne, lui offre chaque jour émerveillement et connaissances. Il est confronté avec douceur, mais de manière continue, à l'école de la vie. Avec un sourire qui en dit long, il raconte :

« J'ai appris à rendre service à mes parents en même temps que j'ai appris à marcher. Pour rien au monde, j'aurais voulu décevoir la confiance que me portait mon père. N'empêche, lorsque j'y pense aujourd'hui, j'ai des remords de ne pas avoir consacré un peu de temps pour soulager ma mère de toute sa besogne. À l'exception de monter quelques bûches de la cave, je n'étais pas à son écoute car, pendant mes rares heures de liberté, mes préoccupations se tournaient vers mon passe-temps favori, le bricolage. Comme il n'y avait pas de camion de pompier ni de petites autos à vendre comme aujourd'hui, je bricolais des brouettes de différents modèles. Cet amusement n'en était plus un lorsqu'il s'agissait de remettre les choses à leur place afin d'éviter les éclats de voix de mon père à l'heure où il en aurait eu besoin. »

Précédé de grands frères et de grandes sœurs, il a l'avantage de découvrir et de considérer les inconvénients et les risques de grandir en campagne tout autant que d'en apprécier les bénéfices et les charmes. Les yeux perdus vers l'horizon, il avoue sans amertume aucune :

« J'étais toujours occupé, donc, j'avais très peu de temps pour faire les cent coups. Avant que mes parents m'inscrivent à l'école, j'étais déjà familier avec le quotidien de la ferme. Par contre, j'avais encore le temps de me rouler dans le mil et le trèfle odorant. Deux ans ont passé avant que j'aie la force et le courage de me jeter dans le four de la tasserie de foin pour placer et entasser tout ce fourrage vert et parfumé qui nourrirait notre troupeau durant l'hiver. Puis un jour, j'ai vu Brunante donner naissance à son veau que j'ai adopté, dorloté, brossé. Ces jeunes veaux, contre lesquels je pouvais me frôler la joue contre leur poil doux comme de la soie, étaient vendus au commerçant. J'avoue que j'avais vraiment du chagrin lorsqu'on les embarquait pour l'abattoir. »

Au gré des saisons, cet enfant de la terre grandit et chante sa liberté. Selon ses humeurs, ses goûts et son esprit d'aventure, il déniche mille endroits à explorer. Que ce soit au niveau des différents règnes : animal, végétal ou minéral, le tout est à sa disponibilité. Il scrute plus d'une fois le grenier au-dessus du hangar. Cet endroit en campagne se rapproche souvent des greniers que l'on retrouve dans certains films où des réalisateurs, à l'affût des vestiges du passé, ont découvert toutes sortes d'objets insolites qu'ils nous présentent au cinéma. L'odeur des céréales et la douceur de plonger dans les carrés d'avoine feront toujours partie de ses mémoires. Un jour, il a la mauvaise surprise de se rouler dans le carré d'orge qui lui fait cadeaux de *barbillons.* Adhérés à ses cheveux et à ses vêtements, il lui a fallu l'aide de sa sœur Suzie pour s'en départir.

Les jours de pluie sont des jours de congé pour Léonard, pour le grand frère Luc et la petite sœur Suzie, ainsi que pour son cousin Claude et ses cousines qui résident dans la maison voisine. Le fenil tient lieu de salle d'amusements. Des balançoires les attendent en permanence. Après avoir exécuté des records de vitesse, sans parler de la frénésie de monter toujours plus haut, toujours plus loin, telle la chanson de Ferland, les plus braves s'exercent à sauter, de leur balançoire, dans la tasserie de foin. L'exploration de leurs talents et de leur sang-froid, va jusqu'à les faire marcher sur les poutres pour essayer de nouvelles acrobaties... Pour les plus braves, les jeux de souplesse et d'habileté se font également à bicyclette lors des temps capricieux.

Les beaux étés ramènent dans le Bas-du-Fleuve la parenté du New-Hampshire et du Maine, la descendance de l'oncle Arthur et de tante Clara. La joie de retrouver Lionel, Maurice et Henri, sans oublier les deux jumelles, Jeannette et Annette, répand dans l'air un courant d'optimisme bientôt suivi d'une atmosphère de fête à l'approche de leur arrivée. À l'idée de se revoir, cette exaltation s'intensifie à mesure qu'ils avancent en âge. Tout diffère pendant leur séjour, en ce qui concerne la routine du foyer de Samuel et de celui de Pierre, son frère voisin, qui a hérité du bien paternel de David. La table n'est pas assez longue, les repas sont copieux et les mères doivent improviser des lits pour coucher tout ce beau monde. La marmaille américaine se divise entre le grenier de tante Rosalie et celui de tante Anne. C'est la chamaille, c'est aussi la fête.

Chaque année, durant 15 jours, l'euphorie s'empare de ces deux clans qui se réunissent après une longue année. Les expatriés des États prennent le temps de revenir se ressourcer sur leur terre natale. La distance ne parviendra jamais à briser les liens de cette dynastie québécoise *tricotée serré*. On mange, on danse, on chante et on s'amuse en faisant le tour de toute la parenté : les uns résident à Saint-Paul, à Esprit-Saint et les autres à Amqui. La veille du départ, ils en profitent pour se réunir tous sous le même toit, le plus souvent sous le toit paternel du grand-père David. En général, les hommes ont eu le temps de se fabriquer de la bière artisanale afin d'étirer les quarante onces de gin et de cognac. Ces visites annuelles ont provoqué un attachement incommensurable entre eux, une flamme continue de brûler chez leurs descendants, nos voisins américains.

L'héritage du français, le cousin Maurice ne l'a pas perdu. Il n'a rien oublié. Né à Nashua, il parle mieux le français que plusieurs Québécois. Âgé de 75 ans maintenant, sa conversation de l'été dernier, très diversifiée, s'est entièrement déroulée en français. Il disait entre autre :

«Nos plus belles vacances, ce sont nos vacances au Canada. Nos yeux s'écarquillaient lors des expériences d'une journée de pêche dans une rivière où l'eau était si claire que l'on voyait les poissons frétiller à notre approche. Ce qui nous intriguait davantage, c'était le déroulement des constructions, en particulier l'édification de la grange de l'oncle Pierre. De retour sur notre rue, à Nashua, nous éprouvions un malin plaisir à décrire aux copains les étapes et le nombre d'hommes qui se donnaient la main, en pure gratuité, en faisant des corvées pour parvenir à tailler et à assembler la charpente, afin d'y ériger un bâtiment. Nos yeux ne se détachaient pas de ces hommes-écureuils qui se baladaient là-haut sur les poutres en transportant des planches et des madriers pendant que d'autres, à peine appuyés, jouaient du marteau sans relâche. Nous découvrions aussi les lois de la nature et tout ce qui se rattachait à la vie des agriculteurs. Notre vocabulaire s'enrichissait de la belle langue française, la langue de nos parents. Les vacances terminées, nous repartions vers les États le cerveau rempli comme des encyclopédies. À notre retour en classe à l'automne, nous étions riches de nouvelles notions par rapport à nos relations qui ignoraient tout de la campagne. Nos copains nous enviaient d'avoir pu bénéficier d'une panoplie de connaissances tout en s'amusant. Il termina en disant :

«Ces années-là ont été les plus belles de ma vie.»

En grandissant, le passe-temps préféré de Lionel est devenu la pêche. Accompagné de son cousin, de deux ans son aîné, Léonard obtient la permission de s'aventurer un peu plus loin qu'à l'accoutumée. Puis, au rythme des étés qui se succèdent, ils vont explorer la Sénescoupe, la Boisbouscache, la Mariakèche, cours d'eau importants à l'époque par leur débit d'eau et pour la pêche à la truite, encore en abondance.

Ces rivières, au caractère pittoresque, étaient jusque-là demeurées inconnues aux yeux du pêcheur américain. Devenu homme après quelques années, Léonard l'accompagnera au cours de ses escapades nocturnes sur les lacs Témiscouata et Touladi.

L'enfance de Léonard, bien qu'elle soit de courte durée, est une période où une collection de souvenirs heureux s'est inscrite dans la tête du gamin. Il est fier d'accompagner son père au magasin général, chez le forgeron, le ferblantier et le cordonnier. Tout en observant les moindres recoins et, n'ayant pas les yeux assez grands pour tout voir, il boit les paroles des anciens qui jasent en fumant leur pipe. C'est au cours d'une de ses tournées qu'il aperçoit une pinte de lait qui attend sur la galerie, près de la porte d'entrée chez tante Marie. Il ignorait tout du métier de laitier jusqu'à ce jour, par contre il connaissait la quantité de lait que donne la vache chaque jour.

Son enfance bascule trop tôt dans l'adolescence à cause de ses adieux prématurés à l'école. Sans jamais regarder en arrière, il mord dans cette nouvelle vie avec tout ce qu'elle lui offre. Durant les mois qui suivront, son père se verra offrir un travail de contremaître dans les chantiers. Léonard, du haut de ses treize ans, devient l'homme de la maison. Il n'attend pas le nombre des années pour démontrer ses capacités.

À cause d'un automne tardif, les labours ne sont pas terminés. Pour montrer sa bonne volonté et sa débrouillardise, Léonard envisage de faire les labours, en l'absence de son père. Audacieux, pour ne pas dire présomptueux, il ne craint pas la misère! Un apprentissage de laboureur qui se fait sous le signe de l'amour-propre, sollicité par son sens du devoir et son orgueil, est accompagné de difficultés qu'il doit affronter à tout prix pour faire le bonheur de son paternel. Imaginez le tableau : un jeune garçon de treize ans derrière une charrue tenant les manchons. Le jeune adolescent doit guider la paire de chevaux afin que les raies du labour soient droites. Sensible à la misère de son jeune frère, Suzie, sa sœur, veut l'aider en prenant les *cordeaux* pour conduire les bêtes. Peine perdue. Il préfère se les mettre autour de la taille afin de les guider de manière à corriger au fur et à mesure les imperfections que laissent les raies de la charrue sur le guéret. Très jeune, Léonard est l'image, la révélation d'un jeune laboureur qui a déjà dans ses veines le sens de l'honneur et du travail bien fait :

«À la fin de la journée, je n'ai ni bras, ni jambes et je suis incapable d'avaler mon souper, dit-il. Mais, je suis assez satisfait lorsque je regarde ma planche de labour, parce que je vois que, sillon après sillon, je me perfectionne», explique-t-il.

Chagrinée de le voir *crevé mort*, l'âme pleine de remords, sa pauvre mère aurait tout donné pour soulager au moins de moitié ses muscles endoloris. Chaque soir, lorsqu'elle le voit revenir du champ, elle cherche un procédé pour atténuer ce harassement comme elle le faisait jadis lorsqu'elle pansait les éraflures de son enfance. Une fois débarbouillé, lourd comme une roche, le jeune adolescent se laissait tomber dans le lit. L'intensité de la fatigue le clouait au matelas. À son réveil, le lendemain matin, il constatait qu'il n'avait pas changé de position de la nuit.

Les labours terminés, il doit assumer l'entretien de l'étable et de ses occupants avec la collaboration de sa mère. Toutes les bêtes ont regagné leur gîte pour l'hiver. Les longues heures passées à les nourrir et à les abreuver, à les brosser et à nettoyer l'étable lui offrent la chance de réfléchir longuement sur les différentes attitudes des oiseaux et des animaux de la ferme. Il découvre que, chez eux, le mâle ne reconnaît même pas ses petits après leur naissance, tandis que la majorité des géniteurs chez les animaux sauvages voient à la survie de leurs rejetons, pendant tout le temps nécessaire.

En explorant le comportement des animaux avec un nouveau regard, il se demande pourquoi toutes ces questions le rendent perplexe.

Il bénéficie donc de l'absence de son *paternel* pour s'interroger et pour se rapprocher de sa mère qui lui expose dans ses mots, mais avec toute sa sensibilité, les rôles du père et de la mère de chacun des animaux par rapport à leur environnement. Il comprend mieux avec quels soins et avec quelles spécificités Dieu a établi les règles de la nature. La coopération et le rapprochement du fils et de la mère dans ce travail de longue haleine se clôt par de bons résultats à tous les niveaux : économique, relationnel et expérimental. Anne discerne le sérieux et l'application que son cadet investit dans ses responsabilités. Son habileté et son ardeur au travail la renversent parfois. Elle lui donne crédit pour son application hautement assidue et soignée et décèle rapidement que les petits compliments bien à propos ont un effet indéniable sur la diligence de son fils. De son côté, Léonard est conscient qu'il a gradué dans les sentiments qu'elle lui portait, ce qui ne manque pas de faire grandir sa confiance en lui à un moment très opportun.

Profitant du climat de confiance qui s'est installé entre eux, elle lui demande de se rendre seul à l'étable avant la nuit afin de vérifier l'état des bêtes et de distribuer eau et fourrage au cheval car le second est au chantier avec son maître. Le globe du fanal étant brisé, Léonard doit s'y rendre en tâtonnant dans le noir. Il est plus ou moins emballé par cette idée, car il a peur de circuler dans l'obscurité. Se parlant à lui-même, il se dit :

«Je le fais boire, c'est tout. Pour une nuit, il ne mourra pas de faim.»

Sur place, après avoir constaté que chaque animal est dans sa stalle, il parvient à se rendre à tâtons jusqu'à lui, avec sa chaudière remplie d'eau. Prêt à franchir la porte pour revenir à la maison, les remords de conscience l'obligent à retourner sur ses pas. Il se reproche aussitôt :

«Tu ne peux partir sans lui avoir donné une brassée de foin.»

Il ouvre la porte de la *tasserie*. Ce trou est dépourvu de carreaux où quelques faibles rayons de lune auraient pu s'infiltrer et l'éclairer. Il ne voit pas sa main au bout du bras. D'un pas hésitant, il avance puis se penche croyant être au bon endroit. Bang! Il reçoit un coup en plein front. Il referme la porte de l'étable en vitesse et s'enfuit en courant vers la maison. Il s'efforce d'avoir l'air calme en entrant. Sa mère occupée à tisser au métier lui exprime une remarque :

«Tu as fait cela bien vite.

— Tu sais, Maman, ça ne traîne jamais avec moi.»

Au lit, il n'arrive pas à trouver le sommeil et se demande :

«Qui peut bien être là? C'est peut-être un quêteux! Quand est-il entré? Était-il dans la grange à l'heure du train?»

De nombreuses interrogations l'assaillent au point où il en rêve. Le lendemain au lever, il remarque devant la glace qu'il porte des marques au front. En rentrant dans l'étable au matin, sa mère demeure intriguée devant l'attitude du cheval qui n'a pas l'habitude de hennir et de trépigner à leur arrivée.

«Qu'est-ce qui lui arrive, lui, ce matin?» dit-elle questionnant son fils du regard.

Il camoufle l'angoisse qu'il ressent à l'idée de franchir la même porte pour nourrir les bêtes. Anxieux, il prend une fourche et il marche hésitant vers l'entrée qui cache le mystère de sa rencontre nocturne. Sentant son cœur battre à se rompre, il franchit le seuil et avance en douce dans le clair-obscur. En face de lui, à sa hauteur, une fourche plantée bien droit sur l'amas de foin. Il a aussitôt compris que le malin de la veille était nulle autre que ce manche qui l'avait frappé de plein fouet, répondant à la vigueur, à la vitesse et à la rigueur de son geste pour ramasser sa brassée de fourrage. Cet affolement meubla la conversation autour de leur petit déjeuner, ce matin-là.

Déjà là, Léonard n'exécute pas son travail à moitié. C'est après avoir complété le tout qu'il se permet d'aller glisser sur la pente naturelle qui dévale à quelques kilomètres. Le climat de confiance qui règne entre lui et sa mère lui permet d'être ouvert. Depuis sa toute petite enfance, il s'était juré que, devenu adolescent, il ferait tout pour atténuer le deuil de son frère toujours présent au cœur de sa mère.

De l'adolescence
à la maturité

L'année suivante, Léonard, âgé de 14 ans, s'engage dans les chantiers où il accomplit le travail de maintenance. Il se moule à l'austérité, pour ne pas dire à la vie spartiate du bûcheron de l'époque. Vu qu'il participe aux mêmes tâches que les adultes, il se sentira prêt à faire partie de leur clan dès l'année suivante. Si l'adolescence se vit entre 13 ans et 18 ans pour la plupart des garçons, lui, comme toute exception à la règle, se considère 'homme' à 15 ans, étant donné qu'il fait l'ouvrage d'un homme! Par nécessité, les parents laissent ployer des responsabilités sur les épaules de leur jeune adolescent. Ils sont peu nombreux, les fils de campagne qui se permettent de vivre *l'âge folle,* pendant les années quarante et le début de la cinquième décennie.

Par opposition à la génération moderne, les jeunes de cette période assumaient des dettes morales et monétaires envers ceux qui les avaient aimés et éduqués. Ils se sentaient solidaires de leur famille. Le temps ne se prêtait ni à l'indifférence ni aux contestations. «Le temps est de l'argent», répétaient sans cesse les aînés aux plus jeunes, et chaque individu avait la décence, la fierté et la loyauté de subvenir à ses besoins. L'année de ses 15 ans est aussi l'année où l'on célébrera, le 8 mai, la victoire des alliés. Elle aura aussi pour lui une connotation qu'il n'est pas prêt d'oublier.

Un court aparté sur les jeunes années de sa mère nous y conduira.

Avant son mariage avec Samuel en 1912, Anne avait fait son cours de couture et travailla par la suite dans la confection des habits pour hommes chez madame Lafrance. Son époux est choyé d'avoir obtenu la main de cette fille talentueuse. Jeune maman, elle assume la couture des vêtements de travail et de toilette propres à chacun, en plus de toutes les autres tâches ménagères. Il ne faut surtout pas vous scandaliser, si elle participe en plus aux durs labeurs des champs et à la besogne de l'étable. Au milieu de ce surmenage, il lui est arrivé de donner naissance à un nouveau-né avant que le dernier soit propre. Ce détail, aujourd'hui futile, est important à cette ère quand on pense que les femmes lavent les couches.

Comme d'habitude, ce matin-là, Anne se rend pour une courte visite à ses beaux-parents qui habitent tout à côté, sur le lot voisin. Le couple vivait la première décennie de leur mariage. La jeune femme passe par l'entrée du sous-sol et aperçoit un vieil imperméable accroché au mur. Il appartient à son beau-père qui s'en sert depuis plusieurs années lors des jours de pluie pour rapatrier les laitières au pré. L'aîné de ses enfants, qui portait le même prénom Léonard, doit bientôt commencer l'école. Mère prévoyante, elle est à la recherche d'une étoffe qui conviendrait pour le patron du petit manteau qu'elle a en tête.

Quelques semaines ont passé. Un matin d'octobre, le petit-fils fier d'allure se présente chez ses grands-parents. Sa grand-maman paternelle, très vive d'esprit, remarque que l'enfant est d'un chic pour un samedi matin :
« Quand est-ce que papa t'a acheté un manteau neuf ?
Le gamin plisse les yeux en se regardant, tout fier :
— C'est maman qui l'a cousu, dit-il, en posant sa petite main sur lui. »

Sa compétence dans la couture équivaut à une fortune pour ce couple qui traverse la crise économique de 1929, qui perdurera pendant dix ans. Après avoir décousu les vieux habits et les paletots d'adultes ainsi que les manteaux démodés que lui font parvenir la parenté des États, Anne leur insuffle une seconde vie. Souvent, un lavage et un bon pressage leur redonnent l'apparence de neuf. Grâce à ses aptitudes et à son acharnement au travail, ses enfants ont le bonheur de porter des manteaux et des habits dignes d'être illustrés dans les revues de mode. Le raffinement qu'elle apporte à la coupe et à la confection de chacun des items qu'elle doit créer lui vaut des félicitations de la part de tout son entourage.

Pour toutes ces raisons, quelques dames de l'arrondissement ont recours à Anne pour habiller leur couvée, et surtout leur époux, car le prêt-à-porter est quasi inexistant dans les magasins de campagne. L'époque des années folles, soit de 1920-1928, est du passé. Le pouvoir économique est à son plus bas niveau en 1929. La Grande Dépression suivie de la guerre, occasionne à son tour la rareté de plusieurs denrées tels que : nourriture, tissus, médicaments, caoutchouc, fer, et quoi encore! Après la crise, voici qu'on leur demande l'effort de guerre! Cette mère fait le sien en continuant de recycler les vieux vêtements qu'elle lave, remodèle et agence avec harmonie. Elle se fait magicienne lorsqu'il s'agit de tailler dans de vieux vestons et paletots démodés.

Voici la raison ineffable pour laquelle Léonard attendra jusqu'à l'âge de 15 ans, soit en 1945, pour étrenner un habit acheté à la mercerie. Ce grand jour demeurera mémorable pour lui alors que, pour sa mère, ce sera l'occasion de découvrir, à son grand regret, que son fils vit des complexes. Singulier paradoxe...

Bien que Léonard soit le préféré de tante Alida qui lui répète qu'il sera le plus bel homme de la maison, ce dimanche-là, l'adolescent de 15 ans, vêtu de son premier costume, pivote devant le miroir. Il évalue d'un œil critique l'image qu'il projette. La glace lui transmet le reflet d'une jeunesse qui approche six pieds, mais qui, selon ses critères personnels, est loin de répondre aux normes d'un garçon de belle apparence. Déçu de sa mine, il tourne et se retourne sur lui-même. Des émotions, dues à certaines remarques perçues au cours de ses allées et venues, reviennent assombrir sa joie d'étrenner ce ravissant complet marine qui a du prix à ses yeux. En plus de l'avoir acheté au magasin, il l'a payé avec le fruit de ses sueurs... Frustré, il interpelle sa mère qui termine son déjeuner :

« Pourquoi m'as-tu fait de si grosses mains ? »

Ce n'est pas qu'il en ait contre sa mère. Elles lui ont déjà permis, à maintes reprises, de se démarquer à travers une pléiade de participants à la force du poignet et dans les levées de poids. Léonard est conscient que ses mains-là ont une poigne hors du commun. N'empêche que depuis son adolescence, il éprouve une certaine gêne en raison de son physique. Grand et mince comme un brochet, avec des mains fortes et solides et de longs pieds, il se sent bien différent des garçons qui l'entourent. Ceux qui ont appris à le connaître sous son vrai jour le respectent pour ce qu'il est.

Ce caractère particulier passe inaperçu aux yeux du public jusqu'au jour où il est interpellé par un commis-voyageur au magasin général de Charles Lafrance.

Son seizième anniversaire approche. Le jeune homme va prouver qu'il a acquis une certaine assurance depuis un an. Il mesure maintenant six pieds et il occupe ses temps libres à la boxe. Penché au comptoir pour ramasser ses achats, un personnage inconnu le dévisage et lui demande sur un ton désinvolte :

« Est-ce que ta mère vit encore ?

Bouche bée, il le regarde avec bienveillance, cherchant des traits qu'il devrait reconnaître vu la pertinence de sa question. Comme sa figure ne lui rappelle personne en particulier, il lui répond poliment :

— Mais, pourquoi voulez-vous savoir cela?

L'individu lui répond d'un air narquois :

— Mais je voudrais tout simplement me faire façonner des mains comme les tiennes. »

Interloqués, les gens qui se pressaient au comptoir se retournent, attendant avec impatience la réaction du fils de Samuel, d'autres préfèrent s'éloigner. Léonard a la réputation de ne pas se laisser marcher sur les pieds. Il en a trop, c'est assez... Bouillonnant de rage, il se retient de lui frotter la face avec une seule de ses mains, ou mieux encore, il se meurt de lui fermer la trappe en lui administrant un bon coup sur la mâchoire. Entre deux bonnes respirations, il décide de lui répondre du tac au tac :

— Avec la tête que vous avez, je ne crois pas que vous seriez en mesure de vous en servir, de vos mains. »

Il aurait été si facile pour lui de l'envoyer choir, tête première, dans le fond du magasin. Il se félicite après coup de ne pas avoir déclenché de scandale dans cet endroit public, mais les poings lui démangent tout au long de son retour chez lui. Plus il y pense, plus sa colère monte. Avec du recul, il déplore le réflexe qu'il a eu face à cet impertinent. Ce n'est pas un accroc qu'il souhaite partager avec personne, encore moins avec ses compagnons. D'ailleurs, ils sont sans doute déjà au courant. Quelques jours passent avant qu'il daigne en parler avec sa mère. Celle-ci ne voit rien d'inconvenant chez le physique de son fils et elle prend le temps de le rassurer et de lui parler de son grand-père, homme très respecté. Elle lui décrit :

«Tu as hérité du physique de mon père. Ton grand-père Desjardins mesurait six pieds avec ses 180 livres. Pas une livre de graisse en trop, il avait par ailleurs une forte ossature. *Un vrai paquet d'os* qui portait des chaussures de pointure 14. Tu es le dernier de mes garçons et le seul qui me le rappelle. Tes frères ont tous hérité des gènes des

Dumont et des Roy. De toute évidence, ce n'est pas ton apparence physique qui va t'empêcher de te marier et de réussir ta vie, crois-moi! N'aie pas peur, tu peux marcher sur les traces de ton grand-père, elles te conduiront à bon port...»

Au moment de s'affranchir dans le monde des adultes, Léonard, comme tous les adolescents, fait face à un mur qui lui paraît insurmontable. Lors de ce dernier hiver, il côtoie au chantier des hommes de tout acabit. Le jeune homme découvre un milieu où il sent le besoin d'être bien avec lui-même pour faire face à cette autre moitié de la société qui lui paraît hostile. Il cherche des explications à leur comportement :

«Rien ne peut émouvoir ces personnages de la forêt! Avouera-t-il à sa mère de retour au bercail. Issus d'environnements différents, ces maigres bûcherons, endurcis par la misère, envisagent les événements avec une intrépidité tranquille, une ténacité inébranlable et une confiance sereine qui n'appartiennent qu'à eux.»

L'attitude de cet univers masculin en forêt provoque chez Léonard une forte impulsion. Il ressent un élan qui le rapproche de son dynamisme naturel et réveille une sensation profonde qui sommeillait en lui : le besoin de se faire valoir...

Le mot *jeunesse*, terme utilisé à tout propos à cette époque, exprime à juste titre un enfant en marche vers l'âge adulte. Cette période de démarche vers la maturité joue un rôle majeur sur le bonheur futur des individus à cause de tous les choix qui s'offriront à eux pendant leur vie et pour lesquels ils se préparent maintenant sous le regard et la confiance des parents.

Pour y arriver, la personne, même la plus douée, doit d'abord se connaître et apprendre à s'aimer afin de s'affirmer. Néanmoins, Léonard chemine sur la bonne voie parce qu'il en est conscient et qu'il s'interroge. Sa deuxième chance est d'avoir l'occasion de poursuivre son évolution auprès d'une personne avec qui il a établi, depuis longtemps, une relation de confiance : sa mère. Et, comme l'a écrit un grand psychologue, son rêve est de devenir un homme bien.

« On se regarde intérieurement comme on nous a regardés lorsque nous étions enfants. Nous nous mirions dans le regard de nos parents, et la lueur de plaisir qui pétillait dans leurs yeux nous rassurait sur notre propre valeur. »

GUY CORNEAU

Une opération pour l'appendice métamorphose ce jeune homme. Un changement d'apparence, qui a pu sembler très paradoxal à première vue, se manifeste pour son plus grand bonheur. Son miroir lui divulgue, au bout de quelques semaines, l'image d'un beau jeune homme en santé. Depuis sa sortie de l'école, Léonard s'était efforcé de toujours donner le maximum au travail. Bénéficiant de vacances pour la première fois, la convalescence lui a offert, en temps opportun, un repos bien mérité. En observant à la lettre les recommandations du chirurgien, cette période d'oisiveté le prédisposera aussi à de longs moments d'intériorité.

Pendant ces précieux instants de réflexion, il estime toutes les chances que la vie lui offre et il ne considère plus son opération comme une épreuve. Léonard se plaît à discerner toute la générosité qui se dégage dans le dur labeur de ses parents et se questionne sur son sens des responsabilités. Cette dernière évaluation lui permet d'apprécier les aptitudes qu'il a mises à l'épreuve jusqu'à maintenant. Sa convalescence lui est très bénéfique ; non seulement elle lui permet de prendre un peu de poids, mais elle lui offre la possibilité de retrouver, à l'intérieur de lui-même, son estime de soi. Il a reconstruit non seulement son corps, mais son psychique. La vie se présente pour lui désormais sous un tout autre aspect.

Il vient d'avoir ses 17 ans. Il est rayonnant et continue de faire honneur à ses proches parents. Même si sa majorité n'est pas officielle, ce garçon à l'esprit ouvert voit les splendeurs de l'avenir à sa portée. Il a conservé les copains qu'il avait sur les bancs de l'école, mais il n'a pas d'amie. Si, une petite copine qu'il rencontre, de temps à autre, au restaurant de son frère Léopold. Cette jeune fille du nom de Ghyslaine, accompagne sa tante Emma, qui est l'amie de cœur de son frère. Ghyslaine est jeune, plaisante et enjouée. Léonard se rend compte que son regard est à la recherche du sien. Il avouera plus tard, dans une conversation avec celle qu'il choisira comme épouse :

« J'avoue que ces premières accolades ont éveillé mes sens, mais jamais je ne lui aurais manqué de respect, dit-il. Comme j'étais fier de moi, en rentrant chez moi, d'avoir su résister à mes instincts ! Déjà dans ma tête et dans mon cœur de 17 ans, c'était clair ! Je voulais donner à ma future femme ce que, moi-même, j'exigerais d'elle, sa virginité. Je ne voulais, pour aucune considération, gâcher la vie d'une jeune fille honnête et encore moins m'abaisser avec une salope pendant ma jeunesse. »

Notre jeune amoureux parti au chantier dès les premières neiges à l'automne, les amourettes avec Ghyslaine passent à l'oubli. Elle sera courtisée par l'homme qui deviendra son époux au cours de l'été suivant. À son retour, il retrouve ses camarades avec qui il reprend ses activités. Son côté viril, qui contraste avec sa spontanéité et sa délicatesse, plaît aux jeunes filles. De nouveaux petits béguins se succèdent parmi lesquels Léonard se prépare à identifier les qualités qu'il veut retrouver chez sa dulcinée. À plusieurs reprises, il a cru dénicher sa compagne de vie. Il rêve de celle qui l'aimera et pour qui il sera fou d'amour, d'une bien-aimée avec qui il voudra tout partager, d'une demoiselle en qui il découvrira la douceur, et pour le combler, il imagine la perle rare digne d'être la mère de ses enfants.

Les souhaits projetés qui concernent sa future vie matri-
moniale sont au même stade que les fabuleux rêves qu'il
entretient pour l'avenir.

Plusieurs demoiselles le remarquent pour ses belles
manières, sa discrétion et son élégance. Ces échos flatteurs
parviennent à ses oreilles par l'entremise de sa sœur Laurie.
À cet âge-là, un autre intérêt entre souvent en compétition
avec leur identité et leurs amitiés, ce sont les rapports
amicaux avec le sexe masculin. Si les jeunes filles se tournent
sur son passage, il est très évident que Léonard n'est pas
ignoré de ses pairs. La camaraderie qui a uni ces anciens
écoliers leur permet de continuer à découvrir le monde,
d'échanger entre eux leurs acquis personnels, tout en
progressant vers leur maturité. Léonard est modéré et
déférent en public, s'assurant ainsi de ne jamais devoir
d'excuses à personne.
    «La camaraderie mène à l'amitié», a écrit Mauriac.
Quant à ses relations féminines, un seul copain s'est permis
un jour de venir jouer dans sa cour.

Par malheur, cette fougueuse jeunesse fait parfois la
sourde oreille aux avertissements qui leur sont donnés.
Par un chaud dimanche d'été, où tout le monde cherche
un peu de fraîcheur, le groupe de jeunes gens décident
d'aller se baigner à la rivière Boisbouscache, non loin du
moulin appartenant à Jean Rioux. En haut, se trouve une
écluse qui accentue le débit d'eau pour les besoins du
moulin. Au début du mois de juin, la crue des rivières est
encore abondante. À 300 pieds de l'endroit de leur choix
pour la baignade, ils ignorent qu'un contre-courant les
attend sournoisement. Ayant trouvé l'endroit propice à
leurs ébats, les garçons ont cru bon de ne pas descendre
plus bas. Dieu Merci!
    Au beau milieu de cet après-midi de bien-être et d'eu-
phorie, les jeunes adolescents ont frôlé la mort sans le savoir.

Léonard en a fait la découverte macabre en soupant. Il a dû décrire, sur les instances de son père, l'endroit où ils avaient passé l'après-midi. À son grand étonnement mêlé de stupeur, Samuel apprend qu'ils se sont baignés non loin du remous que tous les draveurs connaissent. Il demeure stupéfait que son gars ne soit pas plus informé des agitations qui se camouflent au fond de leur majestueux et alléchant cours d'eau. Réalisant à son tour le danger qui les guettait, sa mère est devenue pâle de frayeur. Telle une louve cachée derrière un buisson, les caprices du courant de la rivière Boisbouscache guettaient leur fils cadet et tous les garçons du rang.

Il a fallu qu'une belle jeune fille de leur âge y trouve la mort, quelques années plus tard, pour que toutes les générations de la région connaissent enfin le fameux tourbillon. Malgré les nombreuses rivières qui sillonnent les fermes, on est surpris d'apprendre que les personnes qui savent nager sont rares à l'époque. Dieu sait que la drave du bois au printemps en emporte un ou deux dans sa démence. La plupart des mères défendent radicalement cette activité à la pensée d'une noyade parmi les leurs.

Au cours de l'été, ces jeunes hommes travaillent sur la ferme avec leurs parents. On se rencontre au magasin général ou au restaurant du coin. On bavarde, on joue aux cartes. La bicyclette ne leur permet pas d'aller très loin. Le frère de Léonard, Léopold, est propriétaire de son propre restaurant. Il est par ailleurs un des premiers garçons du canton à se procurer une automobile. Résidant encore sous le toit paternel, il se montre bienveillant envers son jeune frère. Celui-ci, ainsi que ses amis, Claude, Roland, Élisé, Roger, René, Maurice, Jean-Claude, Arthur et Valmont, organisent leur samedi soir selon l'argent qu'ils ont à leur disposition, et ils en ont peu. Ils se font conduire à la danse qui est l'un de leur passe-temps favori.

Samuel est marguillier, membre du conseil municipal et de la commission scolaire ; il est reconnu comme visionnaire.

Il est un de ceux qui se battent pour l'organisation de certains sports dans la paroisse afin de préserver leur progéniture de l'influence de la luxure qui peut être exercée sur eux par les films présentés au cinéma de Trois-Pistoles. La suggestion est bien accueillie. Des troupes de jeunes et de moins jeunes se rencontrent sur la patinoire ou sur le terrain de baseball, selon les saisons. La joute se termine au restaurant chez Ti Gust. Cette élite de demain n'attend pas le nombre des années. Elle forme des clubs et élargit ses horizons.

Ces rencontres sportives leur permettent de faire connaissance avec des gars et des filles des paroisses environnantes. Parmi eux, il s'en trouve qui ont rencontré la Vénus de leur vie.

Étudiant les demandes de la population, les responsables de cette communauté ne peuvent arrêter le progrès. En plus de répondre aux besoins des organismes de leur patelin, un groupe de paroissiens leur présente une nouvelle demande, celle de la construction d'une salle paroissiale. À compter de ce jour, surtout en hiver, les copains partagent entre eux les coûts du taxi pour l'aller et le retour au cinéma du village. Le prix d'entrée est minime. Ils visionnent, entre autres, des films qui sont passés à l'écran au cours des années précédentes. Les deux premiers sont de Charlie Chaplin : *La ruée vers l'or* et *Les lumières de la ville.* Puis en 1936, avaient été portés à l'écran *Autant en emporte le vent* de Margaret Mitchell et le film *King Kong.* Viendront deux autres films de Chaplin : *Les temps modernes* et *Le dictateur* en 1940. Ce sont des soirées de délire pour ces jeunes qui découvrent le monde du cinéma! La production suivante après la guerre a lieu en 1947, lorsqu'Elia Kazan tourne le film *Un tramway nommé désir,* adapté du livre de Tennessee Williams. Un film extraordinaire! Léonard vient d'avoir 17 ans. Il obtient la permission de se rendre au cinéma de Trois-Pistoles pour cet événement.

Ce fils de fermier est de la génération où chaque être humain nourrit un idéal. Lors des années cinquante, la mentalité veut qu'il devienne quelqu'un de bien ou, du moins, qu'il fasse bonne figure à défaut d'être médecin des corps ou des âmes. Rêvant de fleurir là où il a été semé, notre jeune laboureur se place déjà dans la peau d'un futur semeur en bonne forme physique. Il se démarque, depuis l'âge de 15 ans, dans des tours de force, de la levée du poids, de sauts périlleux. Dans des records bien minutés, il se distingue dans la sectionnement d'un billot ou dans la quantité de cordes de bois scié dans une journée avec des compétiteurs invincibles, entre autres M.L. Ce cercle d'hommes orgueilleux et assez bien musclés provoque des attroupements de curieux et d'adeptes. Il éprouve aussi un malin plaisir à effectuer parfois des tours de force plutôt téméraires. À plusieurs reprises, il est étonné de ses exploits. Dans le but de demeurer le vainqueur, sa jeunesse est une conjugaison de défis. Par contre, les admirateurs en demandent toujours plus.

Un jour, ceux-ci placent jusqu'à 3000 livres sur une brouette, dégageant tout juste les poignées. Léonard se recule, prend 10 secondes de respiration mentale pour faire monter la rage et le désir de vaincre. Il donne ensuite tout ce qu'il y a en lui comme force brute et animale et soulève la brouette. Les gens qui se sont groupés autour du magasin général se demandent si c'est un coup monté et ils vérifient les sacs. Les plus audacieux tentent leur chance, essayent de la soulever, hélas, la brouette semble vissée au sol. Le tirage aux poignets demeure l'attraction favorite des jeunes du temps.

Léonard a toutes les caractéristiques de quelqu'un qui a rejoint la classe des adultes. Au stade de *la force de l'âge*, il ne manque plus de confiance en lui et se distingue déjà de la masse. L'avenir lui offre de larges horizons. Même si les copains représentent pour lui une grande importance, on ne peut prétendre que ce garçon ait appris à se connaître uniquement à travers eux. S'il a réussi à s'affirmer, c'est aussi grâce au climat familial. Depuis sa naissance, son toit symbolise un havre, un encadrement, une appartenance et une grande sécurité. Ce jeune homme est conscient qu'il évolue dans un noyau uni et calme où règne la transparence.

Les quelques mois d'hiver vécus dans les chantiers lui permettent de gagner de l'argent pour ses sorties et ses besoins personnels. Lors de sa première année, Léonard, alors âgé de 14 ans, gagnait environ 100 dollars par mois. Depuis trois ans, il travaille à la *job*. Chaque corde de bois de quatre pieds est marquée et calculée. Le tout lui est payé à chaque fin de mois ou à la fin du chantier. Son père ne lui verse aucun salaire pendant les trois saisons de l'année où il travaille sur la ferme, il a donc intérêt à économiser pour subvenir à ses besoins personnels. N'empêche que cette terre, qui sera bientôt la sienne, requiert des investissements. Souvent, à cause du surplus des dépenses occasionnées par les semences, Léonard participe à certains achats dans le but d'améliorer, soit la rentabilité du troupeau, soit la qualité des récoltes.

Le fils cadet rêve d'être son propre patron, même si son paternel se montre assez conciliant sur ses opinions. Durant toutes ces années où le patriarche et le présumé héritier opèrent de concert cette entreprise, il leur arrive tout de même de rencontrer des divergences. Le père explose face à la fougue de ce jeune homme robuste. Quant au fils, son désir de faire avancer les choses en conformité avec la passion qui l'anime le place parfois en conflit avec Samuel sur des décisions à long terme. Pour Léonard, les protestations de Samuel ne font que confirmer son autorité paternelle et lui signifier de temps en temps qu'il demeure toujours le patron. Malgré tout, croyant le bien fondé de ses arguments, Léonard a su prouver à l'occasion la validité de ses opinions concernant l'avenir de l'agriculture. Pouvoir s'affirmer de temps à autre lui donne de l'assurance et lui permet de se responsabiliser davantage. Toufefois, il ne serait pas à son avantage d'outrager son père pour répondre à la fierté et aux ambitions qu'il nourrit.

Envisageant la perspective de devenir seul maître à bord, il se voit dans la peau d'un fermier prospère. Léonard rêve de fleurir sur la ferme où il est né et de faire la rencontre de la femme qui, en plus d'être belle et généreuse, nourrira les mêmes désirs que lui. Pour ce jeune homme de 19 ans, le bonheur tient à de multiples aspects, la réussite et l'amour-propre trônant en tête de liste. Les honneurs et le pouvoir viennent au second rang. Aux yeux de Samuel, les vues de son fils sont incommensurables. La mère a dû plus d'une fois user de diplomatie et de discernement pour apaiser les tensions entre les deux hommes.

Toujours est-il que rien ne peut empêcher cette *jeunesse*, en approchant de leurs vingt ans, de regarder le futur avec passion. Elle vit des années euphoriques, les années d'après-guerre. Les jeunes fils d'agriculteurs de 1950 ont l'impression que le monde leur appartient car des lendemains très prometteurs se glissent à l'horizon. Les découvertes et les expériences faites pour servir les Forces armées ont provoqué, par ricochet, une explosion dans l'industrie et la mécanisation des fermes. Le tracteur, en particulier, changera du tout au tout le visage des campagnes. Au magasin du Coin, Léonard entend les projets de chacun : l'un planifie d'acheter des génisses de race, l'autre un taureau pur-sang, celui-ci un tracteur, et celui-là veut agrandir sa ferme en achetant la terre voisine. Le soir, sur l'oreiller, tous ces scénarios continuent de se dérouler dans sa tête. Il devient comme un enfant qui s'ébahit devant un étalage. Enclin à une certaine témérité, il se répète en s'endormant :

« Coûte que coûte, je serai, un jour, un fermier important. »

Il mord dans l'avenir à belles dents pour la plus grande satisfaction de ses parents. Au contact de son fils, le père retrouve, malgré son âge, un second souffle et va jusqu'à souhaiter que ses journées aux champs se prolongent jusqu'à la noirceur, même en fin de semaine. Cependant Samuel semble oublier que son fils nourrit un double objectif. En parallèle à l'exploitation de la ferme, celui-ci désire dénicher la jeune fille qui voudra s'associer avec lui dans ses projets. Il ne désire rien de moins que d'embaumer sa jeunesse d'un parfum d'humour, de joyeuses complicités et d'un amour tendre. Dans son for intérieur, une petite voix lui répète sans cesse :

« Ne laisse jamais avaler tes rêves. »

Cette clause fait partie de son bonheur tout autant que sa réussite matérielle. Ses parents ont peut-être tendance à négliger le second projet de leur fils. Cependant s'ils s'arrêtent deux secondes, ils verront sans doute que sa décision de chercher l'âme sœur se révèle d'un intérêt majeur pour eux autant que pour lui. La peur d'avoir une belle-fille dans leur maison leur fait-il peur ? Que leur réserve leur destin ?

Quelquefois l'avenir habite en nous
Sans que nous le sachions
Et nos souffrances
Qui croient mentir
Dessinent une réalité prochaine.

MARCEL PROUST

La volonté d'aimer

L'horloge marque les années dans le respect des saisons. À compter de sa dix-neuvième année, les sorties de Léonard deviennent de plus en plus sérieuses tout en gardant un certain côté récréatif. Il élargit ses horizons avec, en tête, l'idée de rencontrer celle qu'il ne voudra plus jamais quitter. Un soir de printemps, dans la paroisse de Saint-Ludger, se présentent à lui de jolies jeunes filles au cours d'une soirée de noces.

Quelques semaines s'écoulent avant qu'une invitation lui parvienne de l'une d'elles pour lui demander de l'accompagner au mariage de sa cousine. L'invitation conquit d'emblée le jeune homme lorsque celui-ci considère que les circonstances qui entourent un mariage créent parfois des situations qui permettent de percer les mystères que n'offre jamais une première rencontre. Confiant que la compagnie de Nadine sera agréable à cause du charme qu'elle dégage, cette longue journée plaide en faveur du jeune homme :

«Sera-t-elle la perle rare que je cherche?» se répète-t-il au cours des jours qui précèdent.

Le mariage est célébré vers les neuf heures. Les invités se rencontrent chez les parents de la mariée pour un dîner qui sera suivi d'un souper chez les parents du marié. Une soirée s'enchaîne avec musique, chants et danses jusqu'à minuit et plus. Les deux inconnus élaborent sur une foule de sujets au cours de cette journée qui se déroule à toute vitesse les laissant, en fin de journée, l'esprit chargé d'émotions, et également d'interrogations. C'est avec regret qu'ils se quittent après avoir planifié un prochain rendez-vous. Les fréquentations se poursuivent dans un climat de fascination.

Léonard prend tout à coup conscience que la saison d'été se permet de jouer à la chaise musicale. Il lui semble que le printemps était hier, et voici qu'il retrouve encore les mêmes cieux pâles au-dessus de sa tête, les mêmes couchants mauve et gris suppléant aux couchants orange et mauve. Bientôt, une première pellicule de glace apparaîtra sur les bords du ruisseau.

Avant de s'exiler au fond des bois, il veut s'assurer à quel point sont sérieux les rêves de son amie de cœur. Consolider sa relation avant le départ pour les chantiers est plausible pour ce garçon qui pense à lui déclarer son amour dès son retour. Il met donc les cartes sur table en toute honnêteté. À la stupéfaction de Léonard, le regard de Nadine se rembrunit lorsqu'il lui parle de ses intentions de demeurer sur la ferme de ses parents. Incapable de lui dire qu'elle ne veut pas être la femme d'un cultivateur, elle lui adresse une lettre qu'il reçoit la semaine suivante lui expliquant :

« Je ne me sens pas la force de t'accompagner dans les rêves que tu nourris et encore moins de participer à tous les projets que tu élabores pour l'avenir. Vaut mieux que je sois franche, ma santé ne me le permet pas. Sache que j'ai de la peine et que ta compagnie va me manquer. »

Bien que chagriné, il se félicite de lui avoir parlé en toute franchise avant leur séparation pour de longs mois. Il apprécie beaucoup l'honnêteté de cette fille même s'il a le cœur brisé. Néanmoins, après de sérieuses réflexions sur la santé fragile de son amoureuse, Léonard parvient à tourner la page sans trop de difficulté. N'ayant plus d'attachement, il choisit de fusionner son quotidien aux échos de la forêt le plus rapidement possible. Le jeune homme se défoulera sur les géants verts jusqu'en février. Chaque matin dès l'aube, afin de retrouver le courage et la ténacité de s'engager sur le sentier qui le ramène en face de ces adversaires, le bucheron se concentre sur l'argent qu'il pourra récupérer le jour du retour. À ce moment, il dira adieu à cette forêt qui lui a pris force, énergie et une parcelle de santé.

Ce jour-là, il est encore loin! Sous les jeux du vent et du feu qui vacillent pendant les longs dimanches d'hiver et qui n'en finissent plus de se succéder dans ce camp situé derrière un massif de cèdres et d'épinettes, il compose des complaintes dans la nuit étoilée qui plane au-dessus du lac. Parfois les refrains parlent de la vie aventureuse et austère de ses compagnons de fortune. Les uns, fourbus de leur semaine, se sont endormis la figure tournée vers la fenêtre où luit le tronc blanc d'un bouleau. Les plus jeunes, avec leurs grands regards naïfs, prennent des airs rêveurs en l'écoutant. Afin de dérider tout l'auditoire, les derniers sonnets qui s'avèrent un peu grivois sont réservés pour la fin de son répertoire.

Il y a de la frénésie dans l'air lorsque les loups de la forêt rentrent au bercail ce printemps-là. Les activités de l'Organisation des terrains de jeu (OTJ) reprennent de plus belle au tout début de l'été. C'est le rendez-vous des jeunes, et aussi des moins jeunes. Les filles de bonne famille ont l'autorisation d'aller danser à cet endroit bien tenu. En s'y rendant, ce soir-là, Léonard a l'impression d'avoir découvert le lieu où se cachent les plus belles filles de la région. Après avoir promené un regard autour de la salle, il s'approche d'une jolie brune pour l'inviter à la danse.

Le coup de foudre, que Julie éprouve pour ce grand et bel homme en le voyant traverser le plancher de danse, fait battre son cœur d'espoir. Comme il va vers elle, la jolie brunette est subjuguée par l'apparence et le charme que ce garçon dégage. Celui-ci la prie de l'accompagner. Heureuse en sa compagnie, elle ne le quitte pas de la soirée. Ses rêves l'emportent dans des fantasmes où jamais plus elle ne voudra le quitter. Considérant la situation de Léonard, elle doit accepter que leurs fréquentations ne se résument qu'aux fins de semaine à cause de son père vieillissant. Un manque de main-d'œuvre se fait alors sentir, et par ricochet, cette nouvelle situation lui impose un surcroît de travail. Au fil des semaines, elle lui avoue que l'existence perd de son charme pendant ses longues absences. Pour sa part, il regrette que les obligations familiales ne lui permettent pas de combler les attentes de son amoureuse.

En plus d'être distinguée, cette demoiselle se révèle très talentueuse. Musicienne et modiste, en plus de ses excellentes qualités de maîtresse de maison qu'il considère importantes, le jeune Léonard ne peut s'empêcher de penser que cette demoiselle est à cent lieues de la carrière d'une femme de cultivateur. Pourtant, cette fille de marchand a reçu l'éducation qu'il apprécierait beaucoup chez sa future épouse. À l'apparition de l'automne, il est tenu de lui infliger de la peine. Conscient que la jeune fille n'arrive plus à l'émouvoir, malgré sa féminité et ses belles qualités, le jeune prétendant se verra obligé de rompre avant son départ pour les chantiers. Son retour n'est prévu que pour le printemps. Il ne veut ni perdre son temps, ni lui faire perdre le sien. Le chagrin qu'il se voit obligé de lui faire subir le consterne, car s'il ne peut l'aimer d'amour, il éprouve toutefois une belle amitié pour cette grande demoiselle.

Léonard est dans sa vingtième année. Lune après lune, l'hiver se fait repousser par le soleil qui fait valoir ses droits.

Les jours s'étirent par les deux bouts, la belle température dévoile des secrets enfouis depuis des mois. Des cascades d'eau jaillissent à travers le roc, créant un bruit inachevé de vagues qui s'éloignent vers les lacs. Les bourgeons éclosent et habillent les arbres dénudés pour accueillir le retour des migrateurs qui survolent la vallée. L'être humain est également touché de près par cette renaissance, le réveil de la nature ne manque pas de stimuler les cœurs à l'amour.

Garçons et filles attendent l'ouverture de la salle de Saint-Clément, leur endroit de prédilection pour se rencontrer et danser. Léonard et les copains ont acquis de la sagesse en vieillissant. À vingt ans, ils considèrent opportunistes ceux qui ont des projets de mariage à l'été. Bien que ce clan de garçons soit formé de conquérants, certains sont plus pressés que d'autres. Par bonheur, ils n'ont pas tous les mêmes affinités ni les mêmes attirances.

Dès leur première soirée, René, plus chanceux que la plupart des amis, aperçoit Juliette au loin, sa danseuse de l'été dernier. Elle souriait aux propos de ses cousines en attendant une invitation. Les revenants des chantiers ont des fourmis dans les jambes et promènent leur regard autour de la salle depuis leur arrivée. Celui de Léonard s'est arrêté. Excellent danseur, il n'est pas embarrassé de s'adresser à la fille de son choix. Il s'oriente vers une grande brunette. Andréa l'accueille avec un large sourire. Ils s'exécutent au rythme de la musique à s'en faire tourner la tête; quadrilles et sets carrés, l'un n'attend pas l'autre. Les deux danseurs sont surpris à l'annonce de la fermeture. Léonard invite Andréa pour le samedi suivant, ils se donnent rendez-vous à l'entrée.

Comme au cours du samedi précédent, ils s'amusent comme des enfants. Après s'être exécutés durant quelques heures, Andréa exprime le besoin de s'asseoir dans le but d'entamer un vrai dialogue avec son cavalier. Ce tête-à-tête répond aux souhaits respectifs des deux tourtereaux qui dévoileront, avant de se quitter, le désir de se fréquenter.

Il la reconduit chez ses parents qui habitent au bout du village. Leur relation progresse jusqu'au jour où sa sœur, de retour d'un travail à l'extérieur, rentre à la maison.

Léonard soupe au restaurant en compagnie de son cousin Lionel qui désire lui parler seul à seul. Ce soir-là, un vrai coup de foudre éclate entre notre conquérant et une belle inconnue qui se présente à l'improviste au même endroit. Jolie et élégante, elle ne manque pas d'assurance envers l'un des deux garçons qui lui plaît au premier coup d'œil. C'est une demoiselle pleine de charme, dotée également de charisme. Léonard se laisse charmer par cette fille séduisante. Dans son cœur, il n'y a plus de place pour Andréa. Raymonde a su le prendre dans ses filets. En la voyant, elle a fait vibrer chez lui des sensations jusque-là inconnues. En dépit des sentiments qu'il ressent également pour sa copine, il demeure abasourdi devant la tournure de cette soirée. Son sourire se rembrunit le lendemain lorsqu'il apprend que cette belle jeune fille est la sœur de sa petite amie. Il est bouleversé et se perçoit très malhonnête envers sa copine qui n'a rien fait pour mériter une rupture aussi inopinée.

Après avoir planifié une rencontre avec Raymonde et en avoir discuté longuement avec elle, il n'a qu'une idée en tête. Il tient à faire tout ce qu'il peut pour protéger l'amour-propre d'Andréa. La générosité et la sensibilité de Léonard font en sorte que son bonheur est très mitigé. Lorsqu'il prend le temps de se placer dans la position de cette jeune fille respectable, il se sent injuste envers elle :

«Elle sera bientôt victime des cancans du village. Pourquoi devrait-elle subir une telle humiliation ?

Repentant, il se propose de faire une démarche :

— Je lui dois au moins des explications.»

Ignorant si la présence de Raymonde au restaurant était le fruit du hasard, il demande une rencontre avec

Andréa par l'entremise du père de celle-ci. Après un long dialogue, Andréa et Léonard, tous deux conscients que l'amour ne se commande pas, ont fait une déduction. Ils ont compris que lui et Raymonde devaient tôt ou tard se rencontrer. Toute réflexion faite, ils s'avouent mutuellement que c'est préférable que la rupture se fasse maintenant, avant qu'aucun engagement officiel n'ait été pris entre eux. Malgré sa rancœur, Andréa se montre très digne.

Cette anecdote se déroule au milieu des vacances d'été. Les amours avec Raymonde vont bon train. Les nouveaux amoureux se sont déclaré leurs sentiments et ont prononcé de doux serments. Ils profitent du peu d'intimité qu'ils ont à leur disposition pour échanger de tendres baisers. Des projets d'avenir se dessinent. Avec ivresse et sérieux, Raymonde et Léonard envisagent une future union. Leur amour l'un pour l'autre est troublant. Il la voit partout et il ne pense qu'à lui faire plaisir. C'est avec regret qu'il voit avancer le jour où il devra la quitter, car l'été va bientôt tirer sa révérence.

Les récoltes d'automne exigent de Léonard des journées sans fin. Septembre glisse avec douceur dans un octobre impatient à déployer ses splendeurs automnales. Sur le versant de la montagne qui s'étend au loin et qui leur cache la vue de l'horizon, se mêlent des touffes d'orange et de rouge tels d'énormes bouquets artistiquement dispersés ça et là. Il prévoit la quitter avant qu'un duveteux manteau blanc recouvre les pieds des arbres car ces précieuses semaines, absentes de neige, permettent aux bûcherons de faire un meilleur salaire. Un objectif de taille est lié à l'argent qu'il gagnera cet automne. Ce pécule servira à payer la bague qui fait rêver sa future fiancée. Son départ est prévu pour le 15 du mois d'octobre, et son retour pour le 20 du mois de décembre. On est à même de penser que des fiançailles officielles se dérouleront au cours de la messe de minuit.

Entre-temps, la correspondance entretient leur amour. Au calendrier, Léonard encercle le 20 novembre. Comme un enfant de 5 ans qui attend avec impatience l'arrivée du Père Noël, il se prépare à faire le décompte jusqu'au 20 décembre. À l'exception de la plupart des bûcherons qui sont exténués à cette phase de l'année, l'énergie du soupirant est au maximum. Son courrier, qui compte deux ou trois missives par semaine, essuie tout à coup un léger ralentissement. Il ne s'inquiète pas outre mesure, attribuant le retard à Postes Canada à cause des Fêtes qui approchent. La lettre qui lui parvient, vers le premier décembre, revêt à la première lecture un caractère étrange, pas très rassurant pour le brave garçon.

Léonard est secoué. Bien malgré lui, il constate, dès les premiers mots, l'absence de chaleur et d'enthousiasme qu'il avait l'habitude de retrouver dans chacune de ses phrases. Voulant à tout prix se libérer des émois qui lui sont transposés avec subtilité, il se lève et, d'un geste impératif, se précipite sur les dernières correspondances qu'il lit et relit. Le changement est invraisemblable. Le futur fiancé est renversé, il a l'impression que le message qu'il tient dans les mains est destiné à quelqu'un d'autre, tant il est vide de sentiments. Il croit rêver. Depuis son départ, Raymonde lui a apporté, de missive en missive, tout l'équilibre et toute la passion dont il avait besoin pour aller jusqu'au bout de leur éloignement temporaire :

«Impossible pour moi de continuer dans cet état d'esprit.»

Après avoir analysé la situation, le jeune amoureux croit qu'une longue conversation s'impose, afin d'élucider les causes pour lesquelles leurs fréquentations sont à ce point chancelantes. Comme l'anxieux prétendant n'arrive pas à voir clairement dans ses pensées, il se permet de l'excuser. Il va jusqu'à essayer de se persuader qu'elle aurait peut-être perdu l'inspiration et la fougue dans le choix des métaphores pour parler de ce qu'elle ressent. Pour la énième fois, il parcourt cette courte lettre qui ne présage rien de bon. Léonard est toujours dans le brouillard, la tête dans les mains, il fait appel à son bon jugement. Orgueilleux et fier, soudain une voix intérieure s'empresse de le mettre en garde. À cette pensée, il se ravise :

« Ne va pas te ridiculiser en courant vers elle plus tôt que prévu. Contrôle tes émotions, prends du papier et demande-lui de t'expliquer en toute franchise ce qui ne va pas. Ce n'est pas en paniquant que tu apprendras les raisons pour laquelle son attitude a changé. »

Tourmenté par toutes les hypothèses qui tourbillonnent dans son cerveau, heurté par l'indifférence de sa future, cet homme humilié essaie de se revaloriser et de mettre de l'ordre dans ses réflexions lorsque la neige commence à descendre en flocons serrés. Elle dégringole du ciel gris en faisant un papillonnement blanc devant l'immense bande sombre que projette la lisière de la forêt, qu'il va devoir se résoudre à longer encore pendant des mois. Léonard est mort de peur face à cette pensée. Pourquoi ce bonheur, pourtant si près de se réaliser, s'est-il volatilisé? Il fond en larmes... Le jeune homme formule et reformule ses craintes et ses souhaits, se gardant bien de mettre sur papier des pensées qu'il aurait pu lui dire, mais qu'il ne se sent pas prêt à écrire. Une semaine s'écoule dans l'appréhension de perdre la femme avec qui, depuis octobre, il a imaginé les rêves les plus fous.

Enfin, une réponse qui mettra fin à toutes les tergiversations lui parvient. Méfiant, il daigne attendre pour ouvrir cette enveloppe si peu rassurante à cause de la légèreté du contenu. Il la dépose avec son lunch, prenant le temps de se préparer mentalement contre toute éventualité. Au dîner, encore abasourdi par les coups de hache qui ont retenti sans relâche durant la matinée, le malheureux s'assoit en attendant que l'eau bout pour préparer le thé. Il prend son courage à deux mains :

« Il faut que j'en finisse. »

La rage au cœur, il déchire le sceau de l'enveloppe. Il y découvre un simple billet où elle lui dicte qu'elle s'excuse de mettre un terme à leur relation, sans faire allusion ni à ses sentiments, ni à leurs promesses de mariage. Pas un seul mot pour expliquer le pourquoi de sa décision. Les larmes inondent ses joues blêmes. En plus d'être rejeté, il se sent humilié d'être ainsi éconduit sans même avoir la satisfaction d'en connaître le ou les motifs.

De retour au camp après la journée, il relit une lettre reçue au début du mois dans laquelle elle lui jurait un amour éternel. Il compte vraiment sur une dernière lettre pour obtenir des explications. Il ne peut croire qu'elle puisse avoir l'intention de rompre ses fiançailles deux semaines avant la date prévue. Ses pensées ne cessent de vagabonder autour de l'été merveilleux qu'ils ont vécu. Il se remémore les doux instants et les promesses échangées avant son départ, et les larmes coulent malgré lui.

Le choc d'une séparation aussi inattendue provoque chez cet être hypersensible un désarroi quasi insurmontable pendant les premiers jours. Il voit l'estime de lui-même le déserter comme le sang qui s'échappe d'une plaie ouverte. Telle une balle perdue qui t'immobilise sans prévenir, ce rejet sans précédent a atteint la dignité et l'orgueil de Léonard. Il est persuadé qu'il ne l'aurait jamais crue capable d'être aussi odieuse à son égard. Sa peine est emmêlée d'amertume et de mélancolie. La lucidité lui fera défaut pendant plusieurs jours. Ce n'est qu'après quelques semaines de discernement qu'un matin, au réveil, il croit entendre la voix de son père qui proteste :

« Si elle t'avait aimé dans la même mesure que tu la portes dans ton cœur, jamais elle n'aurait agi de la sorte. »

Cette phrase tintera aux oreilles de Léonard pendant des jours. Malgré sa peine, il cherchera à saisir le sens profond de ce message. Plongé dans une profonde détresse, il se remémore plus d'une fois les divers épisodes de leurs fréquentations. Le scénario de chacune de leur rencontre défile dans sa mémoire. Il revoit le premier soir, lorsqu'elle s'est présentée au restaurant où il soupait en compagnie du cousin Lionel. Un soupçon surgit et vient soudain ternir l'intégrité de cette jeune fille.

« Ai-je manqué de lucidité concernant ce subtil hasard ? »

Il remet tout en question et se demande pourquoi il voit les choses si différemment aujourd'hui. De là, il commence à s'interroger :

« L'initiative de Raymonde de se présenter elle-même, ce soir-là, était-elle orchestrée ? Avait-elle organisé cette sortie dans le but de me rencontrer à l'insu de sa sœur Andréa ? »

Il se reproche d'avoir manqué de perspicacité. Chagriné et déçu, il voit les choses sous un autre angle. Il est de plus en plus convaincu que si son jeu n'avait pas été planifié, elle se serait conduite avec plus de réserve et moins de charme !

L'amour et l'admiration qu'il éprouvait pour sa jolie brune volent en éclats. Son adoration fait place au dégoût, à l'indignation et à la haine. Vu sa façon cavalière de se conduire ce jour-là, il se rend compte que le soupçon qu'il avait repoussé après leur première rencontre s'avère aujourd'hui très pertinent. Le comportement de cette fille envers sa sœur explique le manque de compassion qu'elle lui apporte présentement dans la manière de rompre leur relation amoureuse. Il laisse exploser la colère qui bout en lui. Conscient de son tempérament explosif et du niveau d'exaspération qu'il sent alors monter en lui, il juge bon de demeurer dans les chantiers jusqu'à la fin de l'hiver, s'assurant ainsi de ne pas la rencontrer dans ses allées et venues à son arrivée.

Claude, son compagnon de travail, demeure discret mais ne le laisse pas tomber pour autant. Ils s'étaient découvert une compatibilité de caractères dès leur arrivée au camp de bûcherons. C'est au son de la guitare de Claude que Léonard a composé et chanté des refrains, afin de chasser le cafard des exilés de la forêt devenus silencieux devant leur papier à lettre. Ces deux costauds nourrissent au creux d'eux-mêmes des ambitions similaires. Un certain soir, ils se croisent dans le sentier en revenant du bûcher. Claude lui met la main sur l'épaule :

« Trouve-moi quelque chose de plus fidèle, de plus solide, de plus rassurant que le travail, puis je range tout à l'instant, lui dit son camarade. »

À ces mots, Léonard réfléchit et se dit que son ami a raison et que le travail est une formule efficace pour oublier. Les paroles de Claude viennent appuyer sa décision et lui donnent une raison de plus pour persister jusqu'à la fermeture. N'empêche qu'à compter de ce cruel déboire, il se reproche de s'être éreinté, durant des mois, pour l'amour de cette fille qui ne le méritait pas. Dorénavant, si les bûcherons voisins le regardent attaquer avec rage les géants de la forêt, ils sauront que c'est pour se défouler de sa rancœur.

Parvenu à ses 21 ans en septembre, il a atteint sa majorité selon la loi. Sa jeunesse, témoin de toutes les expériences que l'on connaît, l'a doté d'un jugement droit. Le fruit de ses labeurs si durement gagné sera déposé en banque au retour. Après mûre réflexion, cette somme assez rondelette le sécurise en attendant l'heur de se fiancer avec quelqu'un qui en vaille la peine :

« Quelle leçon de vie ! », murmure-t-il.

Pendant les deux mois et demi qui restent pour le bûchage et le halage du bois, Léonard aura le temps de reconstruire son moral, de sorte que toute trace de sa frustration soit effacée, du moins en apparence, à son retour. Depuis, il essaie de réfléchir afin de prendre de bonnes décisions :

« Dorénavant, je serai prudent et je prendrai mon temps avant de m'engager. Pas question de me laisser leurrer, jamais plus je ne me brûlerai les ailes. »

Accompagné de deux chevaliers de la petite école, il rentre au bercail une semaine avant le carême. Notre Survenant est un de ceux qui passe et repasse sur la blanche montagne de neige accumulée sur le chemin avoisinant l'école. Ce banc de neige majestueux se déploie jusqu'à la hauteur des fils de téléphone. Le bois voisin et même les champs ne sont plus qu'un monde étranger à ceux qui ont quitté cet endroit en octobre. Certains jours, il découvre un univers d'une beauté curieuse, glacée, comme immobile, faite d'un ciel bleu et d'un soleil éclatant sous lequel scintille la neige. La pureté du bleu et du blanc leur laisse deviner un froid meurtrier qui paraît cruel à Léonard. Cependant, ce soir-là, vers les cinq heures, il ne voit rien en marchant vers la sortie du magasin. Au beau milieu de la route qu'il emprunte pour se rendre chez lui, il aperçoit au loin une petite masse de couleur foncée. S'approchant de plus près, il découvre un sac d'école. Par pitié pour l'enfant qui, les mains gelées, avait dû le laisser tomber, il le rapporte sans hésitation à l'institutrice.

Le sourire radieux de Véronique a suscité chez lui un vif intérêt. Sa première entrevue, d'une durée de quelques minutes, l'a attaché à cette jeune fille complaisante et gaie. Pendant la semaine qui vient de s'écouler, Léonard a la chance de l'observer à son aise derrière la vitrine du restaurant. Il a de la veine car ce n'est pas tous les jours que l'institutrice se rend au bureau de poste. Son allure distinguée, sa beauté sans artifices ainsi que ses cinq pieds six pouces dépassent tout ce qu'il recherche en apparence chez une femme. Jusqu'ici, dans son parcours de jeune chasseur, il n'a pas encore eu la chance de retrouver tous ces atouts chez la même personne. Il ne peut s'empêcher de penser à Raymonde, la demoiselle qu'il devait fiancer à Noël, puis à la lettre qu'elle lui a fait parvenir pour lui annoncer sa rupture. Il se jure pour une seconde fois :

«Jamais je ne me laisserai duper de la sorte. Je vais prendre mon temps avant de m'engager à l'avenir.»

Néanmoins, ne parvenant pas à taire son intuition, Léonard se surprend à faire de la projection en pensant à cette fille.

« Le cœur a ses raisons que la raison ignore », se rappelle-t-il tout à coup.

C'est dans cet état d'esprit qu'il s'était présenté et avait invité la belle Véronique, un soir de Mardi gras, tel qu'on l'a lu plus tôt.

En voie de rayonnement, la jeune institutrice réfléchit sur les manières de projeter une belle image d'elle-même afin de laisser bonne impression sur l'assistance, mais surtout chez ce *cavalier* qu'elle est fière d'accompagner à la kermesse. Conscient d'une certaine hésitation chez sa nouvelle connaissance, Léonard est heureux qu'elle ignore tout du scénario qui se dissimule derrière son invitation. Deux raisons bien précises influencent le garçon dans sa démarche. La première revêt une importance cruciale à ses yeux, car il craint la présence de l'ex-fiancée à la fête. Se présenter seul à cette danse lui donnerait l'impression d'une tentative de rapprochement, et c'est la dernière de ses intentions. Le deuxième point est capital pour l'ego du jeune soupirant. Il tient à lui faire un pied de nez en se présentant accompagné d'une jeune fille qui ne passera pas inaperçue. Afin de s'assurer d'une démarche vindicative, il fait son entrée à cette soirée, plus séduisant que jamais, impeccable comme personne ne l'a vu auparavant. Celle qui est à son bras se révèle une demoiselle distinguée et très élégante, de qui il a toutes les raisons d'être fier.

Ignorant tout de cette mise en scène, Véronique joue avec candeur le rôle d'un trophée. Cette situation plutôt équivoque aurait pu se révéler catastrophique... Véro est chanceuse, ce garçon se comporte en *gentleman* envers elle et sa sœur. Une jeune fille (Raymonde) et lui se sont adressé à peine quelques mots sur la piste de danse. Quoiqu'il en soit, l'attitude irréprochable de Léonard n'a semé aucun doute dans l'esprit de l'institutrice. Téméraire au moment où il exécute son plan lors de cette rencontre, il va sans dire que cet audacieux jeune homme demeure pensif au lendemain de son coup de théâtre. Léonard se retrouve coincé entre son coup de foudre pour Véronique et la voix de sa conscience qui lui dicte :

«Attention, papillon! Ne te pose pas trop vite, de peur de te brûler les ailes une seconde fois.»

Après avoir enterré le plus loin possible cet amour du passé, notre homme se remet de nouveau à la poursuite de l'amour. Malgré lui, il compte établir, sans plus tarder, une nouvelle relation avec cette charmante fille qui, par pur hasard, est apparue sur son parcours. Afin d'éviter tout revers, il perquisitionne son état d'esprit, son cœur et ses intentions avant d'aller plus loin. Puis, après avoir considéré la situation sur tous les aspects, il formule une courte missive. Il expose à Véronique son désir de la fréquenter afin de faire plus ample connaissance, si tel est aussi son désir. Il attend une réponse avec anxiété. Une lettre lui parviendra le vendredi par l'entremise de la cousine Carmen qui fréquente l'école de Véronique.

Perdu au milieu de douces rêveries depuis l'invitation chaleureuse reçue la veille, l'imagination du jeune fougueux se balade dans le fantastique. Il concède avoir vécu des moments d'ivresse dans les bras de Véronique au cours de cette soirée de danse. Selon sa perception première, courtiser cette fille est susceptible de nourrir la joie de vivre et la confiance dont il a besoin en ce moment. Il n'ignore pas que ces deux éléments ont une incidence sur la découverte du bonheur. Mais son visage se rembrunit soudain, car son enthousiasme se confronte tout à coup avec une triste réalité. Une pensée troublante vient assombrir l'enchantement qu'il a connu en la compagnie de cette jolie et charmante demoiselle. Les beaux rêves qu'il échafaude depuis trois jours risquent de demeurer à l'état de nymphes. Au déjeuner, le lendemain matin, ses parents ne le trouvent pas bavard. Léonard se replie sur lui-même et se demande s'il a droit à l'amour comme tout le monde. Le miroir de l'avenir est embué comme un matin de novembre.

Son esprit vagabonde, et il se revoit écolier. Des pensées vindicatives le plongent loin dans ses souvenirs. Léonard est contrarié, bouleversé. Il se lève de table et rejoint ses quartiers pour mieux réfléchir. Il n'a jamais voulu remettre en cause ces années-là, pourtant elles l'ont marqué puisqu'elles viennent l'assaillir encore aujourd'hui. Depuis cette inoubliable soirée, Léonard croyait avoir déniché la perle rare qu'il recherche depuis ses 17 ans. Son physique, son éducation et son attitude répondent en tous points aux idéaux de sa future compagne de vie. Cependant, il vient de réaliser que cette demoiselle est, par malheur, une maîtresse d'école! Ce mot-là crée à lui seul une ambivalence. Des frissons le parcourent de la tête aux pieds. Pour une seconde fois en trois mois, le bonheur se dérobe sous ses pieds.

Léonard ressent l'urgence de se concentrer et de délibérer sur ses années scolaires. Face au dilemme qu'il affronte, il éprouve la nécessité d'identifier le motif susceptible de justifier la position qu'il maintient envers ces demoiselles qui se dévouent auprès des enfants. À cause de son intransigeance contre la plupart des enseignantes, l'adolescent ne s'est jamais permis de revenir sur cette question. Aujourd'hui, avec ses notions d'adulte, que ressortirait-il de cette controverse vécue pendant la petite enfance et la préadolescence? Le film de son milieu scolaire se déroule sous ses yeux comme de visibles et tangibles spectres. Il éprouve du ressentiment pour l'ensemble de ses années scolaires. Il se doit de les analyser une à une afin de faire la lumière sur ce conflit en voie de le désorienter :

« À six ans, lorsque je fais mes débuts scolaires, j'ai déjà du bagage, grâce à mon éducation. Considérant le rang où je me situe par rapport à mes frères et sœurs, j'ai acquis du caractère. Mes grands frères sont des modèles. Je revois ma mère qui prend la peine de coudre de beaux habits pour la rentrée à l'école. Vêtu comme un petit prince, cette élégance ne m'intimide pas du tout, j'ai confiance en moi et j'affiche déjà une fière démarche, selon les commentaires de tante Alida. L'étude ne m'emballe pas, mais j'apprends avec facilité. Mon intérêt est canalisé par tout ce qui concerne la ferme. À l'école, je fais connaissance avec une ribambelle de garçons. Sérieux, plutôt silencieux, je ne m'impose pas. Je suis gentil avec eux à la condition qu'ils soient gentils avec moi ; je ne m'en laisse point imposer. Jeunot, je me fais respecter, j'impressionne mes amis avec toutes sortes de jeux : cartes, des tours d'adresse, d'agilité, de levée de poids. Par contre, mes parents percevront un changement sporadique dans mon comportement, car je deviens plus ou moins agressif selon l'attitude de celle qui m'enseigne.

« À l'école de ce rang double, les enfants sont toujours aussi nombreux, et les maîtresses se succèdent. Elles enseignent rarement plus de deux ans. Je fais mes première et deuxième années avec Gilberte, institutrice détestée de tous les élèves. Thérèse prendra la relève l'année suivante. Bien qu'elle soit autoritaire et qu'elle ne gagne pas l'affection de tous, mes notes sont excellentes. Son mariage est célébré au milieu de l'été, elle doit donc discontinuer la profession. *Les femmes mariées perdent leur droit d'enseigner en se mariant au cours des années trente.* L'institutrice avec qui je fais vraiment des progrès se nomme Alice. C'est la seule qui m'ait laissé de bons souvenirs. Avec elle, j'ai franchi sans complication et avec ostentation les niveaux cinq et six. »

Classé en septième année avec d'excellentes notes, Léonard souhaite la terminer avec brio. Le but de l'ambitieux est de terminer l'école avec un certificat en main, mais ses espoirs seront vite anéantis. Quel triste souvenir pour cet adolescent! Après sept ans, les souvenances de cet esclandre le heurtent encore. Léonard se revoit le matin de la dernière rentrée scolaire :

«Désespéré, je fais face à Gilberte. Je suis l'un de ses petits hommes à qui elle a enseigné en première année et qui ont maintenant l'âge de 12 et 13 ans.»

Vivant un amour ténébreux, on se rappelle tous que cette personne peut sévir et se transformer en bourreau chaque fois qu'elle perd son calme.

«Une certaine journée du mois de mars, alors qu'elle est penchée sur des corrections avec les jeunets, les papiers se mettent à voler dans la classe. Lorsqu'elle lève les yeux, c'est moi qui suis *au bâton*. Elle décide donc que c'est moi qui dois être puni, sachant bien que je ne suis pas seul à faire la dissipation. Mais comment sévir avec des mutins de six pieds qui font les cent coups dans son dos? Je deviens la cible convoitée afin de prouver son autorité devant toute la classe. Gilberte m'appelle, et je vois sortir du tiroir sa longue règle en érable. La moutarde me monte au nez, mon feu intérieur est attisé, réveillant en moi une vieille expérience de ma deuxième année qui n'avait rien de pervers, mais que je n'ai jamais pu oublier. Je m'étais agrippé à sa robe et les petits boutons qui fermaient sa robe en avant avaient roulé sur le plancher la laissant dans un piètre état devant la classe. Je marche vers la tribune comme elle l'avait demandé. Debout devant elle, je me rends compte que je la dépasse de beaucoup. Je viens d'avoir 13 ans. Après les cinq coups de règle infligés dans chacune des mains, la mégère nous oblige à la remercier avant de retourner à notre place. Règle de bois en main, elle s'élance de toutes ses forces pour me frapper. J'endure les premiers coups, présente l'autre main, mais je la retire aussitôt qu'elle s'élance pour la deuxième fois. Elle se retire rapidement dans ses appartements en gémissant et en se tenant le genou.»

Convoqué pour une rencontre, Samuel décide de retirer Léonard de l'école à cause de sa conduite. Après une réunion de parents avec le commissaire, d'autres élèves quitteront à tour de rôle. Tous constatent que l'institutrice a fait naître l'insubordination et le dégoût de l'école chez plusieurs enfants de l'arrondissement.

« Ce choix de mon père va à l'encontre de mes aspirations profondes : bien que je ne sois pas un modèle, je suis un élève brillant. Souvent ma sœur aînée recourt à ma logique pour solutionner des problèmes de mathématiques. Ce départ involontaire de l'école me condamne à l'amertume et, plus tard, à la rancœur. Le désappointement que je ressens est si profond que je refuse de l'exprimer ouvertement, mais je ne l'accepte pas. Puis, vers l'âge de 16 ans, à l'âge où je commence *à regarder par-dessus les clôtures,* à m'approcher des filles, je fais la promesse de me tenir loin des maîtresses d'école. Sept ans se sont écoulés depuis, et les marques de cette blessure, toujours virulentes, m'incitent encore à me battre contre ces déboires du passé. Pourquoi cette *institutrice* parvient-elle à semer la colère dans mon esprit d'adulte ? Cette défaite devant l'objectif que je m'étais fixé représentait tellement à mes yeux que je n'ai pu l'oublier. L'ambition d'obtenir au moins mon certificat de septième m'a toujours obsédé ! »

Fier de sa personne, de ses propos et de sa conduite, ce junior, assuré de ne jamais avoir à revenir sur sa décision, a depuis répété à qui voulait l'entendre :

« Parlez-moi pas des maîtresses d'école ! »

Loin de ses pensées qu'une demoiselle, parmi cette sélection de femmes suspectes à ses yeux, se présenterait sur sa route au début de sa vingtaine.

À la suite d'une récente rencontre avec une jeune enseignante, Léonard se retrouve pour une première fois dans une situation très ambiguë. Le caractère des opinions qu'il a entretenues depuis son expulsion de l'école l'oblige forcément à une remise en question. Devant le rejaillissement exacerbant de ses expériences vécues avec les institutrices, il découvre et comprend l'importance d'être en harmonie avec lui-même avant de tenter des fréquentations avec Véronique. Il est à la fois heureux et désemparé devant l'intensité de son désir.

Pour faire le point entre lui et les institutrices, pour être équitable, Léonard doit réévaluer en toute honnêteté l'attitude des deux parties. Le jeune homme doit rayer toute discrimination envers ces personnes qui se dévouent à l'apprentissage de la vie des adultes de demain. En dépit de son coup de foudre pour Véronique, est-il en mesure d'analyser avec justesse l'importance de la mission de ces femmes auprès des enfants? Après une telle prise de conscience, pourra-t-il parvenir à rayer d'un trait les préjugés et les absurdités qu'il n'a pas cessé de nourrir depuis l'âge de treize ans? Le sérieux de ses 21 ans l'oblige, aujourd'hui ou jamais, à effacer ses vieilles rancunes et à s'en libérer totalement. S'il passe outre, il ne sera jamais en mesure de poursuivre des fréquentations dans une orientation qui les conduira vers un amour durable. Il ne peut payer de son bonheur la hargne qu'il a entretenue depuis sa sortie de l'école :

«Il ne tient qu'à toi d'agir avec circonspection», lui dicte la voix de sa conscience.

Léonard fait preuve de probité envers lui-même et constate que c'est l'enjeu de son bonheur futur qui est en cause. Il fait appel à son jugement et à beaucoup de discernement. Il sent la présence de Thérèse et d'Alice autour de lui ; les deux seules maîtresses d'école reconnues pour leur assurance, leurs talents d'enseignantes, et surtout, leur amour des enfants. C'est à ce moment qu'il se demande :

«Quelle manière avaient-elles envers moi? Et quelle était ma conduite pendant les années où elles m'ont enseigné?»

En tant qu'élève, il se sentait important avec Alice et il donnait le maximum de lui-même pour ne pas la décevoir. Léonard découvre à quel point il est orgueilleux et supporte mal les affrontements. Pourtant, il peut être tendre lorsqu'il a la sensation d'être aimé ou apprécié. Cette investigation lui permet de réaliser qu'il s'est toujours tenu loin des personnes vindicatives et hargneuses. Une délibération judicieuse de ses opinions et de ses sentiments s'étalera sur quelques jours. Sa réflexion est profonde. Il se confesse intérieurement avec toute la franchise possible et y consacre le temps voulu pour se confronter à la réalité et pour prendre de bonnes dispositions. Après mûre réflexion, il se sent prêt à faire de la place dans son esprit pour y laisser entrer Véronique, cette jeune institutrice que la vie a placée dans ses allées et venues. Il comprend qu'il a tout à gagner à la connaître davantage. La rétrospective de son passé lui signifie qu'il est temps de se libérer et de lâcher prise. Cette démarche profonde lui a donc permis de découvrir le poids de sa rancœur.

Respirant un air nouveau, le cœur léger, il se sent prêt à se lancer à la poursuite de l'amour.

Attendre

La vie révèle
Ses plus beaux secrets
À qui sait attendre
À qui n'attend plus

La vie accorde
Ses plus beaux poèmes
À qui aime déjà
D'un amour éperdu

DIANE BOUDREAU

À l'écoute de
ses aspirations

Ce jour-là, il sort de sa retraite vers les 15 heures après avoir fait la paix avec lui-même. Léger comme un papillon, il défile sur la montée qui le conduit aux bâtiments en se remémorant les éloges entendus au magasin, quelques jours plus tôt, à l'égard de Véronique. La besogne suivie d'un léger souper, il s'empresse d'aller faire sa toilette. De le voir si chic un samedi soir, sa mère se questionne et lui demande :

«Mais veux-tu bien me dire où est-ce que tu vas ce soir ?

— Je m'en vais voir la maîtresse d'école, qu'il lui répond en rigolant

Elle ne le croit pas, persuadée qu'il fait une plaisanterie. Elle a toujours su que son fils n'avait jamais été en amour avec les maîtresses d'école.

— Toi, Léonard, fréquenter une institutrice, jamais de la vie ! Tu ne me feras jamais accroire ça !»

La conversation s'arrête là. Sa mère comprend qu'il ne lui doit pas d'explications à son âge et elle se tait. Quant à lui, il a besoin que les choses se précisent, même avec sa mère, avant d'élaborer sur les détails qui concernent cette rencontre.

C'est bien malgré lui que ses pensées virevoltent, et il se revoit au magasin le soir où il a surpris une conversation entre des habitués de la place. «Drôle de coïncidence que je me retrouve à cet endroit au même moment!»

Et il revoit le scénario :

«La veille du Mardi gras, alors que j'avais déjà planifié me rendre à l'école pour inviter Véronique à m'accompagner pour cette soirée dansante, je suis témoin d'un dialogue qui se glisse entre les jeunes pères de famille réunis autour d'une table à cartes. Affichant une posture insouciante, je m'empresse quand même de tendre l'oreille lorsque le mot "maîtresse d'école" entre dans leur bavardage. Cela me permet d'apprendre que l'institutrice en question n'est nulle autre que la demoiselle que je me propose d'inviter. Ils échangent sur son enseignement lorsqu'un papa d'un grand garçon de 13 ans leur déclare que, malgré son âge, cette jeune maîtresse âgée de 18 ans possède le don de se faire respecter et d'être aimée à la fois par tous ses élèves. Ce discours, pourtant rassurant, n'a pas influencé la démarche que je projetais de faire auprès d'elle ce soir-là.

Cependant, j'avoue que ces mêmes paroles élogieuses prononcées à son sujet jouent un rôle capital dans la récente décision que je viens de prendre. C'est en la courtisant que je pourrai découvrir son caractère et sa vraie personnalité. L'avenir nous dira si elle et moi avons une compatibilité de caractère.»

Pendant ce temps, Véronique prévoyait terminer sa préparation de classe pour le mois de mars. Informée de sa visite, elle s'adonne pendant une bonne partie de la journée à ses travaux coutumiers. Mais elle se voit dans l'obligation de changer son programme pour partager avec Pascale l'entretien de leur logement. Sans vouloir s'identifier comme la parfaite maîtresse de maison, elle ne veut pas non plus se déprécier à ses yeux.

Cette première soirée en tête-à-tête lui paraît de bon augure. Silencieuse, Véronique se plaît à rêver. Aux choses urgentes, se mêlent les volutes d'un étrange romantisme. Ses idées tourbillonnent au rythme des danses du Mardi gras. La présence inattendue de Léonard dans le portique de l'école ce soir-là l'avait fait sourire. Une formule populaire rejoint sa pensée, à savoir que les dix premières minutes d'une rencontre entre deux personnes déterminent neuf fois sur dix le genre de rapport qu'ils entretiendront par la suite. Qu'en sera-t-il pour eux ? Romantique, elle se revoit dans ses bras à la cadence d'une musique entraînante et sourit à ses réflexions qu'elle juge trop désinvoltes pour les partager avec Pascale, sachant qu'il est encore beaucoup trop tôt pour construire des châteaux. Ayant recours à quelques notions de psychologie, Véronique se propose avant tout d'établir un contact amical avec ce don Juan qui l'a fait rêver depuis leur première rencontre.

Bien que ce soit son vœu, la jeune fille appréhende ce premier face à face dans l'intimité de ses appartements, à l'école. Elle s'interroge fortement, même si cette première expérience lui permet de s'affirmer, d'aller chercher de l'assurance. Jouant pour la première fois le rôle d'hôtesse, elle se veut accueillante. Ravies de voir briller l'école et leurs locaux, les deux jeunes filles s'assoient pour une pause. Soudain, un étrange malaise s'empare de l'aînée ; elle sent monter la colère de ses parents devant sa décision de le recevoir à l'école malgré leurs recommandations. La voix de sa conscience se fait sévère. Elle entend leur discours comme s'ils se trouvaient là pour exprimer leur désapprobation :

« Tu n'as pas le droit de recevoir des garçons dans la classe.

— Mais j'ai 18 ans, je sais que je n'ai pas légalement atteint la majorité. Considérant ma compétence, la commission scolaire n'a pas peur de me confier la plus grosse classe de la paroisse, la responsabilité de 42 enfants. Pourquoi ne me faites-vous pas confiance, vous, mes parents?

— Sois honnête, la mission d'institutrice t'oblige à te conduire de manière exemplaire vis-à-vis la société. »

Après avoir considéré toutes les avenues, elle se retrouve bredouille de nouveau et décide de le recevoir à l'école. Quoiqu'il en soit, la maison d'école est leur demeure.

En proie à des sentiments de honte s'adjoignant à la désobéissance, elle prend la résolution d'en parler à son ami, si leurs fréquentations s'avèrent durables. Ayant comme objection qu'elle dispose d'un chaperon, elle se justifie en attendant la tournure des évènements. Mais quel que soit son raisonnement, le fait de contourner l'autorité parentale dissémine tout de même un nuage qui fait de l'ombre à ce bonheur tant espéré. Perdue dans ses pensées, elle réalise tout à coup qu'il est six heures et qu'elle doit s'activer pour se faire belle. Des images de fête, des airs envoûtants de musique..., puis la gentillesse de Léonard vient alors, d'un coup de baguette, sabrer dans les remords qui s'étaient emparés d'elle.

Véronique ressent le besoin de se retrouver seule en attendant le visiteur. Parmi les hésitations qui la hantent, elle réalise que le courant qui l'emporte vient d'adopter une tout autre tangente. Percevant les activités récentes, elle constate que le vent vient de tourner à l'heure où, dans son quotidien, il ne se passait rien d'autre que le travail. Qu'est-ce qui a bien pu provoquer un tel changement? Doit-elle comprendre que toutes les sorties qui se sont glissées depuis un mois sont le fruit de sa prise de conscience sur son estime d'elle-même? Elle croit halluciner en pensant à la confusion dans laquelle elle était plongée, et dont elle croyait ne jamais sortir. Devant la glace, elle se touche pour vérifier si elle est bien éveillée.

Les invitations au cinéma par deux gentils garçons ont aussi mis du soleil dans sa vie. Puis, vint cette inattendue et magnifique soirée! Elle, l'adolescente à qui la mère a reproché la grandeur et les rondeurs, y a tournoyé sur le plancher de danse au bras d'un prince charmant qui se distinguait par son élégance et sa beauté :

«Je me suis sentie à l'aise pour la première fois de ma vie, au bras de ce garçon, évoque-t-elle en rougissant. Jamais je n'aurais imaginé vivre pareille allégresse.»

Après avoir décortiqué le moindre des événements, Véronique ressent beaucoup de satisfaction de voir que sa vie sociale, et même romantique, prend une autre tournure. Elle reconnaît que ce cheminement a exigé de l'audace mais, en retour, elle s'enrichit de beaucoup de confiance en elle. D'autre part, bien que l'attirance pour la vocation religieuse ne manque pas de se faufiler dans certaines périodes de méditation, elle constate depuis que l'appel au noviciat se fait de plus en plus discret. Néanmoins, Véronique hésitera encore à s'engager dans l'un ou l'autre des sentiers qui l'invitent à tour de rôle. Elle juge avec perspicacité qu'une connaissance plus poussée de ce jeune homme lui apportera les réponses qu'elle attend. Les yeux tournés vers l'avenir, elle entend les paroles de sa mère Esther qui, à l'instar de sa grand-mère, peinait devant les revers de la vie :

«Fais confiance toujours, agis selon ton cœur, comme ça tu ne pourras jamais te tromper.»

La sonnerie retentit vers les sept heures. Léonard est ponctuel et poli, petit détail qui marque un point en sa faveur auprès de la jeune fille. Une certaine pusillanimité plane dans la pièce à son arrivée. Afin d'éviter toute gaucherie, Véronique préfère l'écouter, dissimulant ainsi l'hésitation et la nervosité qu'elle refuse de laisser paraître. Dans la promiscuité des appartements de l'école, chose étrange, Léonard donne l'impression d'être plus à l'aise que son hôtesse. La dérogation de Véronique face aux ordres des parents n'est pas étrangère à son malaise. Histoire de faire taire sa conscience, elle se montre prudente et étudie les moindres gestes de l'invité. Dès le début de la soirée, elle découvre que l'*Apollon* qui se tient devant elle n'est pas seulement séduisant. Il dégage la bonté et la franchise dans son mode d'expression, mais surtout dans la façon de regarder les gens et de voir les choses.

L'atmosphère se détend au rythme de l'horloge qui poursuit sa course. La conversation s'enchaîne sur leur vie respective. En raison de leur sexe et du rang qu'ils tiennent dans leur famille, Véronique et Léonard découvrent que leur éducation fut divergente sur certains points; ce qui les invite à apporter certaines précisions. Il faut se rappeler, qu'à l'époque, les filles et les garçons d'un même bercail sont souvent éduqués de manière différente. En général, les parents sont beaucoup plus permissifs envers les mâles de leur clan familial. À travers diverses anecdotes, l'un et l'autre donnent l'impression de se livrer sans arrière-pensée. Leur dialogue se poursuit sans prétention. En fin de soirée, ils avaient déjà réalisé que, si leur perception est parfois nuancée, il demeure que leurs valeurs se rejoignent à plusieurs niveaux. Se sentant tout à fait à l'aise, Léonard se lève pour déposer son verre et en profite pour se rapprocher d'elle et lui dire :

«Je suis agréablement surpris de savoir que tu n'aies que 18 ans!»

Leur dialogue prend une autre tournure et s'enchaîne sur sa maturité et ses talents. Considérant, une fois de plus, la nature des éloges cités en plein magasin à l'égard de Véronique, le jeune homme ne peut s'empêcher plus longtemps de la féliciter pour tout ce qu'elle peut apporter aux élèves. Pour sa part, elle constate que les renseignements qu'il lui présente sont d'une grande précision. Véronique demeure bouche bée. Elle n'ose pas le questionner sur la source de ces détails. Néanmoins, ses compliments viennent de lui injecter une autre bonne dose d'estime de soi.

Grâce à la grande ouverture d'esprit de ce jeune homme, Véronique voit en lui un garçon franc, honnête et direct qui ne prend pas de détour pour faire part de ses impressions. Elle éprouve réellement du plaisir en sa compagnie. La timidité et les craintes qui s'étaient emparées d'elle se sont estompées devant la simplicité qu'il manifeste dans l'art de communiquer. Dès leur premier tête-à-tête, les deux tourtereaux donnent l'impression de se rejoindre et de se plaire. Au moindre contact, Léonard sent son cœur battre dans sa poitrine. Il est conscient de l'attirance qu'elle exerce sur lui.

L'heure tardive les a surpris. Ce premier rendez-vous leur apparaît plein de promesses. L'un et l'autre ressentent le besoin de se donner, pendant les jours à venir, toutes les occasions de se retrouver. Il est encore trop tôt pour chanter leur bonheur. Toutefois un enchantement se reflète dans leur sourire à l'heure de se dire au revoir, vers dix heures trente, mais l'image de leur idylle demeurera jusqu'au lendemain, heure du prochain rendez-vous.

Les promesses de se revoir le samedi et le dimanche sont tenues dans la fidélité. Est-ce le début d'un amour véritable? Des jeux de séduction s'exercent sans intention dans ce décor plutôt exigu. C'est un garçon courtois qui se montre affectueux tout en lui vouant beaucoup de respect. Véronique est tranquille concernant la conduite de Léonard. Ce dernier se montre digne envers sa personne dont la réputation est déjà établie pour les parents de l'arrondissement. Pascale exerce la fonction de chaperon avec discrétion. Cette aventure imprévue, naïve et tendre est-elle en voie de construire des inséparables. Dès leurs premières rencontres, le prétendant lui avoue n'avoir jamais rencontré de femme aussi séduisante. De son côté, la jeune fille trouve que ce garçon est le plus charmant des hommes. Son regard attachant semble l'émouvoir à chacune de ses visites. L'attrait réciproque qu'ils éprouvent produit un effet magique. Chaque parcelle de temps passé ensemble, si minime soit-elle, leur permet d'enraciner une profonde amitié qui, dans un coin secret de leur cœur, veut que ce soit le prélude d'un amour véritable et durable.

Toutefois, nos deux tourtereaux, pour de bonnes raisons, ne veulent pas brûler les étapes. Leurs expériences, quoique différentes, font en sorte qu'ils partagent le même désir, mais aussi la même sagesse. Elle, à cause des difficultés vécues dans la vie conjugale de ses parents, lui, à la suite des conclusions tirées de ses observations et de ses épreuves vécues auprès de ses deux conquêtes antérieures. Le but ultime de Léonard est avant tout de construire un rapport honnête et franc afin d'éviter d'être blessé à nouveau. En évoluant vers une nouvelle amitié, l'attitude cavalière de Raymonde revient souvent assaillir sa mémoire. Fait peu banal cependant, ses inquiétudes s'envolent lorsqu'il se retrouve en présence de Véronique devant laquelle il a résisté fortement à cause de sa profession. L'ouverture d'esprit de celle-ci, associée aux notions de pédagogie que cette jeune fille possède, le rassure beaucoup. Plus que jamais, il souhaite être compris dans la même mesure où il se préoccupe déjà des moindres ennuis et des désirs que nourrit sa petite amie.

De rencontre en rencontre, les confidences vont bon train. Léonard ouvre au maximum la fenêtre sur son passé afin d'y laisser entrer Véronique. Il tient à ce qu'elle fasse, sans aucune réserve, le tour du jardin de son enfance à sa vie d'adulte. Bien qu'elle veuille s'ouvrir, la jeune fille, n'ayant pas de secret en ce qui la concerne, juge qu'il est beaucoup trop tôt pour étaler les difficultés qu'ont vécues ses parents *Sur la route de l'espoir*. Elle revoit avec lui les trois années antérieures qui se sont déroulées dans l'enseignement.

Pour en arriver là, elle lui apprend qu'elle a fait ses débuts dans sa quinzième année alors qu'elle recevait encore son allocation familiale. Les rires fusèrent.

Léonard lui explique, pour sa part, combien jeune il a assumé de lourdes responsabilités. Il se remémore et lui raconte :

« Dans les ténèbres qui enveloppaient toute la campagne à l'approche d'une nuit sans lune de novembre, à l'âge de 10 ans, j'ai marché sur la terre gelée pour me réchauffer, sur une route boisée de chaque côté sur une distance de trois milles. Parti tôt le matin, je revenais du moulin à farine, avec 30 sacs de moulée entassés sur un wagon! Il n'y avait pas encore de neige. Une chance que j'avais un bon cheval. Au fond, c'est lui qui me sécurisait! Cet incident s'est produit à cause des nombreux habitants sur place avant moi ce matin-là. De plus, certains mécréants m'ont volé mon tour, ce qui me causa un important retard. Jamais je n'oublierai les figures de ces gars-là, je revois la scène comme si c'était hier!

« Devant le caractère présomptueux de mon père, maman s'est inquiétée avec raison. La route était escarpée pour sortir du moulin à farine des Beaulieu, et mon voyage était énorme. Par bonheur, de bons samaritains me surveillaient du moulin à scie et se tenaient prêts à courir à mon secours. Il a fallu placer des roches derrière les roues à deux reprises pour que la pauvre bête puisse reprendre son souffle. À mon arrivée, mon père s'est occupé de la charge mais ne m'a pas paru inquiet. Ma mère, qui essayait de camoufler ses émotions, avait les yeux rougis. Le teint pâle et le front angoissé, je la revois encore s'approcher de la table tenant un bol de soupe fumante pour me réchauffer. Transi par le froid et tendu par les appréhensions à la suite de mon retard, les dents me claquaient dans la bouche. J'ai pris le temps de lui révéler tous les détails de ma journée avant de manger. »

Après s'être longtemps épanché sur leur travail d'adulte alors qu'ils étaient encore des enfants, un silence inhabituel flotte autour de cette fille et de ce garçon qui essaient de s'apprivoiser. D'instinct, comme des enfants, Véronique et Léonard se rapprochent comme pour se réconforter. Ils réalisent tous deux que leurs parents, devant toutes leurs responsabilités, ne pouvaient rien faire d'autre que de réclamer leur aide.

Nos deux confidents manifestent beaucoup d'intérêt sur tout ce qui tourne autour de la vie respective de l'autre. Ils continuent à partager et à s'amuser en faisant revivre un passé plus récent où prennent la vedette les situations les plus loufoques de leur jeunesse. Véronique se rappelle qu'elle avait vécu, à l'aube des ses quinze ans, une légère peine d'amour au sujet de son premier prince charmant. Le fait d'être pensionnaire, pour une dernière année, afin de terminer ses études, lui a permis d'oublier cette première idylle. Phase douloureuse que rencontrent souvent les adolescentes! Jeune fille distinguée, instruite par surcroît, sa personnalité ne dénotait pas l'image d'une jeune fille de 15 ans. Dès l'automne, alors qu'elle est déjà sur le marché du travail, plusieurs garçons se sont présentés au domicile de ses parents dans le but de la fréquenter. Parmi eux, deux ont pu entretenir un rapport amical pendant plus de trois mois. Quant aux autres, elle a vite compris qu'elle n'avait aucune affinité avec eux, devinant rapidement qu'ils ne lui apporteraient pas ce qu'elle attendait de l'homme de sa vie. Au fur et à mesure qu'elle partage différentes anecdotes avec son interlocuteur, Véronique découvre qu'elle est entière au point de vue affectif.

Cette demoiselle a le verbe facile lorsqu'elle échange au sujet de son enfance et de sa jeunesse. Cependant, elle préfère ne pas s'aventurer sur le terrain des incompatibilités qu'elle a vécues avec sa mère lors de la puberté. Considérant qu'elle souffre encore d'un manque d'estime de soi, elle prévoit lui en faire la confession le jour où elle aura trouvé le meilleur d'elle-même dans toute sa magnificence. Sa récente démarche lui permet de comprendre que plus un être est conscient de ses aspects lumineux, plus il a la possibilité de s'épanouir. Pour y arriver, elle doit s'estimer suffisamment pour aimer ce qu'elle fait et pour aimer ce qu'elle est.

La décision qu'elle a prise en janvier lui est d'un précieux secours au même titre qu'un outil merveilleux. Elle devine que son ami ne serait pas en mesure de comprendre ce qu'elle vit, lui qui a toujours bénéficié d'une large reconnaissance de la part de ses parents. L'attitude de ces derniers lui a apporté à long terme l'aplomb et la confiance dont leur fils jouit à l'heure actuelle.

Après le départ de son prétendant, ce soir-là, Véronique a de la difficulté à trouver le sommeil. Différentes réflexions émises au cours de leur dialogue l'interpellent. Réfléchissant en profondeur sur les confidences de Léonard, elle est maintenant persuadée qu'il y a de moins en moins de similitude entre les milieux de leur enfance. Un fait lui apparaît assez invraisemblable. Leur vie de jeunesse se déroulant dans un petit patelin, elle se demande pourquoi ils ne se sont pas croisés auparavant. Cette constatation émise en fin de soirée leur a paru plutôt étrange.

Lors d'un autre tête-à-tête, les deux jeunes adultes, pour s'amuser, confrontent les lignes parallèles sur lesquelles ils ont évolué. Le seul endroit où ils auraient dû se retrouver, c'est en marchant au catéchisme, mais une différence d'âge de deux ans n'a pas permis cette rencontre. Ils reconnaissent qu'ils ne pouvaient se retrouver au même endroit à moins d'une conjoncture spéciale. Car, ce beau et grand jeune homme, lors de sa jeunesse, n'avait des yeux que pour les filles des paroisses avoisinantes, en particulier celles de Saint-Clément. Là, à l'OTJ, se nichaient toutes les beautés du canton.

Il aura fallu qu'un concours de circonstances oblige Véronique à s'aventurer dans le secteur résidentiel de Léonard pour y enseigner. Elle et lui sont comme ces mille créatures de l'air ou ces papillons que des ruses de la nature mènent à leur rencontre.

L'absence de communication durant les premiers jours de la semaine leur permet de réfléchir longuement sur leurs multiples échanges, tous plus intenses à chacune de leur rencontre. Parmi les détails véhiculés sur les événements et les expériences de leur passé respectif, ils affichent sans arrière-pensée leurs traits de caractère, leurs goûts personnels et leurs préférences, ainsi que tout ce qui a nourri leurs ambitions jusqu'à maintenant. La découverte de leurs affinités prépare en douce le nid pour y loger de vrais sentiments amoureux. En dehors de ses visites, prenant quelques intervalles pour réfléchir, le jeune homme est forcé de reconnaître que leur relation a évolué à un rythme qui lui fait peur. Quand il songe à la date de leur première sortie, il doit admettre qu'il n'a pas suivi la consigne qu'il s'était juré lors de sa rupture avec Raymonde. Hélas! Il se sent éperdument amoureux, jamais il n'a été aussi épris! Les sentiments qu'il nourrit à l'égard de Véronique sont ardents et tendres à la fois.

Véronique est la femme qu'il veut chérir et protéger toute sa vie. Il trouve en elle une intelligence et une sensibilité exceptionnelles. Il rêve de la tenir dans ses bras et de la caresser depuis leur première rencontre. À l'instar de sa fougue et de sa passion, il craint cependant de lever le voile sur son amour avant de percer le mystère dont Véronique entoure ses sentiments. Il ne veut pas la brusquer ni lui faire peur. Quoi qu'il arrive, elle et lui déambulent depuis quelques mois avec une ferveur nuancée de vigilance en ce qui concerne l'avenir. En dépit du choc qu'il a vécu, Léonard conçoit que sa vie a pris un tout autre tournant trop peu de temps après son échec. Le comportement de cette fille a laissé de la méfiance dans son esprit et un quelconque dégoût face à la manipulation. Il réfléchit sérieusement, ce qui lui permet de prendre conscience de l'ouverture d'esprit qui existe dans leurs confidences. Il estime qu'il l'a échappé belle. Bien qu'ils ne se soient pas encore révélé leur amour, la vie lui apparaît effervescente comme certains de ses rêves qui lui accordent, à chaque réveil, un envoûtement dans lequel il demeure plongé jusqu'en matinée.

Le vendredi soir qui précède la Semaine Sainte et la fête de Pâques, Léonard s'arrête pour l'inviter au cinéma. On présente en salle les films : *Le train sifflera trois fois* de Zinnerman et *Don Camillo* de Duvivier avec Fernandel. Sachant qu'elle et Pascale se rendront dans leur famille pour Pâques, il lui apporte une boîte de délicieux chocolats. C'est leur première sortie au cinéma.

Au guichet, le couple ne passe pas inaperçu. Ils font même l'objet d'indiscrétion de la part de ceux qui ont déjà pris place. Des coups d'œil viennent de toutes parts. Enfin les lumières s'éteignent, il n'y a plus que l'éclairage de l'écran. Il caresse sa main et continue sagement de suivre les acteurs. De temps en temps, il jette vers Véronique un regard attentif et aimant. Fiévreux, agité, Léonard passe un bras autour de ses épaules. Véronique sent un flot de chaleur l'envahir et elle se tourne vers lui. Il saisit l'occasion pour l'embrasser tout doucement. Elle regarde la fin du film blottie contre lui.

En sortant du cinéma, il invite Pascale et sa copine à les rejoindre au restaurant. Les deux rêveurs marchent lentement, main dans la main. Léonard lui chuchote des mots de tendresse. Une véritable symphonie aux oreilles de sa bien-aimée. La raison peine à se faire entendre dans le tumulte des émotions qui s'embrasent au creux de leur cœur passionné. Au moment de se quitter, ce soir-là, une douce étreinte scellera leur attachement profond sans que ni l'un ni l'autre n'ose avouer les sentiments qui font palpiter leur cœur. Léonard est loin de se douter qu'une belle surprise lui soit réservée pour cette fin de semaine.

105

Consciente que leurs fréquentations deviennent sérieuses, la jeune fille juge bon de parler à ses parents et de leur présenter l'inconnu. Cette démarche porte en elle un jalon d'une extrême importance pour leur future orientation. Si l'expérience de son passé rappelle souvent à notre amoureux de ne pas se précipiter et d'être prudent, il demeure que faire connaissance avec les parents de Véronique soit pour lui une priorité. Cette invitation apportera certes des réponses à ses questions. Il attendait ce jour en secret. Si cette rencontre s'avère fructueuse, il pourra éventuellement épancher tout l'amour qui brûle en lui.

Quant à Véronique, contrairement au manque de confiance dont elle était victime, le meilleur d'elle-même lui assure que le choix de son prétendant correspond aux normes d'Antoine et d'Esther. Distingué, très masculin, le physique de son ami de cœur répond, en tous points, aux principaux critères de sa mère. Quant à ceux du *paternel* de l'institutrice, ils se sont révélés plus judicieux... Les témoignages qu'Antoine a soutirés ant.rieurement avec subtilité sur ce jeune homme et ses parents se sont révélés plutôt flatteurs et rassurants. Sa lignée fait partie des familles respectables de la paroisse.

Tout se passe selon les souhaits de la jeune fille. Les parents font un accueil chaleureux à ce bel inconnu. À table pour le souper, frères et sœurs, dont les six derniers sont âgés entre 5 et 12 ans, ont les yeux rivés sur l'ami de leur grande sœur. Très présent pour ces futurs neveux et nièces, le jeune visiteur s'adresse à eux avec un large sourire. L'approche chaleureuse qu'il témoigne aux enfants ne manque pas de toucher les parents.

Dès la fin d'avril, avec l'arrivée des beaux jours, Véronique et Pascale retrouveront le toit familial chaque fin de semaine. Mai apporte avec lui une alternance de pluie chaude et de jours ensoleillés qui triomphent enfin des glaces accumulées d'un hiver trop long. Véronique ouvre les fenêtres de la classe pour sentir la tiédeur de l'air, et aussi pour écouter la crue grandissante des eaux des ruisseaux qui charroient, tantôt en grondant, tantôt en murmurant, les débris vers la rivière. Puis, ce sera déjà le renouveau, le soleil ardent qui activera la sève, la pousse des bourgeons, et bientôt les feuilles.

Malgré l'enchantement et le bonheur qu'il vit au cours des jours qui suivent, Léonard ne peut s'empêcher de se faire un reproche. Il demeure près de l'école. Il présume qu'il aurait dû planifier plus tôt une rencontre entre ses parents et Véronique. À cause de l'accueil bienveillant qu'il vient de recevoir de ceux de sa bien-aimée, il sent le besoin de se justifier. Par contre, il ne peut lui déclarer la présente conjoncture qui, à tout prix, doit demeurer secrète jusqu'au jour où il lui aura fait une déclaration d'amour. Cette fin de semaine vient de révolutionner son parcours! Ravi de la tournure de sa rencontre, il prévoit célébrer son mariage à l'été. Cette décision très prématurée provoquera des surprises et réclamera l'assentiment des parents des deux futurs.

Bien que cela doive demeurer secret aux oreilles de sa bien-aimée, le soupirant commence par lancer un ultimatum à ses parents :

« Si vous ne faites pas de rénovations avant mon mariage, je n'amène pas ma femme vivre ici. Autrement dit, je vous quitte, vous vendrez la ferme... »

Pour donner suite aux souhaits nets et précis de Léonard, une décision précipitée de son père s'ensuit : Dix jours avant Pâques, deux menuisiers et lui-même démolissent les murs existants de la maison paternelle afin de modifier les divisions, les commodités et le décor de tout le premier étage de leur domicile. Il doit donner une excuse plausible à Véronique qui désire, à son tour, faire la connaissance de son père et de sa mère. Tout en s'assurant de ne pas trahir ses projets et de la faire patienter, sans pour autant lui révéler tout le remue-ménage qu'il est à planifier pour l'accueillir, à mi-été, dans un milieu digne de sa future épouse, il lui explique :

«Depuis longtemps, j'ai l'intention de te présenter à mes parents. Ma mère a déjoué mon projet. Elle a pris la décision de commencer le grand ménage à la date que j'avais prévue pour cette première rencontre. Vu qu'on repeint à la grandeur, elle serait très mal à l'aise de te recevoir dans un pareil désordre. On se hâte car, avec une température normale, la terre sera prête à recevoir les semences vers le 15 du mois de mai, parfois plus tôt lorsque le printemps est hâtif. À cette date, je n'ai plus le temps de faire de la peinture. Mes parents sont impatients de faire ta connaissance, crois-moi. Je sais d'avance que tu leur plairas.»

Son invitation dans la famille de Véronique fut très révélatrice à notre jeune homme. Issu d'une famille où les liens sont tissés serré et où les valeurs familiales sont d'une importance capitale, il se sent maintenant libre d'aller de l'avant dans son projet de mariage. La sachant de retour à son école le mardi matin après le long congé de Pâques, il fait fi de leur entente et se présente dès le mardi soir. Sa visite improvisée intrigue l'institutrice. Devant son regard complaisant et son sourire désarmant, ses doutes se dissipent. La rencontre avec sa famille semble lui avoir donné des ailes. Elle est ravie de retrouver le même garçon calme, serein et plein de charme.

Drôle de coïncidence, il apporte lui-même la réponse aux questionnements qui l'interpellaient au moment de son arrivée. Au lendemain de leur première visite chez ses parents, la jeune fille craignait que leurs fréquentations soient contraintes de part et d'autre. Comment prévoir que la foudroyante attirance qu'elle avait éprouvée lors de leur rencontre en février serait en définitive la révélation de sa vie? Au tréfonds de son cœur, elle souhaitait trouver la réponse qui mettrait fin à toutes ses interrogations.

La douceur de cette journée de soleil a permis aux lacs et aux plaines de rivaliser de beauté. Au temps où, sur un bouleau, chante la mésange, que le soleil à son zénith éclaire l'horizon et que le courant, comme un roc, se heurte sans broncher à un amas de glace, Léonard se réveille à l'amour. Il l'invite à une marche au restaurant du coin. Invitation qu'elle accepte avec joie, car la présence de Léonard, à elle seule, la transporte sur un nuage. Main dans la main, l'institutrice découvre la magie des fossés qui chantent le trop-plein d'eau ruisselant des champs engorgés. Les amoureux laissent l'air pur tonifier leurs poumons. Ils marchent à pas lents partageant sur la venue du printemps et sur les travaux qu'exige cette saison. La chance est du côté du jeune fermier car, ayant grandi sur une ferme, Véronique suit sa conversation avec intérêt. Après s'être promenés pendant plus d'une heure, la brunante descend son voile sur les marcheurs. Comme deux enfants, ils se sont laissé surprendre par la noirceur. Il lui dit :

« Si tu es prête à m'écouter, je veux t'avouer quelque chose d'une extrême importance. Pour cela, j'aimerais retourner chez toi. »

Sur cette affirmation, elle ne sait plus quoi penser. Vu qu'il revient tout juste de sa première visite chez ses parents, elle suppose qu'il y a un rapport avec cette rencontre.

S'engageant dans l'entrée de la cour de l'école, il lui dit :
« C'est ici que je tenais à t'ouvrir mon cœur. »

Stupéfaite devant l'assurance avec laquelle il a prononcé ces mots, elle frémit, ses jambes chancellent. D'un geste protecteur, il entoure ses épaules et lui dit d'une voix tremblante teintée de chaleur :

« J'ai eu un coup de foudre en te voyant, Véronique, tu es la femme que je cherchais depuis toujours. C'est ici que je tenais à t'avouer mon amour. Je t'aime plus que tout au monde. Jamais je ne me suis épris d'une autre fille comme je le suis de toi aujourd'hui. »

Dans la lumière tamisée du lampadaire, il l'enveloppe d'un regard attentif et aimant. Léonard esquisse un sourire lorsqu'il rencontre la certitude et l'allégresse dans les yeux de sa bien-aimée. Le velours de ses yeux ombrés l'attire à lui comme un aimant. D'un geste tendre, il l'enlace, sans aucune hésitation, et unit ses lèvres sensuelles aux siennes.

Séduite par la divulgation de ses sentiments amoureux, Véronique tient également à lui partager les siens. Avec fébrilité, elle lui avoue :

«Tu as sonné à ma porte un jour où je n'attendais personne. Mon attirance pour toi a été plus forte que la raison. Je t'aime, Léonard, et je t'aimerai toujours. J'ai confiance en l'homme que tu es.»

Détectant une larme d'émotion qui coule sur sa joue, il l'étreint passionnément. La flamme amoureuse qui brille dans le regard de sa bien-aimée invite Léonard à lui ouvrir toute grande la porte de son cœur. Dans la douceur d'un ciel étoilé, il lui murmure :

«Cette magnifique soirée restera à jamais mémorable, tout comme les sentiments que j'éprouve pour toi. De plus en plus, je crois que mes pas ont été guidés soit par Dieu, soit par mon ange gardien, lorsque je suis venu sonner à ta porte. Tu ne m'as pas quitté depuis notre première danse, tu habites mes rêves jour et nuit. De nombreuses qualités t'honorent, et jusqu'à maintenant, tes actions n'ont jamais démenti tes paroles, ma bien-aimée.»

Elle l'invite à entrer.

Ils retrouvent alors Pascale qui termine ses devoirs. Avant d'enlever son *jacket*, Léonard sort de la poche un joli emballage qu'il lui remet :

«Je voulais faire coïncider mes aveux avec ton anniversaire. Que veux-tu, mon côté enfant a eu raison de mes intentions! Impossible d'attendre plus longtemps avant de te révéler la profondeur de mon affection, de ma tendresse et de mon attachement pour toi.

Émue, elle admire la bonté qui émane de ses yeux. Son cœur de 18 ans bat la chamade. Son bel amoureux ne fait pas que parler. Le geste qu'il s'apprête à faire vient de confirmer sa générosité, songe-t-elle intérieurement :

— Décidément, dit-elle, c'est le soir des surprises. Veux-tu que je l'ouvre maintenant ou que j'attende à ma fête? lui demande-t-elle, malgré l'extrême curiosité qui l'assaille.

— Ouvre-la.

D'une voix caressante, il lui chuchote :

— Si elle ne te plaît pas, je tiens à ce que tu me le dises. »

Elle dénoue le ruban, enlève le papier puis ouvre une petite boîte, dans laquelle est déposé un boîtier recouvert de velours. Véronique découvre, à sa grande surprise, un mouvement suisse de marque Hugennin, une montre-bracelet d'une extrême beauté. Son poignet est paré d'un bijou pour la première fois. Émue, folle de joie, les mercis fusent à travers les larmes qu'elle retient. Ce cadeau de belle valeur est couronné d'un long baiser.

Léonard respire l'ivresse depuis ce grand jour. Les petites délicatesses et le regard étincelant avec lequel il regarde Véronique laissent deviner un amour sincère. Tant d'émotions se disputent les faveurs des pensées et du cœur du nouvel amoureux. Il cherche les occasions susceptibles de lui faire plaisir ou de lui rendre la vie agréable. Dès la fin de semaine, il l'invite au cinéma et au restaurant. Lorsque les pâquerettes et les jonquilles font leur apparition dans le parterre, il se présente à sa classe avec les plus belles qu'il a choisies avant de la retrouver. Ce geste la touche profondément, dans leurs yeux se reflète un bonheur réciproque. Éprise, elle a la conviction qu'elle a découvert l'amour avec quelqu'un qui semblait l'attendre. Il lui arrive d'avoir peur de le perdre tellement elle se sent amoureuse de cet homme viril qui représente à la fois l'amour, la tendresse, le bonheur et la sécurité.

Considérant que sa vie prend un tout autre tournant, la jeune fille tient à mettre toutes les chances de son côté pour que leur ravissement soit durable. Cependant, il y a plus d'un mois, un fait relaté au sujet de Nadine, la première copine de Léonard, a semé une certaine confusion dans l'esprit de Véronique. Ce soir, dans le silence de l'école, ressurgit ce propos qui a été émis à un moment inopportun. Bien que Véronique sache que son soupirant planifie prendre la relève de la ferme de son père, elle demeure convaincue depuis qu'elle doit se renseigner davantage sur la manière de réaliser ce projet. Une force intérieure libère tout à coup sa réserve et ses hésitations. Le regard qu'elle pose sur Léonard est éloquent :

«Qu'avez-vous planifié comme arrangements, tes parents et toi, le jour où ils prendront la décision de te vendre leur ferme?»

L'expression attendrie des yeux de Léonard l'incite à poursuivre. À sa grande surprise, elle entame un sujet dont il désirait l'entretenir depuis quelques temps. Tout d'abord, comme ce jeune homme aime faire les choses en temps et lieu, et dans un deuxième temps, il s'était juré, et ce plus d'une fois, de ne rien précipiter lors de ses prochains amours. Il attendait donc l'heure propice pour lui avouer ce legs. Depuis ses tentatives auprès de Nadine et de Raymonde, il réalise cependant que cette transition déclenche plus de réactions qu'il ne le croyait. Des discours amicaux l'ont informé qu'en 1952, les belles-filles qui doivent partager le même toit que celui des beaux-parents ont des réticences sérieuses. La requête de Véronique, ce soir-là, exigera des précisions sur les plans que ses parents ont élaborés jusqu'ici. Sa question lui arrive comme un coup de vent et le prend au dépourvu. Léonard est étonné au point de ne pouvoir réagir.

Véronique sent qu'elle a provoqué un inévitable malaise. Après quelques minutes de silence, il se résout à lui donner l'information qu'elle demande, au risque de l'effrayer ou de la choquer, au pire, de briser leur relation. Il lui explique les grandes lignes de cette future transaction :

— Mes parents souhaitent demeurer propriétaires de leurs biens durant l'année qui suivra mon mariage. Après ce temps, s'ils estiment être en mesure de demeurer sous le même toit que mon épouse et moi, ils feront des papiers notariés où s'inscrira noir sur blanc le transfert du bien paternel moyennant certaines clauses concernant le bien-être des donateurs. Si, toutefois, ils discernent des incompatibilités avec ma femme, ils se réservent le privilège de prendre un logement au village moyennant une rente de ma part.

Assurés qu'ils ont trouvé la meilleure solution pour les deux parties, les arrangements qu'ils proposent ne devraient pas poser de problème selon eux. Sur ces mots, Véronique ne dit rien. Déçue, cette proposition l'empêche de faire la part des choses dans l'immédiat. La jeune amoureuse se sent dépassée. D'une part, elle est dans l'impossibilité de renoncer à l'amour de sa vie, mais d'autre part, loin de ses pensées, la possibilité de s'aventurer un jour dans un tel manège. Véronique a besoin de réfléchir longuement et d'évaluer les avantages et les inconvénients qui peuvent résulter d'un tel imbroglio :

« Face à une demande en mariage à l'horizon, se dit-elle, je dois me préparer à toute éventualité. »

Une voix intérieure gronde. Véronique devient de plus en plus perplexe :

« Cet arrangement peut s'avérer invivable dans certains cas où tantôt la bru et la belle-mère se regardent comme des chiens de faïence, » se réitère-t-elle.

Bien que ces pensées l'effraient, elle parvient à agir comme une enfant raisonnable et elle essaie de discerner le côté ensoleillé de ce scénario, supposant qu'il y en ait un... Une sérieuse réflexion fait osciller le plateau de gauche à droite. Après plusieurs jours, elle parvient à cerner une certaine sécurité à travers la donation de ce bien paternel, considérant que plusieurs jeunes filles de son âge se marient à des journaliers sans le sou et doivent se contenter d'un *appartement* au village. Cette ferme productive, libérée de dettes, leur offre l'opportunité de l'améliorer selon les investissements dont ils disposeront dans le futur. À vrai dire, c'est un réel atout pour un jeune ménage que de pouvoir croître sur cette terre où le couple de sexagénaires s'est acharné, d'une noirceur à l'autre pendant 40 ans, dans le but de la rendre viable.

À compter de leur mise au point, Véronique enregistre tout ce que son amoureux lui apporte d'informations au sujet de la ferme et du dynamisme de ses parents. Elle apprend qu'ils ont l'âge respectif de 61 et 64 ans et qu'ils participent activement aux travaux. Léonard se montre ouvert aux questions de Véronique. Il démontre, avec le plus d'honnêteté possible, le caractère d'Anne et son dévouement envers les siens, pour qui elle a beaucoup d'attachement. Sachant que sa conjointe et sa mère devront apprendre à vivre la promiscuité, il est dans l'intérêt du jeune homme et pour le bonheur de tous, de préparer les deux parties à une coexistence harmonieuse.

Véronique daigne écouter avec attention les quelques explications pendant lesquelles Léonard décrit combien sa mère mérite d'avoir une belle vieillesse, malgré ses quelques défauts. La mention du sens de la perfection et de la rancune apeure la jeune fille. Elle insiste donc pour avoir davantage de transparence, ce qu'il ne peut lui refuser. Au fur et à mesure que leur conversation progresse, elle comprend qu'un lien sacré existe entre ces deux êtres. À la toute fin, elle se demande s'il y aura de la place pour elle dans le mode de vie qu'il lui offre. La jeune amoureuse demeure troublée.

Depuis toujours, Léonard a réfléchi à sa situation et, en dépit de cela, il rêve d'un mariage heureux. Sa compagne de vie devra accepter avec lui le bien paternel, ce qui suppose une réalité qui s'applique de moins en moins chez les familles québécoises. La jeune mariée prendra non seulement un époux le jour de son mariage, mais elle devra accepter tous les membres de ce clan familial. En un mot, elle épouse une famille.

Personne n'ignore le va-et-vient qui existe autour de la maison paternelle chez les Roy. Par contre, tout est planifié dans la tête du prétendant pour affronter les éventualités de l'avenir : advenant que sa femme n'arrive pas à s'entendre avec ses beaux-parents ou vice-versa, il faudra les installer au village et leur verser des redevances. Bien que le contraire soit souhaitable, cette possibilité lui permet d'envisager l'avenir avec plus de sérénité. En cas de mésentente, Léonard ne sera pas pris au dépourvu, Samuel a déjà trouvé la solution. Jusqu'ici les éventualités de trouver le grand bonheur demeurent possibles aux yeux de ce jeune garçon. Et pourtant, ses objectifs sont très élevés.

Quand on réfléchit à sa méfiance antérieure envers les enseignantes et à sa ténacité à dénicher une fille particulièrement indulgente, mais juste assez audacieuse pour accepter de faire allégeance avec la belle-famille, on a le droit de se demander si Véronique et Léonard envisagent une mission impossible?

À la mesure de ses rêves

Le projet que Léonard nourrit jour et nuit est en voie de se concrétiser. L'emplacement et les dimensions de chaque pièce du premier étage de la maison sont déterminés. La cheminée, placée au centre, les obligea à modifier le plan élaboré précédemment. Il apprécie la largesse de ses parents et entame les rénovations avec dynamisme. La salle de bain, à elle seule, comble une large part de ses attentes. Connaissant la générosité de ce chef de famille, sa succession aurait bénéficié d'une salle de bain digne de la résidence d'un professionnel si Anne n'avait pas su, comme toujours, modérer l'enthousiasme de Samuel. Son cœur est léger à la pensée d'offrir cette innovation à la femme de ses rêves.

La fidèle pompe à eau, qui a desservi les résidants de cette maison depuis au moins 30 ans, est remplacée par une pompe électrique afin de répondre aux besoins futurs. L'installation de la plomberie distribuera désormais non seulement l'eau courante, mais aussi l'eau chaude. En observant la pose de l'électricité et de la plomberie, Léonard découvre les véritables techniques des deux hommes de métier. Vient ensuite le moment de fixer le plafond aux poutres existantes. Ce travail demande beaucoup d'habileté et une extrême précision afin que tout soit au niveau. Tout en leur accordant son aide, une fois de plus, Léonard ne manque pas de scruter leurs moindres gestes. Ce travail exigeant requiert minutie et force physique. Cette partie des travaux terminés, Léonard pourra retourner à ses occupations. Les ouvriers seront en mesure de se passer de ses services.

Enjoué et léger comme un papillon, il va préparer les champs pour les semences. Les menuisiers font face maintenant à ce que l'on appelle dans le métier *faire de la finition*. Ils entreprennent l'escalier de chêne qui conduit au deuxième étage, placent les moulures et installent les portes pour se consacrer à l'aménagement des armoires. La maîtresse de maison suit de près le déroulement des travaux et surveille les imperfections qui pourraient s'y glisser. Ils ont intérêt à faire preuve de compétence, car Samuel, le proprio des lieux, est à l'écoute des exigences de son épouse. Advenant une bévue, il sera sur place à leur arrivée le lendemain matin, afin que l'erreur soit rectifiée avant d'entreprendre quoi que ce soit.

Comme tout le monde, son épouse, une perfectionniste hors pair, a parfois commis des erreurs. Au cours de l'hiver précédent, elle avait découvert une imperfection qui s'était glissée dans la pièce de tissage sur laquelle elle avait peiné tout l'avant-midi. Lorsqu'elle retourna à son métier après le repas du midi, une discordance lui apparut, à une hauteur de 18 pouces, dans les rayures de la catalogne. Les personnes qui la connaissent ont deviné qu'Anne s'est arrêtée là, a démonté les 18 pouces de sa couverture qui ne correspondaient plus au patron recherché. Déterminée, elle s'est remise au boulot pendant une partie de la nuit, afin d'estomper l'impression d'avoir complètement perdu sa journée. À celles qui ont eu l'audace de critiquer son attitude, elle a répondu :

«C'est vrai que j'ai perdu ma journée à défaire et à refaire, mais si je ne l'avais pas fait, cette catalogne m'aurait rappelé cette étourderie, chaque matin, en faisant mon lit. Toute ma vie, j'aurais eu cette maladresse sous mes yeux.

Surtout, mes constantes revendications auprès des miens dans le but de les inciter à la perfection ne me permettaient pas une pareille étourderie ! »

Exigeante pour elle-même, Anne l'est aussi envers ses semblables.

Si, à la suggestion de leur fils, ce couple d'âge avancé a consenti à investir autant d'énergie et d'argent sur la propriété qu'ils devront bientôt céder, on devine sans peine à quel point est grande la fierté qu'ils portent envers leur patrimoine. Une deuxième justification prouve combien les parents de Léonard se rallient aux ambitions de leur rejeton sur le bien paternel et coopèrent à son succès. L'an denier, ils ont fait l'achat de la ferme voisine afin de permettre à leur successeur de fleurir là où il a été semé. De belles preuves de générosité et aussi de confiance envers leur relève.

Bien que ces deux personnes vieillissantes soient prêtes à tout pour assurer la réussite de leur fils, il demeure que toutes sortes de réflexions assaillent le conscient d'Anne. Pendant que les deux ouvriers jouent du marteau et du niveau pour offrir, au fils et à la future belle-fille, l'intérieur qu'elle a mille fois rêvé, elle broie du noir. Elle refuse d'y croire et, pour se consoler :

« Il n'y a rien d'officiel, puisque la grande demande n'est pas encore faite. Et raisonnant avec affection : Par contre, je n'ai jamais vu mon cadet aussi heureux. »

Malgré la nostalgie et l'amertume qui tendent à s'emparer de son énergie et de sa motivation, elle est aussi consciente que ce n'est point le moment de s'écrouler.

Pendant que les intérêts de la famille sont absorbés par les rénovations, la nature pour sa part s'éveille à une nouvelle vie. Les lacs et les rivières rivalisent de beauté et de ferveur. Dans un joyeux vrombissement venant du ventre de la terre, la sève des arbres éclate en un foisonnement de bourgeons, le sol riche d'humus s'offre au soc de la charrue et de la herse, les dernières glaces dévalent jusqu'au confluent du Saint-Laurent.

Cependant, en dépit de la vie qui fait exploser les bourgeons et les nids d'oiseaux qui viennent parer les branches, Anne ne parvient pas, malgré sa bonne volonté, à chasser les inquiétudes qui l'assaillent. À mesure que les jours passent, le comportement de son fils amplifie le déchirement que pressent son cœur de mère. Les fréquentations actuelles de celui-ci semblent vraiment prendre une tangente sérieuse, beaucoup plus que celles qu'il a entretenues par le passé :

« D'ailleurs, je n'ai pas besoin de plus de transparence pour voir venir la réalité, jongle-t-elle. Cette fois-ci, tout me semble évident. Comment ne serais-je pas lucide et perspicace ? Cette nouvelle relation a transformé son allure et ses allées et venues du tout au tout. Pour être honnête, je souhaitais secrètement que la conjoncture de notre vie à trois, lui, son père et moi, se prolonge encore au moins quelques années. Je suis encore capable de faire tout mon ouvrage, que ce soit aux bâtiments ou à la maison... »

Anne aurait dû réaliser clairement les aléas que l'avenir lui réservait. Elle connaît depuis toujours les intentions qui alimentent l'esprit de son fils ; depuis l'âge de 19 ans que Léonard est à la recherche de la femme de ses rêves.

« Malgré tout, pense-t-elle, je ne comprends pas comment il a pu s'amouracher d'une maîtresse d'école... J'espère que ce n'est pas une personne trop autoritaire avec qui je ne me sentirai plus chez moi. D'un coup de baguette magique, ces rénovations viennent de m'apporter le confort que j'ai espéré toute ma vie. Au moment de l'obtenir, je ne suis pas certaine d'avoir l'opportunité d'en bénéficier et, surtout, de me sentir heureuse dans ce nouveau décor. »

Le regard plein de doute et de tristesse, elle englobe son nouvel intérieur en s'efforçant de se convaincre du contraire pour ne pas sombrer dans la détresse.

En dépit de sa bonne volonté, Anne ne ressent pas l'appréciation et le bonheur qu'elle devrait éprouver. Elle se sent lasse et doit se battre pour ne pas déprimer. Ses membres endoloris alourdissent jusqu'à son esprit depuis la corvée spectrale qui lui est imposée par ce barda. Elle désespère de vivre ce remue-ménage encore un autre long mois, avant qu'elle ne parvienne remettre de l'ordre dans toute la maison. Cette nouvelle qualité de vie, qui aurait dû lui apporter tellement de joie, se révèle aujourd'hui une cause de fatigue et une source d'ennuis. Anne ne peut se réjouir face à ce chambardement bien qu'elle l'aurait apprécié dix, et même cinq ans plus tôt. Elle déplore de ne pas avoir eu l'opportunité de jouir de toutes ses commodités avant d'avoir une bru autour d'elle qui l'empêchera d'en bénéficier à son aise. Les mains appuyées sur le bord de l'évier de porcelaine blanche qui se déploie au milieu de ses belles armoires étalées en longueur sur presque deux murs de la cuisine, un murmure s'échappe de ses lèvres :

«Si j'avais eu cela lorsque j'ai élevé ma famille...»

Avec tout le respect que cette femme travaillante et généreuse mérite, on lui pardonne d'envier la future femme qui aura droit à toutes ces commodités. Cette réalité lui apparaît injuste, mais lui rappelle qu'elle ne peut pas changer aujourd'hui les choses qui lui ont échappé dans le passé. Les urgences de la vie et les besoins quotidiens ont souvent été les décideurs quant au choix de leurs dépenses. Et cela, Anne s'en souvient !

Ses regrets du passé ne font par conséquent qu'alimenter ses appréhensions. Vivant aux côtés de son cher Samuel, sa vie a été parsemée d'improvisations tout comme dans un très bon film d'action. En atteignant ses soixante ans, elle prévoyait plus de calme, plus de repos. Malgré ses aspirations pourtant légitimes, elle doit considérer que son parcours n'est pas fini, mais qu'elle s'oriente vers le deuxième acte de son cheminement de vie dans lequel son fils semble vouloir imposer son jeu puisque c'est lui qui prendra la relève. Que peut-elle espérer de cette étrangère avec qui elle devra sans doute partager l'unique maison moderne pour laquelle elle a économisé et qui lui a été offerte au moment où elle ne s'y attendait vraiment plus?

Pendant qu'elle cherche des réponses, Léonard pour sa part est de plus en plus convaincu d'avoir découvert la perle rare. Il doit par conséquent planifier les démarches qu'il désire entreprendre afin d'atteindre l'objectif qu'il s'est donné. En entrant chez lui à la brunante, il retrouve une maman qui profite encore de ses soirées pour coudre. Adossé au comptoir, il se retourne vers elle, et sans boniment, il lui demande :

« Qu'est-ce que vous faites?

— Je me dépêche à confectionner les rideaux, lui dit-elle, car la semaine prochaine, il sera grand temps de faire le jardin.

— Si je vous aidais à installer les tringles pour que vous puissiez poser vos rideaux pour dimanche, seriez-vous prête à recevoir ma blonde pour dîner?

Sur ce, elle lui fait comme réponse :

— Paula doit venir passer la journée avec ses cinq enfants, penses-tu que c'est convenable de la recevoir à la même table que les petites?

— Véronique a l'habitude des jeunes, elle est l'aînée de dix enfants, et en esquissant un sourire, elle en a 42 à la journée longue. C'est une fille sans prétention et d'une grande simplicité, faites-moi confiance, Maman! »

Quoi qu'en pense Léonard, l'une comme l'autre sont anxieuses pendant les quelques jours qui précèdent cette première rencontre.

Le dimanche venu, les deux amoureux se rendent ensemble à la messe dominicale et se dirigent ensuite à la résidence familiale où les attend une cuisine dégageant des arômes qui leur ouvrent l'appétit en entrant. Après lui avoir présenté ses deux parents et sa sœur Paula, celle-ci lui présente tour à tour son aînée Claudel, une charmante et jolie jeune fille de 10 ans, suivie de sa cadette Hélène qui, avec des yeux étincelants d'admiration, s'exprime telle une petite fille aimante et généreuse. Deux adorables jumelles de 5 ans, Lucie et Julie éclairent leur minois d'enfants d'un sourire qui laisse échapper une petite pointe d'espièglerie. Un trésor de deux mois, portant le prénom de Laval, sommeille pour le moment. Les présentations terminées, la conversation s'alimente entre les adultes.

Tout en étant polis et courtois, les parents de Léonard la reçoivent avec amabilité sans faire de cérémonie. Véronique est détendue lorsque Anne, aidée de Paula, l'invite à se mettre à la table avec la famille. Le calme qui émane de ces quatre enfants, dont les visages s'éclairent d'une douce mansuétude la fascine. Tout le monde mange avec appétit. L'invitée reconnaît les talents de cuisinière de l'hôtesse. Cette femme est un cordon bleu de l'époque, titre qui s'ajoute aux nombreux crédits de cette maîtresse de maison.

Dès le premier contact, la nouvelle venue se rend compte qu'elle a beaucoup à apprendre pour arriver à la cheville de cette femme dépareillée. Subjuguée par l'ordre qui règne partout, elle l'est également par la propreté et par la fraîcheur qui émane de cet intérieur. N'ayant pas encore été mise au courant des récentes rénovations, elle tient à commenter à son ami dès le lendemain sur l'élégance des portes vitrées qui séparent la salle à manger et le salon de la cuisine. Puis, tout en partageant quelques impressions, elle lui adresse une remarque qui oblige son amoureux à livrer son secret :

«En entrant chez toi, j'ai eu l'impression d'entrer dans une maison récente, une senteur de bois neuf prédominait à travers les exhalations du repas.

— Je suis particulièrement heureux que tu me dises cela. Pour dire vrai, j'attendais quelques commentaires de ta part, et d'un ton rieur, il ajoute : Je tiens à être ouvert avec toi. Sais-tu que le nouvel aménagement de notre maison a été fait en l'honneur de ma future épouse? Pour rien au monde, je voulais te décevoir. Tout ceci explique les semaines qui se sont écoulées avant que je t'introduise à mes parents,» lui avoue-t-il d'un air satisfait.

La roue de la vie commence à prendre une vitesse désarmante. Après lui avoir partagé ses sentiments au cours de la semaine qui a succédé à la fête de Pâques, une suite de ce scénario se précise dans l'imaginaire de Léonard. Véronique nourrit ses pensées et peuple ses rêves passionnément. C'est avec elle qu'il veut vivre les charmes d'une vie à deux. Il ne peut s'abstenir de terminer la journée sans provoquer un aléa et attraper la moindre occasion pour aller passer au moins une heure en compagnie de la jeune institutrice.

Une certaine anecdote le hante cependant. Si aucun doute ne plane sur ses sentiments personnels, il ne peut s'empêcher d'avoir certaines appréhensions au sujet de ceux de Véronique lorsqu'il se remémore le soir où il lui a confié les détails au sujet de la transaction du bien paternel :

«Cette façon de procéder n'a pas paru l'emballer. Après mûre réflexion, j'irais jusqu'à penser que cette manière de transiger avait semé beaucoup d'émoi dans son être, voire de l'inquiétude. Toutefois, comme une jeune femme pleine de sagesse, elle s'est accordé le temps de réfléchir en espérant que je revienne sur le sujet; ce que j'ai complètement omis de faire par la suite. Oubli impardonnable de ma part! se reproche-t-il. Depuis, j'aurais dû l'inviter à s'exprimer sur ce point épineux qui, d'après son dernier commentaire, s'avère de toute première importance pour son bien-être et sa foi en l'avenir.»

Ses craintes de lui parler de mariage l'ont fait hésiter trop longtemps. Notre amoureux se sent envahi d'une nervosité morbide dès qu'il songe à faire cette démarche. Bien que

Véronique ne l'ait jamais déçu, les sentiments de rejet vécus, lors de la rupture de ses fiançailles avec Raymonde en décembre dernier, s'éveillent sournoisement chaque fois qu'il se tourne vers des projets futurs avec Véronique. Malgré toute sa bonne volonté, il parvient difficilement à taire les souvenirs de cette amère déconvenue qui date d'à peine six mois. Il est exaspéré d'avoir à se battre contre lui-même.

La voix intérieure, qui ne cesse de le gronder au sujet de sa diligence, fait soudainement appel à l'intelligence du cœur. C'est le temps d'agir, lui souffle aussi celle de la raison, si tu veux retrouver la paix intérieure. Débordant de tendresse et de passion pour cette fille qu'il ne fréquente que depuis un peu plus de trois mois, il ne sait trop ce qu'il deviendrait sans elle. Une excellente photo placée sur la commode l'invite à persévérer dans la décision qu'il a déjà prise.

« Véronique est une fille honnête, incapable de jouer avec les sentiments ! Dès ce soir, j'irai droit au but et je lui avouerai qu'elle tient mon bonheur entre ses mains. »

Fort d'une récente pensée positive, il s'interdit de se laisser influencer désormais par cette peur qui le paralyse. À midi, à l'heure du dîner, il décide de faire l'école buissonnière et de lui rendre une courte visite, dans le but de l'inviter au cinéma pour la soirée. L'institutrice se libère des corrections pour l'heure convenue. Les deux amoureux sont vite captivés par la qualité du film américain qui leur est présenté. On se rappelle le film américain *Queen*, de John Houston, qui a triomphé à l'époque.

À leur sortie du cinéma, ils décident de bénéficier de la tiédeur de l'atmosphère qui prolonge la splendide journée dont ils ont été gratifiés. Le ciel est d'une limpidité envoûtante, une nuit imprévisible, exceptionnelle. Ils se promènent main dans la main, chacun écoutant le silence de l'autre. Né sous le signe de la Vierge, signe de terre, le réveil de la nature intensifie à chaque instant les intentions qui habitent

Léonard. Trois réverbères, incroyablement éloignés l'un de l'autre, semblent lui adresser un reproche :

« Pourquoi ne l'as-tu pas remarquée plus tôt ? »

Ils étaient seuls au monde sous la lumière qui se diffusait sur eux. Que de perméabilité, que de fusion s'étaient introduites entre ces deux êtres depuis le hasard qui les avait réunis !

Au bout d'un très long moment, le jeune prétendant décide de briser cet envoûtement dans lequel il se plaît et l'entoure de ses bras. Dans un murmure, il lui dit :

« Je ne peux plus vivre sans toi. Pour plusieurs raisons, ta présence me manque. Bien que ce ne soit que pour un bref moment, je me permets de m'approcher de toi chaque jour pour cueillir une énergie nouvelle. Ces courts instants ensorcellent ma journée, tu es mon soleil ! Veux-tu être ma femme ? »

Véronique souhaitait cette déclaration depuis toujours. Leurs regards brûlants se rencontrent. L'étreignant contre lui, ils s'épanchent pour une première fois dans un long baiser. Dans une communion, le prince charmant et la belle princesse dévoilent tour à tour leurs sentiments d'amour et d'attachement qui les ont unis dès le début de leur relation. Une belle complicité existe déjà entre eux. Ce bonheur tant attendu et si enivrant éveille chez lui une passion dévorante. Il n'a plus qu'un pas à faire ; faire la grande demande auprès des parents de l'élue de son cœur.

Si la jeune institutrice est comblée à la pensée de devenir l'épouse de ce beau et charmant jeune homme, elle attend toujours certaines précisions avant d'être en mesure de lui formuler une réponse irréversible. La vaillance, le courage, l'honnêteté ainsi que l'attirance physique de son prétendant, alliées aux profondes qualités dont il fait preuve, ont fait naître chez elle un amour fervent et intense. Si elle doit s'engager dans le mariage, ce sera avec lui.

Par contre, elle est un peu surprise de la précipitation des faits. Elle sent le besoin de confier à son père certaines questions qu'elle ne parvient pas à élucider toute seule. Avant de répondre à une demande de Léonard, elle aimerait avant tout clarifier les conditions de vie qui lui seront offertes après le mariage. La source des interrogations qui l'assaillent n'est pas liée directement à lui, mais à l'orientation qui se dessine depuis quelques semaines. Le jeune amoureux semble sous-estimer l'intrigue qui se loge au cœur même de la cohabitation avec ses parents après leur mariage...

Une fin de semaine auprès d'Antoine et Esther s'impose pour la jeune institutrice. Dès le samedi matin, Véronique s'empresse de provoquer un moment d'intimité avec son père pour lui exposer tout d'abord ses inquiétudes, puis la perplexité qui entoure le projet qu'elle caresse. D'un ton calme et détaché, elle n'hésite plus à lui partager le plan que les parents de Léonard ont élaboré. Elle lui fait part en même temps des hésitations qu'elle ressent envers l'idée de partager le toit familial au lendemain d'un éventuel mariage :

« Cette question est en principe beaucoup plus complexe, lui confie-t-il. Par contre, tu dois considérer qu'à côté des inconvénients d'habiter sous le même toit, il y a aussi des avantages intéressants que tu ne dois pas ignorer. C'est avec ta future belle-maman que tu apprendras à vivre, la vie ne changera guère pour Léonard et son père. Je crois que ta mère serait de bon conseil sur ce point qui concerne davantage les femmes. »

Le père de Véronique n'émet aucune objection. Sa réponse semble mitigée aux yeux de sa fille car il semble insister beaucoup sur la bonne volonté de celle-ci.

Quant à sa mère, qui n'aurait jamais accepté une telle orientation, elle lui cite :

« Nous avons maints exemples autour de nous qui témoignent de succès. Mon frère Marius a entrepris cette route aléatoire avec sa femme Annette, il y a quelques années.

Les deux parties donnent l'impression d'être heureux. Le seul frère de ton père, Jean devait à tout prix prendre la relève du patrimoine. La maison bouillonnait encore de filles lorsqu'il épousa Léonie. Cette jeune fille déterminée se montra enthousiaste et gagna l'admiration de toute la maisonnée.

Là-dessus, le papa ajoute :

« Je crois que ces gens-là sont assez à l'aise ou, du moins, ils ont un bon *standing* de vie, c'est déjà beaucoup pour un jeune couple qui commence. Je dois dire aussi que ce garçon m'inspire, il me paraît avoir un excellent jugement ! C'est une qualité première pour affronter les imprévus de la vie. »

Satisfaite des opinions reçues qui ne sont pas toutes négatives, elle repart, le dimanche soir, pour sa classe le cœur plutôt léger. Véronique est consciente qu'elle est actuellement à la croisée des chemins. Indéniablement, elle évalue l'importance de prendre une décision réfléchie. Elle choisit tout de même le chemin le moins fréquenté. L'engagement de sa vie arrive sans doute au moment opportun... N'est-ce pas le désir qu'elle a formulé l'automne dernier alors que mille et une questions l'obsédaient sur le choix de sa vocation ?

Révisant pour une dernière fois les principaux points de lumière qui l'ont guidée jusque-là, elle convient que de belles valeurs unissent, les uns aux autres, tous les membres de ce noyau familial composé d'adultes. Elle a découvert un nid où les liens sont tissés serré. Son défi sera celui de se faire une place dans ce nid. Les circonstances permettront-elles à Véronique de se faire accepter et d'adhérer à ce clan familial ? L'avenir seul nous dira si ces amoureux qui s'engagent à la poursuite du bonheur sauront le trouver.

Il reste une semaine à ce galant jeune homme pour convaincre Véronique de l'accompagner sur le chemin de l'avenir. La grande demande est planifiée pour le 21 mai. Cette date tombe, comme par hasard, un dimanche.

La veille, le samedi, il se rend très tôt au domicile des parents de sa belle, soi-disant pour l'inviter au restaurant. Quelle n'est pas sa surprise lorsqu'il gare sa voiture en face de la bijouterie! Les yeux pétillants de bonheur, il l'invite galamment à descendre et à franchir l'entrée de ce commerce. Les comptoirs qui renferment les bijoux de valeur attirent aussitôt l'attention de la jeune demoiselle, mais elle n'ose pas s'avancer tout de suite. Un homme dans la jeune quarantaine se tient derrière le comptoir des bagues. D'un air complaisant, il s'adresse à Léonard sur un ton amical en esquissant un sourire dans la direction de la demoiselle :

«Ce n'est sûrement pas la belle température qui vous fait sortir aujourd'hui?

— Ces jours de pluie sont doublement bénéfiques pour nous, les agriculteurs. La pluie est indispensable pour la germination des semences. Pendant ce temps maussade où la nature travaille pour nous, on parvient à vaquer à nos occupations personnelles sans se sentir coupables,» répond Léonard.

«Ces deux hommes ne se rencontrent pas pour la première fois», conclut-elle.

Après avoir identifié le but de leur visite, le bijoutier fait une sélection d'alliances de valeur et les dispose sur le comptoir. Véronique est surprise de la témérité du marchand de bijoux. Elle est convaincue qu'ils se connaissent suffisamment pour qu'une relation de confiance existe déjà entre eux. Après avoir passé à son doigt une bonne partie des anneaux, l'homme d'affaires devine que le choix offert ne leur convient pas. Il les quitte pour quelques minutes et revient avec un superbe écrin dans lequel sont nichés jonc et bague. Les yeux du jeune couple s'éclairent à l'ouverture du boîtier. La bague est garnie d'un magnifique diamant, qui brille de tous ses feux. La grandeur est parfaite. Véronique essaie de dissimuler son coup de cœur estimant que le prix devait en être exorbitant.

Le bijoutier a vite deviné l'embarras de la jeune fille, mais il veut avant tout traiter son client avec courtoisie et dignité. Il l'invite donc dans le bureau afin de discuter en toute liberté. Ce n'est qu'après plusieurs années de mariage qu'elle connaîtra le motif pour lequel le bijoutier avait en main ces alliances hors de prix pour l'époque. Prise dans le tumulte des émotions, Véronique n'entend pas les mots de tendresse que lui chuchote Léonard de retour dans la voiture.

La grande demande se fait dans l'intimité. Le futur gendre a pris soin de provoquer un tête-à-tête avec Antoine. Léonard perçoit sa vulnérabilité lorsqu'il formule sa demande auprès de son futur beau-père. Étonné, Antoine se sent très ému. Il est surpris de la précipitation de cette supplique, sachant toutefois qu'il ne peut empêcher l'amour qui brille dans les yeux de ces deux jeunes gens, il lui répond simplement :
« Je te la confie, tu me sembles un homme bien. Elle est jeune, tu le sais, alors prends-en bien soin et essaie de la rendre heureuse. »
Sur ce dernier mot, Antoine se tait car les émotions ont pris le contrôle de sa voix et des larmes se sont échappées.
Autour d'un délicieux souper, Antoine et Esther accueillent leur futur et premier gendre. À première vue, le repas revêt un air de fête pour l'anniversaire de leur aînée qui s'est absentée avec sa sœur Pascale plus souvent qu'à son tour. Mais, en dépit des apparences, ce ne sont pas les 19 ans de leur grande fille qui prendront la vedette en ce jour de fête. Une surprise spectaculaire attend la plupart des membres de la famille.

Considérant d'une part la double tâche d'Esther qui œuvre comme enseignante et mère de famille, et d'autre part, sa chère maman qui a assumé double besogne depuis le printemps, Léonard a jugé bon de fiancer Véronique dans la plus grande simplicité. Surexcité jusqu'à l'émoi, jeune et romanesque, il prend tout le monde par surprise. Patient jusqu'au dessert, c'est en présence de 11 paires d'yeux qu'il prend la main de sa promise. Dans sa poitrine, son cœur bat à tout rompre et ses yeux aux couleurs du printemps se voilent instantanément.

Véronique demeure stupéfaite lorsqu'elle reconnaît l'écrin. Prenant son doigt avec délicatesse, il passe autour de son annulaire l'impressionnante bague qui, la veille, l'a fait vibrer. Émue, séduite, elle lui adresse un sourire plein de charme, d'amour et de reconnaissance. Malgré la timidité qui opprime les gestes, le jeune homme s'avance vers la fiancée et, d'un élan maladroit, ils unissent leurs lèvres. Face aux yeux étincelants et un brin moqueurs de leur jeune public, les futurs époux sont heureux d'avoir posé un geste d'engagement qui témoigne auprès de la famille du grand Amour qu'ils se vouent mutuellement. La passion qui illumine leurs regards leur envoie simultanément un cliché de volupté qui demeurera gravé pour toujours dans l'âme de ces deux tourtereaux. Ils se dirigent vers une aventure qui les emportera vers des puits intarissables de bonheur et d'épanouissement. En cas de situation difficile, leur amour réciproque sera un gage et une source de courage.

L'effervescence, caractéristique de la fin du printemps, était d'autant plus présente cette année, car il fallait se libérer. Les semences terminées, les futurs mariés planifient le jour de leur mariage. Véronique se fait porte-parole entre Léonard, Esther et Antoine. Beaucoup de questions entrent en cause avant de déterminer la date définitive. On vérifie tout d'abord la fermeture des classes, c'est le premier critère pour la mère et la fille, toutes deux enseignantes.

Pour la mère de Léonard, apprendre qu'un mariage succédera au remue-ménage qui l'a tenue en haleine depuis le printemps est une nouvelle exaspérante. Il lui faudra prendre les bouchées doubles pour qu'elle termine cette harassante corvée en marche depuis un mois. Anne se sent bousculée. Elle adresse des reproches à son fils lorsqu'il lui apprend, dès le lendemain de ses fiançailles, qu'ils ont décidé de s'épouser avant les foins :

« La poussière n'a pas eu le temps de retomber. Comment pourrais-je accomplir tout ce que je n'ai pu faire pendant que les ouvriers étaient sur place ? En principe, le dernier ouvrier quittera pour de bon seulement ces jours-ci. Tu me demandes un tour de force, lui signifie-t-elle.

Consciente de la fougue de son cadet, elle comprend que sa détermination dépasse parfois les limites lorsqu'une lueur vint clarifier un point litigieux entre elle et lui. Son attitude empressée et enjouée depuis le printemps explique clairement tout ce qui se trame présentement. Anne s'apprêtait à faire une synthèse des conclusions qu'elle venait de tirer, lorsque Samuel rentra pour dîner. Elle en profite pour se libérer de son trop plein :

« Je comprends mieux la ténacité de Léonard dans le nouvel aménagement de la maison, dit-elle. D'ailleurs, la pression qu'il a mise pour que les rénovations débutent au printemps prouve que notre fils mijotait un plan. Ses intentions, obscures pour nous, sont aujourd'hui transparentes ! Orgueilleux comme il est, il refusait que sa femme rentre dans une maison pas finie et sans eau courante ! »

Face à la résistance d'Anne, Léonard définira sa priorité. Selon lui, le mariage doit avoir lieu au moins une semaine avant le début de la saison des foins, soit au plus tard le 10 du mois de juillet. Pour aucune considération, il ne veut remettre son union à l'automne, car les travaux s'étirent parfois jusqu'à la fin octobre. Il n'est pas question de se marier en novembre, et encore moins en hiver. La future mariée, pour sa part, se sent coincée entre les priorités de son fiancé et celles des parents. Comme la tradition veut que les noces se célèbrent encore dans les demeures respectives des parents des époux, Véronique conçoit l'embarras dans lequel se retrouvent les mères des mariés :

«Combien de préparatifs demande un repas pour environ 100 personnes?» s'informe-t-elle à madame Roussel.

À l'écoute des objections de chacune, la future mariée les approuve. Ni l'une ni l'autre ne parviendra à s'en sortir sans de vaillantes auxiliaires. Afin de faire une évaluation plus juste de la situation, elle figure et note toutes les dispositions à prendre pour le grand jour. La liste complétée, elle réalise l'énormité des détails à respecter. Elle remet la liste à Pascale et lui demande de noter les oublis. Celle-ci ajoute :

«En plus de magasiner pour ta robe de mariée et pour une jolie toilette pour elle et papa, maman aura-t-elle le temps et l'argent pour habiller de façon élégante nos jeunes sœurs et nos frères? Il va falloir rafraîchir la maison et terminer le grand ménage et le jardin. N'oublie pas que l'école ferme seulement le 21 juin.»

Au creux d'elle-même, Véronique regrette de faire subir autant de pression à ces deux mamans qui supportent déjà un quotidien laborieux. S'il n'en tenait qu'à elle, cette date pourrait être reportée. Vu le contexte, Léonard n'a pas tardé à consulter son père qui considère d'un même œil le labeur interminable de la saison des foins :

«Tu en as presque le double à faire avec la nouvelle terre que j'ai achetée il y a deux ans, je crois bien que tu auras besoin d'aide cette année. Moi, j'ai de moins en moins d'endurance, que veux-tu, je prends de l'âge.

— Votre coopération m'est très précieuse! lui répond-il.

— Tu as mon accord pour ton mariage, et pour la date aussi. C'est plein de bon sens. Tu auras ta femme près de toi. Vous n'avez qu'à diminuer le nombre d'invités le jour des noces!

Puis, le visage illuminé d'une inquiétude amusée, Samuel ajoute :

— C'est bon de découvrir la vie à deux, tu sais!»

Une façon de lui exprimer à quel point il est satisfait du choix de Léonard.

La date du mariage est fixée au 9 juillet, soit dans cinq semaines. Les parents des futurs planifient une rencontre qui se déroulera chez Samuel sous l'instance d'Anne. Après avoir fait connaissance, ils abordent l'organisation de la journée. Le cœur sur la main, les parents des deux époux assumeront toutes les dépenses, incluant la responsabilité d'en faire le plus merveilleux jour de la vie de leurs enfants. Dans la planification du déroulement de la fête, les deux mamans se penchent sur les menus, y compris les desserts, pendant que les papas discutent des automobiles qu'ils doivent réserver pour les mariés, les témoins, et les suivants que l'on nomme aujourd'hui filles et garçons d'honneur. Ceux-ci, selon l'étiquette des années cinquante, suivent la mariée et précèdent les mères pour la rentrée à l'église vu que Véronique ouvre le cortège au bras de son témoin, qui est nul autre que son père.

Nous ne sommes pas encore à l'ère des mariages célébrés en grande pompe. La cérémonie s'avère modeste mais personne ne lésine sur le nombre des invités contrairement à ce qui avait été prévu. Selon les conventions, les invités au mariage sont habituellement convoqués chez les parents de la fille pour le déjeuner, et le cortège les accompagne pour le souper à la maison du futur époux. Il est convenu de briser la tradition. Les convives seront plus nombreux au souper et d'autres invités se joindront pour la soirée.

Lors de cette première rencontre, Anne et Esther discutent calmement et deviennent complices dans le choix de leur toilette afin d'assurer l'harmonie des couleurs. La mère de la mariée a préséance sur leurs intentions. Les deux pères, témoins des mariés, porteront le traditionnel costume foncé.

Les choix bien établis, Esther et Antoine ont beaucoup d'hésitation avant d'aborder une autre question, beaucoup plus épineuse, mais qui ne doit sous aucun prétexte passer sous silence. Ce point, qui leur a été partagé par Véronique, mérite d'être discuté entre les parents des futurs. Pour ceux-ci, il y a matière à faire le plus de lumière possible sur la donation éventuelle de leur bien. Les parents de la jeune fille ont pour principe : *Mieux vaut prévenir que guérir.* Samuel ne semble pas surpris. Au contraire, des parents apathiques l'auraient sans doute déçu. De bon aloi, il détaille les arrangements planifiés depuis longtemps avec son cadet, Léonard. La version de Samuel est tout à fait conforme, mais plus explicite que celle que leur avait donnée Véronique.

Comme le sujet d'un contrat de mariage semble être ignoré, Antoine croit qu'il est de son devoir de protéger sa fille en attendant le transfert de la propriété au futur époux. En incluant Esther d'un regard, il s'adresse à eux sur un ton plutôt ferme, mais dénué de toute arrogance :

«Si nous comprenons bien les explications que vous nous avez partagées, nous déduisons que les futurs mariés ne feront pas de contrat de mariage chez le notaire en se mariant. Je regrette infiniment de m'exprimer ainsi mais, advenant le décès de Léonard et qu'elle soit enceinte, qu'est-ce que vous feriez? Les convenances seraient qu'elle soit avantagée comme la plupart des filles qui prennent un époux, et à plus forte raison dans ce cas-ci. Vu que Léonard ne deviendra propriétaire que l'an prochain, nous sommes devant un cas plutôt inusité.

Samuel, homme loyal, comme il ne s'en fait plus aujourd'hui, s'empresse de les rassurer tous :

— Ne pensez pas au malheur, Antoine, je vous en prie. En moins d'un an, Léonard sera le légitime légataire. Le couple fera par la suite les papiers qu'ils jugeront décents l'un envers l'autre. Vous avez ma parole face aux témoins qui sont ici.»

Sachant que leurs parents font les frais de la noce, Véronique et Léonard, enfants bien éduqués, ont décidé de ne pas intervenir au cours de cet entretien entre leurs parents. Ils font la noce, c'est leur cadeau! Les futurs ont alors préféré se retirer dans la salle à manger, prenant soin d'ouvrir les grandes portes vitrées. Concernés de près par les récentes questions qui sont évoquées, ils doublent d'attention. Le mot témoin prononcé par Samuel vient aussitôt tinter comme un son de cloche aux oreilles du marié. Léonard rebondit, il ne peut taire l'impulsion qu'il ressent. Du fauteuil de la salle à manger, il se lève et s'avance vers ses parents :

— Jurez-moi que vous la protégerez comme votre fille... s'il fallait!... »

Regardant son père droit dans les yeux, très ému, il s'arrête et retourne s'asseoir près d'elle. Impulsivement, il l'entoure de ses bras comme pour lui signifier sa protection.

La chaleur de son corps la fait tressaillir, elle se dégage doucement et plonge son regard dans l'amour insondable de ses yeux pers où ruissellent des larmes.

«Est-ce que je vais retrouver dans le mariage tous les égards, toute la tendresse que j'attends?» chuchote la jeune fille à son bien-aimé.

C'est à ce moment que son fiancé lui fait les plus douces et les plus rassurantes promesses jamais entendues dans leurs fréquentations. La mélodie du bonheur est plus théâtrale, mais moins touchante. Un amour comme le leur est grave et irrévocable. Il n'est ni léger, ni passager, et ne peut sombrer dans l'inconcevable.

Cependant, dans leurs cœurs de vingt ans, ils ne savent pas qu'on doit se protéger contre les souffrances dans l'amour.

Les jours qui suivent revêtent une tout autre connotation pour Véronique. Les derniers évènements suscitent chez elle une foule de questions. Le monde autour d'elle lui apparaît différent. Elle voit l'avenir comme jamais elle ne l'a perçu.

Le sentiment d'être aimée avec intensité l'enveloppe d'une lumière qui transforme l'univers.

Entre les heures de cours et de préparation de classe, elle fait une liste des vêtements qu'elle désire dans son trousseau de mariée. Il n'y a pas de temps à perdre et elle n'a que le samedi pour magasiner. Les modes changent. Accompagnée de sa mère, elle visitera les magasins à la recherche de sa robe de mariée et de la robe d'après-midi. Au cours des années cinquante, les couples de mariés les plus chics doivent porter, pour leur première sortie après la noce, des costumes sensiblement identiques. Aussitôt que la température leur offre un moment de liberté, ils se rendent chez le tailleur, apportant avec eux un tissu conforme au goût et à la personnalité des deux.

Comme elle n'entre pas dans sa propre maison, elle déduit qu'elle n'a pas l'obligation d'apporter ce que l'on appelle le *coffre d'espérance* qui comprend : literie, lingerie, vaisselle, verrerie, ustensiles et chaudrons. Elle présume qu'un ménage qui approche 50 ans de vie commune possède déjà toutes les utilités nécessaires. L'envol de Véronique pour une nouvelle vie sous-entend ici une divergence avec le trousseau de noces de ses amies, de ses sœurs et futures belles-sœurs. Pas de doute que sa belle-mère comprendra, lorsqu'elle se rappellera, plus tard, combien la décision de Léonard a chambardé l'horaire de toutes les femmes de son milieu au cours des derniers mois. «Est-ce un rêve ou une réalité?», se demande sérieusement la future mariée qui, dans la mêlée, ne sait plus où mettre ses priorités.

Décontenancée par le dénouement précipité de cette rencontre fortuite, son esprit vagabonde entre le présent, le futur et le passé. Elle s'entend répéter tout haut ce que son cerveau a peine à réaliser :

«Dire que, durant les fêtes, mon choix de vocation penchait pour la vie religieuse.»

En acceptant d'assumer le défi de cette classe, elle ignorait que cette décision la conduirait à la croisée des chemins. L'amour a frappé chez elle, à son insu. La rencontre de ce jeune homme a tout transformé sur son passage, un vrai raz-de-marée pour certains. Depuis, la jeune institutrice s'est laissé emporter par une vague turbulente qui a continué de l'entraîner vers sa destinée.

Comment se désintéresser de la somme de travail qu'elle a investie depuis septembre auprès de ses élèves? Elle tient à terminer l'année en beauté. L'amour et le bonheur, qui lui permettent de vivre des jours enchanteurs, ne la soustraient pas aux révisions de toutes les matières qui seront suivies d'examens, puis des derniers bulletins. Comme des athlètes, les jeunes élèves doivent franchir la ligne d'arrivée avec succès. Tout en préparant sa noce, Véronique ne perd pas de vue les priorités scolaires. Elle continue de mener de front toutes les responsabilités qui lui incombent pendant ce moment névralgique.

Débordant d'énergie et d'enthousiasme, elle crée autour d'elle une ambiance conviviale avant la rentrée et après la sortie des élèves. Les fenêtres sont ouvertes et une brise légère parfumée de lilas embaume son intérieur. Assise au pupitre, son attention est soudain captivée par la richesse des couleurs que lui offrent les papillons autour de la fenêtre et sur les branches des lilas. La surprise et la fascination sont trop grandes; Véronique éprouve le goût d'admirer de plus près un tel spectacle.

La fermeture des écoles oblige Véronique et Pascale à dire adieu à leur environnement. Cet endroit n'a pas manqué de meubler leur esprit de souvenirs inoubliables au cours de cette année scolaire qui prend fin. C'est l'évidence même que Pascale ne reverra pas ses petites amies, à moins d'une occasion fortuite. Pour l'institutrice, l'avenir en a décidé autrement, la résidence de son futur est située à un mille de l'école.

En jeune homme réfléchi, Léonard a eu la prudence de ne pas éterniser ses visites à l'école, afin de ne pas entacher la réputation de l'institutrice. En vacances, vu qu'ils sont promis, ils ont la permission de veiller au salon chez les parents de Véronique. Comme ils ne se voient que deux ou trois fois semaine, le fiancé a tendance à prolonger ses soirées dans le nouveau confort qui leur est offert. Pris dans un véritable combat où s'engagent la raison et les pulsions, Léonard s'interroge :

«Comment garder les bras croisés quand l'amour commande tendresse et baisers?»

Doté d'une jolie voix de baryton, il se permet alors de lui fredonner des sérénades. En dépit d'une certaine hésitation, il dévoilera aux futurs beaux-parents non seulement ses aptitudes pour la chanson, mais aussi ses sentiments pour leur fille. Et, comme si la noblesse des émotions qu'il ressent a présentement raison de tout principe moral, il dévoile la flamme amoureuse qui le consume en chantant pour sa future femme une superbe romance, que voici :

Oh! Nina
   Oh! Nina, vois le soleil qui rayonne
   Et tes yeux sont bleus comme les cieux
   Si tu veux sans le dire à personne
   Dans ma barque, nous partirons tous deux
   Nous chercherons dans les rochers
   Un petit coin pour nous cacher
   Et, lorsque descendra la nuit
   Loin des jaloux et des bruits

Refrain :
   Ce soir, Nina, si tu veux
   Oui, on s'aimera, si tu veux
   Tous les deux, nous vivrons
   L'heure enchanteresse
   Je serai dans tes bras, Nina

Deux autres refrains complètent la chanson. Au cours des semaines qui précèdent l'événement, le cœur de Léonard débordant d'allégresse est comme le pinson qui sait prendre le temps, dorer ses gestes et chanter la vie. La maman de Véronique est conquise par sa voix. Toutefois, en lançant un regard réprobateur à son aînée, elle croit bon d'ajouter une remarque :

« Les paroles de certaines de ses chansons parlent très ouvertement. »

Toute la famille semble apprécier la compagnie joviale et communicative du jeune fiancé. La présence de Léonard les intimidant de moins en moins, il devient alors le bienvenu autour de leur table. Les jeunes le voient déjà comme un grand frère.

Pendant qu'Esther et ses trois filles joignent leurs efforts, et qu'Anne, aidée d'une assistante, mobilise ses forces, le fiancé vit l'attente du grand jour dans un tout autre état d'esprit. Léonard fait le décompte des jours qui le séparent de leur mariage alors que les mères deviennent nerveuses en voyant filer le temps à tire d'aile. Le fiancé rejoint Véronique avec empressement après sa journée, et ensemble, ils ouvrent leurs bras et leurs cœurs aux doux crépuscules du mois de juin leur permettant de belles promenades en tête-à-tête. Au beau milieu de la nature, ils se laissent enivrer par les doux parfums qui s'échappent des plates-bandes et des parterres. Les amoureux bénéficient de ces moments affectueux pour élaborer des projets d'avenir. Séduit par l'éclat des saphirs de ses prunelles, le fiancé anticipe l'ivresse de parcourir de ses lèvres ce doux visage à la bouche vermeille. Éloignés depuis la fermeture des classes, leurs cœurs se rejoignent dans leurs pensées et leurs désirs en attendant de s'unir. Comme tous les passionnés, ils visualisent un bonheur sans nuages.

Le grand jour

Dans une course frénétique, les jours de juin ont cédé leur place au mois de juillet. La date ultime est arrivée. Véronique n'a plus sommeil ce matin. Debout à la fenêtre de la chambre, elle assiste pour la première fois aux premières lueurs du jour. Une clarté nocturne farde de gris le toit des bâtiments silencieux. De minces traînées de nitescence se glissent au loin entre les arbres pour se répandre dans les champs. À l'est, une lueur encore incertaine dilue l'obscurité. Le chant du coq la rassure à l'aube de ce matin mémorable. À ce signal, quelques trilles, des pépiements, puis des roulades fusent. De chaque recoin, de chaque buisson, de chaque abri, des chants d'oiseaux éclatent, se répondent, se multiplient. Un frémissement de vie remplace le calme mystérieux de la nuit.

C'est le point du jour, c'est le 9 juillet. Tout à coup, le concert se tait. La nature se recueille. Un silence respectueux règne quand au loin, au pied de l'horizon, le ciel devient rose et or. Un baume odoriférant émane des prés ondulants qui se prélassent à sa vue.

Des bruits de casseroles lui parviennent. Il n'y a aucun doute que sa grand-mère, Louisa, a déjà commencé à s'affairer.

«En plus d'avoir passé la journée d'hier au four, je parie qu'à cette heure-ci elle nage dans les pâtisseries», pense la jeune fiancée. Dans le futur rôle qui l'attend, elle ne peut

s'empêcher de considérer l'art de cuisiner comme l'un de
ses nouveaux défis :

«Mes gâteaux seront-ils aussi délicieux que ceux de
grand-maman, un jour?»

Vers huit heures trente, dans l'allée centrale de l'église
de Saint-Jean, une grande blonde vêtue avec élégance,
précédée de Claudel, sa bouquetière, marche au bras de
son père et sourit malgré le trac. Derrière leur prie-Dieu,
en avant de la balustrade, se tiennent à droite Léonard et
Samuel. Au son de la musique qui évolue, Léonard ne peut
s'empêcher de se retourner. Ébloui par la somptuosité
du diadème et du long voile flottant sur les épaules de sa
bien-aimée, le marié sent son cœur battre à tout rompre.
Au fur et à mesure que le cortège monte l'allée, Léonard
croit se retrouver au pays des rêves en face d'une fée
merveilleuse qui s'avance vers lui. Un grand frisson le
parcourt, il est saisi et transporté d'admiration en présence
de sa déesse vêtue de blanc.

Au pied de l'autel, la voix étouffée par l'émotion, les
jeunes amoureux se jurent amour et fidélité pour la vie.
Avec la bénédiction du prêtre, ils se donnent l'un à l'autre
pour le meilleur et pour le pire. Au moment de glisser
leurs anneaux aux doigts, Véronique et Léonard peuvent
lire l'amour réciproque qui vibre dans leur regard.

L'échange des serments de fidélité, de respect, d'amour
et de soutien touche la mère de la mariée qui, depuis
l'heure où elle a mis la dernière touche au voile de
Véronique, éprouve de la difficulté à retenir ses larmes.
Le rituel du mariage de Véronique lui rappelle le sien, il
y a 21 ans, et vient troubler sa grande sensibilité à fleur
de peau depuis quelques jours. Possédant la beauté et la
fraîcheur d'une jeune femme, cet évènement l'oblige à
prendre conscience qu'elle vient de franchir une grande
étape de sa vie. Qu'elle le veuille ou non, Esther entre

dans une nouvelle phase, celle de belle-mère et peut-être celle de grand-maman dans un an, alors que sa benjamine, France, a seulement cinq ans. Mélancolique, elle présume que ce mariage n'est que le prélude des prochaines années. Que lui réserve l'avenir avec cinq autres filles et trois garçons?

Étant donné que son esprit n'est pas à la prière, les souvenirs font place aux émotions pendant la deuxième partie du mariage. La cérémonie vient de réveiller chez elle un passé endormi. Comme si Antoine avait deviné ses sentiments, il se tourne vers elle avec des yeux compatissants. Puis, bouleversés par le rituel, les parents de Véronique échangent un long regard fait d'affection et de compréhension. Se remémorant les jours heureux, ils font renaître des instances amoureuses où ils chantaient leur bonheur avec euphorie. Assis près de sa fille en blanc, Antoine revoit Esther, sa reine comme il l'appelait jadis. Il se rappelle les élans d'amour qui les avaient unis pendant les 13 premières années de leur mariage :

« Tant d'enchantement malgré notre peu d'aisance, était-ce possible? »

La cérémonie terminée, les nouveaux mariés, rayonnants de bonheur, longent l'allée au rythme de la marche nuptiale communiquant leur félicité aux invités. Les rayons du soleil les enveloppent d'une douce chaleur dès qu'ils s'approchent de la sortie. Dehors, les cloches sonnent à toute volée sous un ciel d'azur. Après la séance de photos, le cortège et les invités se dirigent chez les parents du marié, et le cérémonial commence : vœux, embrassades, et on lève un verre en leur honneur.

Malgré l'heure matinale, le fumet qui embaume la maison ouvre l'appétit des convives. Dans la cuisine immense est dressée une table décorée avec soin. Sur la nappe de damas blanc sont parsemés des bouquets de fleurs odorantes. Le gigantesque gâteau de cinq étages chaperonne avec fierté couverts, coutelleries et verreries qui étincellent sous les rayons solaires qui envahissent la pièce. La table d'honneur est composée des mariés accompagnés des témoins et de leurs épouses, des grands-parents, des parrains et marraines. Frères et sœurs aînés, oncles et tantes sont invités à la première tablée suivant leur âge et leur notoriété. Deux autres tablées se succèdent afin que chacun puisse assouvir sa faim. Ceux qui ont mangé les premiers vont se prélasser sur la grande galerie en attendant qu'on enleve les tables pour ouvrir la danse.

Pendant ce temps, les mariés sont montés à leur chambre pour changer de tenue vestimentaire. Le nouveau marié ne perd pas de temps, il enlève son veston, puis sa chemise. Il s'approche d'elle, la prend dans ses bras et lui chuchote :

«Je t'aime tant, ne crains rien!»

Le visage blotti contre son cou, elle hume le parfum de son torse nu. Sous des dehors confiants, Véronique se sent vulnérable lorsque vient le temps de descendre la fermeture éclair de sa robe. Léonard lui dit d'un ton calme et serein :

«Laisse-moi ce plaisir! Depuis des semaines, je rêve de ce moment ensorcelant.»

Sous le charme de sa peau rose et douce, il découvre lentement ses épaules et lui offre ses caresses. Les premiers rapprochements des deux partenaires ne font qu'éveiller la passion qui les dévore. Elle se prêtait aux cajoleries de son mari avec plus d'abandon lorsqu'on vint frapper à la porte :

«On vous demande en bas pour ouvrir la danse.»

Constatant que les musiciens ont retrouvé leurs instruments, les danseurs ont aussitôt réclamé des symphonies. Les mariés apparaissent plus beaux que jamais. Vêtue d'une attrayante robe d'un rose chatoyant égayée de roses blanches au corsage, la belle et séduisante Véronique ouvre la danse au bras de l'homme de ses rêves. Ils ne peuvent s'abstenir de se remémorer leur première danse.

«Comme elle est loin et récente à la fois notre première soirée!» partagent-ils avec des étoiles dans les yeux.

Vers trois heures trente, les nouveaux mariés se mettent en route en compagnie de leurs invités. Ils se rendent chez les parents de la mariée pour le souper et la soirée. La grand-mère, assistée des voisines, est parvenue à organiser cette humble maison en une demeure très accueillante pour le mariage de sa première petite-fille. À la grande satisfaction des parents de la mariée, cette femme dépareillée a une fois de plus dévoilé des talents insoupçonnés aux yeux des convives. Les commentaires confiés à Véronique par la parenté de son époux l'ont beaucoup touchée. Quelles responsabilités pour une femme de soixante-cinq ans! La famille d'Esther lui vouera une éternelle reconnaissance.

Après un copieux repas, la mariée s'absente pour un brin de toilette. Véronique, telle une rose du matin, apparaît toute fraîche dans sa magnifique robe blanche. Pour la deuxième fois, ils ouvrent la danse sous l'intérêt et l'admiration des invités. Léonard, excellent danseur conduit sa partenaire avec habileté. Des chuchotements viennent de l'assemblée :

«N'est-ce pas qu'ils sont magnifiques? Quel couple bien assorti!»

Afin d'accorder un temps de détente aux musiciens, plusieurs y vont de leur numéro de chant. Au cours des années cinquante, on croit encore à l'amour durable et on le chante éperdument. Plusieurs invités connaissent des refrains qui s'adressent spécialement aux nouveaux mariés. Que les airs soient romantiques ou grivois, le chanteur est applaudi. Puis de nouveau, la maison est laissée à la disposition des danseurs. Dans cette ambiance gaie, pleine d'entrain et confortable, plusieurs veillent à la belle étoile sur les galeries, non sans avoir prévu un petit tonifiant. La lune, très claire, très ronde, se promène au-dessus d'eux et nimbe les sapins d'un éclat bleuté. Les oiseaux se sont tus ; seules les grenouilles se font entendre lorsque les violons, l'accordéon et les guitares font une pause.

Après plusieurs danses, les mariés décident de s'évader quelques minutes. Marchant avec lenteur sous la voûte étoilée, ils partagent leurs joies d'être ainsi choyés et apprécient le ciel et leurs parents de leur avoir octroyé une journée splendide. Ils l'avaient organisée sans ménagement, avec prodigalité et amour.

Cupidon est en fête ! Vive les mariés ! Il est deux heures du matin, et plus de la moitié des gens demeurent encore sur place et s'amusent. Discrètement, Véronique et Léonard, qui ont déjà prévu leurs bagages, décident de filer à l'anglaise. Le marié a réservé une chambre au Château Saint-Louis à Rivière-du-Loup. Dès qu'ils eurent atteint la route qui longe le fleuve, la brume se referma comme un rideau sur une scène de théâtre. Les phares d'autos trouaient à peine l'atmosphère poisseuse de leur faible projection.

Leur chambre s'imprégnait d'une mystérieuse paix qui donne à penser à cette jeune fille qu'elle y était captive pour toujours. Du haut de leur fenêtre, la rue s'évanouissait. Véronique n'avait pas l'idée de ce qui allait lui arriver, car certaines paroles de sa mère reviennent fragiliser sa présomption. Deux semaines avant son mariage, elle lui dit :

« Lorsque tu vas te lever le lendemain de ta nuit de noce, je te dirai si tu seras heureuse en ménage. »

À cause de cette insinuation, elle refuse de passer sa première nuit de noce chez ses parents. La future mariée ne voulait pour rien au monde se faire *reluquer* au matin du lendemain de son mariage. Réfléchissant avec sérieux à cette hypothèse, elle avait conclu :

« Je ne connais pas grand-chose des êtres même les plus proches de moi, encore moins peut-être de moi-même. Je suis sans abri contre le nuage des pensées qui tournoient autour de nous deux. »

À la minute même, Léonard observe Véronique avec beaucoup d'intensité. Elle sent plonger ses yeux jusqu'au fond de son âme. D'une ouverture faite d'abandon et d'égard, il lui propose :

«Est-ce que tu aimerais prendre ton bain avant moi?

Timide, pour ne pas dire paralysée, elle lui sourit et fait signe que oui.»

Le temps qu'elle défait sa valise, il va lui faire couler son bain. Après une quinzaine de minutes, elle revient vers lui dans une ravissante robe de chambre de satin mauve. Le nouvel époux embrasse sa dulcinée avec passion, puis il s'excuse. Avec rapidité, il s'y dirige à son tour afin de déverser les fatigues et le stress de la journée. Soudain, elle n'entend plus rien. Cinq minutes passent, elle ne sait quoi penser et elle décide de frapper. Le bel amoureux s'empresse de lui ouvrir, et elle l'aperçoit, surprise de le voir à moitié rasé. Il n'est pas moins étonné de lire les expressions qui se reflètent sur la figure de son épouse. À l'instar de deux enfants fatigués, ils pouffent de rire. Par délicatesse, elle juge bon de se retirer. Cette petite anecdote sans importance lui a permis de se détendre encore davantage.

Fébrile, pour ne pas dire un peu fiévreuse, elle ouvre les draps et s'allonge sur le lit. Une grande lassitude s'empare d'elle tout à coup. Léonard ne tarde pas à la rejoindre. Frais et pimpant, il vient s'asseoir près d'elle, au bord du lit. Dans ce nouvel éclairage, elle découvre chez son amoureux le velours de ses yeux verts et ses lèvres charnues. Il met la main sur la joue rose qu'il retrouve sur l'oreiller, caresse du bout des doigts la région des tempes. Plein de tendresse, sa main glisse vers la nuque et ses épaules quasi dénudées sous la chemise de nuit. Chatouillée autant qu'émue, Véronique s'assoit et penche la tête sur l'épaule de son époux et, de sa chair chaude, emprisonne la caresse contre sa poitrine. De son autre bras, il lui entoure l'épaule comme pour la retenir près de lui. C'est à ce moment qu'elle découvre dans les yeux de Léonard un regard sensuel qu'elle ne lui connaissait pas. Tous les gestes qui s'ensuivent font en sorte qu'ils se rapprochent.

Leurs bouches se fondent en un silence exquis. Les cheveux de Véronique bougent avec harmonie au rythme de leur exploration sensorielle. Ils sont seuls au monde. Pendant des secondes transformées en instants d'éternité, des vibrations issues des lointains mystères de leurs sentiments s'écoulent en frissons sur leur épiderme, remuant la profonde substance de ces deux âmes assoiffées d'amour. Les souffles deviennent saccadés. Il suspend son baiser le temps d'un chuchotement aux oreilles de son adorée et il lui dit :

«Je t'aime tant. »

La manière dont elle le retient sur elle et avec laquelle elle ferme les paupières constitue la réponse attendue. Il se jeta avec douceur à l'arrière, l'entraînant avec lui, sur lui.

La terre entière disparut. Une éclipse totale devant le bien-être intérieur qui l'envahit et cette agitation qui la cloue à lui. Tout en fermes précautions, il la fait glisser petit à petit à son côté, et il se lance dans de formidables et douces invasions.

Leurs bouches se retrouvent. Il ouvre la sienne. Tout juste, un peu. Cette fois, elle l'accepte. Encouragé, stimulé, nerveux, il s'apprête à accomplir l'acte conjugal avec la fille de ses rêves, celle qu'il désire depuis qu'il la connaît. Il laisse sa main se promener sur la taille, les bras, une épaule, un sein de cette femme qui est sienne pour toujours.

Dans une communion sans parole, les mariés du jour continuent de se découvrir, vivant intensément ce bonheur. Il lui fait ressentir son amour et vient chercher le sien jusqu'à ce qu'ils complètent leur désir mutuel et se fondent l'un dans l'autre. Ils dirent «je t'aime» au même instant, furent terrassés par un unique plaisir et retombèrent dans les bras l'un de l'autre.

Continuant de se prodiguer de la tendresse et de se jurer un amour éternel, ils se laissent surprendre par l'aurore. L'horizon se paraît déjà d'un ceinturon rose. Bientôt, les maisons de la ville se dessineraient plus nettement à mesure que le cercle de feu sortirait de la nappe d'eau du Saint-Laurent et monterait dans le firmament dont le bleu s'étirait vers l'infini. Il se leva pour fermer le store.

Quelques heures de sommeil ont suffi aux jeunes mariés pour leur redonner énergie et entrain. Ils se hâtent de faire leur toilette et de s'habiller car leur estomac crie famine. Ils regrettent de ne pas avoir leur entière liberté aujourd'hui.

«Ma belle Véronique, lui apprend-il en déjeunant, Anne et Samuel nous attendent pour un souper avec la famille proche et les oncles, tantes, cousins et cousines des États ainsi que tes parents. Le repas sera suivi d'une autre soirée dansante en notre honneur.»

Rassasiés par un déjeuner copieux, ils décident d'un commun accord de se rendre à Notre-Dame-du-Portage, village situé non loin de Cacouna. Ce centre de villégiature construit au bord de la mer revêt un charme particulier pour la région à cause de ses résidences cossues appartenant à de riches Britanniques qui les ont fait construire au début du régime anglais. De là, ils se rendent à l'Auberge de la Pointe, également située sur les rives du fleuve, mais plus près de Rivière-du-Loup. Cet endroit magnifique leur permet de voir le bateau qui fait la traversée du fleuve tous les jours pour accoster à Saint-Siméon, sur la rive nord. Léonard a plusieurs fois traversé l'autre côté du fleuve, le plus souvent pendant les marées fortes de l'automne, pour se rendre dans les chantiers de la Côte-Nord.

Les mouettes jetaient leurs cris qui disent si bien l'angoisse des départs et l'anxiété des arrivées. On court pour se perdre ou se trouver :

«Pour les voyageurs qui traversent la mer et qui s'en vont à la chasse ou à la pêche dans cette immense forêt qui s'étend à perte de vue de l'autre côté, perdre leur boussole, pour eux, équivaut à perdre la vie, tandis que, pour la traversée de la vie des gens ordinaires comme des nouveaux mariés, que vaut une boussole?», songe-t-elle tout à coup.

Après avoir capté autour d'elle toutes sortes d'images toutes plus révélatrices les unes que les autres, elle essaie de revenir sur terre :
«Pourquoi tout à coup, cette pensée profonde, cette interrogation face à l'immensité de la nature? se demande-t-elle en cette fin de journée, nous sommes sur la terre ferme. Les beaux jours semblaient être là pour rester, et le ciel nous fait patte douce.»
Une halte de paix, de sérénité, de rêverie presque les invite à prolonger le séjour, mais le soleil qui descend va les obliger bientôt à quitter cet endroit de rêve, afin de ne pas accuser de retard.

Les deux amoureux regrettent de ne pouvoir prolonger ces heures d'oisiveté qui leur seraient combien salutaires. Malgré le jeune âge, elle conçoit que ce lieu de vacanciers qui offre en duo confort et beauté est tout à fait incohérent avec le métier qui leur est offert. Hélas! Aucune similitude n'existe entre ces deux mondes : ceux qui font travailler et ceux qui travaillent. Néanmoins, si l'agriculture semble asservir la plupart des ruraux, il n'en est rien de tel parce que ces gens-là sont presque les seuls à ne pas avoir de patron et ils ont entière liberté sur leurs décisions. Cette brève évasion créera-t-elle chez ces nouveaux mariés un besoin de consulter leur boussole à différentes étapes de leur cheminement à deux? L'avenir le leur dira...
Pressés par la frénésie avec laquelle les aiguilles avancent, les amoureux se mettent en route. Les convenances et le

respect envers les parents les obligent à laisser derrière eux ce panorama grandiose. Ils emportent avec eux de tendres souvenirs. Chemin faisant, ils se mettent d'accord pour quelques jours de relâche, quitte à prendre les bouchées doubles par la suite. Sur une ferme, il n'y a jamais de temps libre ; mais ils ont tout de même l'opportunité de s'évader quand bon leur semble. Cette communion entre eux est possible car Léonard raisonne comme s'il avait lu dans les pensées de sa jeune épouse...

Pendant quatre jours, les nouveaux époux hument l'arôme du bonheur. Léonard s'abstient de tous travaux agricoles et il invite Véronique à se détendre en sa compagnie. Sous le toit familial, se maintiendra un va-et-vient trépidant pendant tout le reste de l'été. Ses beaux-parents y compris son frère Léopold sont tous affables et très accueillants envers la nouvelle mariée. Elle devra cependant gagner le cœur de la petite belle-sœur. Étudiante à l'École normale, elle est en vacances pour les mois d'été. Suzie, sa sœur qui travaille à Montréal, est également en promenade avec son futur fiancé. Dans ce chahut, on compte pour le mois de juillet la visite des États de l'oncle Arthur et de tante Clara avec quelques-uns des membres de leur famille, en plus de Lionel. Pauvre Véronique, aura-t-elle la possibilité de se frayer une place parmi toutes ces nouvelles figures ?

Véronique se considère au même titre que les invités la première semaine. Ce qui ne l'empêche pas de se questionner sur le rôle qu'elle doit jouer. Bien qu'elle essaie de se faire discrète, elle se dit qu'au milieu de cette ruche bourdonnante, elle n'est pas la seule qui cherche les aires de la maison. Ce temps de transition revêt, à son avis, un caractère positif lui permettant d'observer et de s'intégrer de manière subtile aux habitudes de la maîtresse de maison sans se sentir surveillée. Dans la cohue des vacances, elle apprend à vivre au rythme de la famille Roy. Par bonheur, la promiscuité qui existait dans sa famille et au pensionnat lui a appris, dès son jeune âge, à respecter les gens avec qui elle vivait.

En attendant que le calme s'installe sous ce toit, Véronique prend le temps de s'interroger quant aux dispositions à prendre face aux conditions qui lui sont offertes. Cette profonde réflexion, dans un contexte assez particulier, lui apportera l'équilibre et les connaissances dont elle aura besoin pour franchir sans ambages cette étape hasardeuse. Elle désire faire ce nouvel apprentissage tout en s'assurant de ne pas prendre la place de qui que ce soit, ni d'en donner l'impression. Elle coopère dans les tâches quotidiennes à l'exception de la préparation des repas.

Parmi les concessions à faire, une question délicate exigera de temps à autre des compromis aux nouveaux mariés. Pendant cette courte semaine qui succède à leur mariage, les jeunes époux avaient décidé de profiter du temps de relâche qu'ils s'étaient accordé pour jouir de leur lune de miel au maximum. Les piètres intervalles de solitude qui leur sont accordés ne leur permettent pas de jouir de leur récente intimité. Hélas! les rideaux tiennent lieu de portes de chambre.

Lors du premier déjeuner qu'ils s'apprêtent à prendre autour de la grande table familiale, le couvert est dressé pour six personnes. Véronique devine qu'ils ne sont pas les seuls à faire la grasse matinée par ce lundi matin. Debout près du comptoir, elle prépare les rôties. Des yeux sont posés sur elle. Lorsqu'elle se retourne pour déposer la corbeille sur la table, elle remarque que trois belles pensées, aux couleurs différentes, ont été déposées dans une assiette.

Léonard l'attend. Il perçoit dans l'attitude de sa femme l'effet de son geste. Sa tendresse la remue, elle est touchée. Elle aimerait s'avancer vers lui, mais la présence de ceux qui rayonnent autour d'eux l'intimide. De ses yeux chaleureux, elle le remercie pour sa délicatesse à son égard. Désormais, cette place lui est réservée, son époux s'assoit à sa droite tel que le souhaite l'étiquette. Son père officiera à un bout de la table, et sa mère à l'autre bout après les adieux de la visite.

Pendant leurs premiers jours de vie commune, ils ont planifié une randonnée romantique à Rimouski. Véronique, qui a habité là-bas pour ses études, n'y est pas retournée depuis. Léopold leur prête sa voiture. Libres comme l'air, ils décident en chemin de se rendre jusqu'à Matane, toujours en côtoyant la mer et les petits villages. L'envie de poursuivre et de faire le tour de la péninsule gaspésienne en revenant le long de la rivière Restigouche ne leur manque pas. Silencieux, les yeux rivés sur les monts Shickshocks, Léonard imagine l'étonnement et la joie de son parrain Léopold de le voir arriver accompagné de son épouse. Marié en seconde noces, il vit à Amqui depuis. La distance et les nouvelles obligations familiales l'empêchent de visiter la famille de sa première femme, sœur défunte de Samuel.

Ce n'est que partie remise, se dit-il à regret lorsque, une fois rendus au Bic, ils bifurquent dans les terres pour se rendre au Jardin de Métis. Dans la douceur du matin, en pleine nature, parmi toutes ces fleurs qui ne leur sont pas familières, les amoureux goûtent une paix céleste et se laissent bercer par une symphonie de bruissements, de flux, de gazouillis et des jaillissements d'arômes évoquant tantôt l'éclosion, tantôt le fruit mûr. Fascinés par toutes les merveilles qu'ils viennent de découvrir, ils les abandonnent, après plus de deux heures, se promettant d'y revenir.

Ils s'arrêtent ensuite à Sainte-Luce-sur-mer pour se restaurer. Seuls, comme des amants en fuite, cette évasion a pour eux un parfum de douce liberté. Cette liberté qui leur a été donnée par le mariage leur attribue le droit de vivre leur amour sans retenue, sans remords, sans fausse pudeur. En présence de la mer qui les berce, Véronique lui fait sentir toute sa valeur par l'émerveillement qu'elle manifeste chaque fois qu'elle se retrouve à son bras. Léonard est toujours surpris qu'elle l'aime tant et, pour lui exprimer son amour, il l'entoure d'attentions et de délicatesses.

De nouveau sur la route, les nouveaux mariés filent vers Matane pour y visiter la pêcherie aux saumons, puis ils décident que leur dernier point d'arrêt se fera à Rimouski. Ils s'arrêtent ensuite à la cathédrale pour garer la voiture. Le couple préfère déambuler dans la ville afin de mieux satisfaire sa curiosité. La cathédrale Saint-Germain, datant de 1854, fait l'objet de leur première visite. Non loin se trouve le musée régional, installé dans la première église de la ville et reconstitué d'après les plans d'origine. C'est un centre où l'on expose des œuvres d'artistes québécois réputés, comme Suzor Côté, Plamondon, Charles Huot; on peut y voir aussi des œuvres de peintres étrangers. Le chemin de croix, sculpté par Médard Bourgeault pour orner anciennement l'église Saint-Thomas-de-Cherbourg, fait partie de la collection.

De là, ils montent la rue de la Cathédrale, traversent le chemin de fer jusqu'à la rue Saint-Jean-Baptiste. Elle a peine à se reconnaître dans ce secteur. La ville s'est agrandie, les résidences et les commerces se sont multipliés depuis. Les promeneurs croisent la rue Belzile d'où ils peuvent déjà apercevoir, tout en haut, le couvent de Notre-Dame du Saint-Rosaire. Ils n'ont plus qu'à se tourner vers l'est et ils se retrouvent à trois mètres de la Maison des Ursulines. Tant de souvenirs se diffusent dans sa mémoire en apercevant ce monument de pierres grises. Ce couvent lui était apparu sacro-saint lorsqu'elle en avait franchi les murs en 1946. Aujourd'hui, ce couvent symbolise pour elle la découverte des horizons inconnus qui l'ont projetée vers son avenir, et son bonheur présent.

Leur visite se termine à la Maison Lamontagne, la plus ancienne demeure de l'Est du Québec. Elle fut construite en colombage pierrolé sous le régime français, vers 1750.

Rien ne leur laisse présager que presque la moitié de cette ville sera détruite par un incendie quelques semaines plus tard.

Les mariés souhaitent que le soleil arrête sa course, ils ont tant de choses à partager. La antithèse faim soif faim aura raison de leur soif de découvertes. Après un copieux souper, ils quittent le restaurant et se mettent en route. Lorsqu'ils franchissent les plateaux du Bic et de Saint-Fabien, Léonard se rend compte que l'odeur des foins alourdit l'atmosphère. La prairie est remplie de corneilles, d'ailleurs plusieurs champs fauchés il y a quelques jours sont mis en *vailloches*. Penchés vers la nappe bleue, les deux promeneurs observent le coucher du soleil en silence. Ils distinguent entre les monts, de l'autre côté de la mer, la lumière du couchant qui rougit la ligne de l'horizon :

«Est-ce que tu vois? lui dit son mari, le temps des foins s'annonce. J'ai presque envie d'en faucher une pièce demain matin, qu'en penses-tu? chuchote-t-il avec un accent de tristesse dans la voix.

La présence de Véronique est un baume dont il ne peut plus se passer. Avec amertume, il sent qu'il devra reprendre la routine. Sachant par expérience que la fenaison est un des principaux facteurs de succès pour l'agriculteur, elle lui répond sur une note gaie afin de faciliter sa décision :

«Le beau temps nous fait signe, nous devons en profiter.

Appréciant son raisonnement, il ajoute :

— Si tout va bien, nous irons rendre visite à ta famille demain soir, cela te plairait?

Léonard craint que la présence des siens lui manque.

— Je profiterai de l'occasion pour apporter tous mes vêtements et nos cadeaux de noce, puis elle lui demande : Y a-t-il un équilibre entre le bonheur et le droit à la liberté?»

À l'improviste, il l'observe d'un œil perspicace.

Il importe beaucoup à Léonard de ne pas faire ombrage au bonheur de sa bien-aimée. Il se rappelle les confidences et les nombreux dialogues qui ont nourri leurs fréquentations. La surprise, l'émotion et l'appréhension devant l'ampleur d'une telle interrogation ont eu raison de sa gaieté. Son visage s'assombrit. Il prend cette question comme un reproche, alors qu'elle voulait simplement échanger des opinions. Loin d'elle l'idée de faire allusion à quoi que ce soit.

Après l'avoir éclairé sur le vrai sens de sa question, ils ont retrouvé la paix du cœur dans une vibrante communion de leurs sentiments. La nuit fut douce et peuplée de beaux rêves. Une tiédeur diaphane les accueillit au réveil. Leur lune de miel, qui avait débuté dans un climat d'effervescence, se prolongea dans la même veine. De jour en jour, la jeune mariée parvenait à se prêter aux cajoleries de son mari avec plus d'aise et d'abandon.

Au lendemain de cette journée mouvementée, Véronique demeure pensive. Elle comprend que la générosité et la sagesse qui habitent Léonard sont entrées en conflit avec sa raison et ses pulsions. Elle devine qu'il aurait tant aimé passer plus de temps auprès d'elle. Il se sent si heureux dans ses bras. La jeune mariée saisit en même temps que l'être qu'elle a choisi pour la vie est un mélange de sensibilité et d'intrépidité. Sous ses deux qualités premières, elle le découvre comme un homme en quête de réussite et d'amour.

Sera-t-il possible que ces deux grands souhaits puissent cheminer en parallèle?

Léonard saisit la moindre occasion pour la complimenter sur sa personnalité quand vient le moment de se préparer pour une sortie. Selon les circonstances, il éprouve un malin plaisir à l'emmener danser à Saint-Clément, la paroisse où se sont déroulées la plupart de ses fréquentations de jeunesse. Il a le don de combler l'assurance qui lui manquait à son adolescence. Véronique nage en pleine euphorie lorsqu'il lui murmure :

«Tu es merveilleuse, tu es exactement la femme dont je rêvais depuis mes 17 ans. Tous les hommes voudraient d'une épouse comme toi. Ta grandeur et ta personnalité m'ont charmé au premier coup d'œil. Ta peau rose m'ensorcelle, l'azur de tes yeux me fait rêver en ton absence et ta bouche me met en appétit quand je suis à tes côtés. Que tu es belle! Je t'aimerai toujours!»

Personne ne peut nier la beauté de cette femme épanouie lorsqu'elle marche au bras de son époux. Tout son être, toute sa féminité transpirent la confiance absolue. De tels moments d'allégresse auront de l'incidence à court et à long terme sur la vie de ce couple. Elle est comblée.

Au retour pour le dîner, Léonard arrive avec un casseau d'écorce rempli de fraises. Véronique manifeste aussitôt le désir d'aller en cueillir. Main dans la main, ils quittent la maison après le repas. Arrivés à destination, le temps de lui voler un autre baiser et, tout fringant, il redémarre la coupe du foin là où il l'avait laissée. L'épouse se dirige vers l'endroit indiqué par son mari. Un bruissement léger éveille la jeune curieuse au fur et à mesure qu'elle s'en approche. Elle y découvre une petite rivière qui traverse le lot. Les abords sont rouges de fruits juteux. Cet endroit est paré d'un double cadeau de la nature! Charmée par les murmures du ruisseau auxquels répondaient merles et jaseurs des cèdres, Véronique bâtit le futur avec féerie.

Après des mois de répression, d'attente et de silence, pendant lesquels le visage de Véronique a hanté l'esprit et le cœur de ce jeune homme, voici qu'il goûte enfin des heures d'ivresse. Il ne veut pas lui révéler l'impétuosité de l'amour qui le consume, ne sachant pas s'il sera toujours à la hauteur de ses attentes. Plus amoureux que jamais, il constate l'effet qu'il produit chez son épouse. Ceci lui donne confiance dans les charmes qu'il dégage en s'abandonnant à ses pulsions, ce à quoi il n'a jamais donné libre cours. Personne ne peut imaginer tout l'attrait qui unit ces deux êtres.

Afin de fuir le branle-bas qui règne parfois après le souper, il l'invite à faire une promenade. Ce rapprochement, au milieu des arpents de terre qui deviendront bientôt les leurs, intensifie l'importance que représentent ces lieux pour leur couple. L'odeur des foins mêlée à celles du thé des bois et du trèfle à laquelle auxquelles s'ajoutent le chant des hirondelles et le sifflement des merles les retiennent jusqu'à la brunante. Ce temps de relaxation se transforme tout en subtilité en de doux et tendres épanchements.

Pendant ces premières semaines de vie à deux, les nouveaux mariés, continuent de faire des projets en prenant soin de mettre toutes les chances de leur côté. Léonard mise sur ses possibilités de s'épanouir sur la ferme familiale depuis son jeune âge, et pour rien au monde, Véronique ne voudrait, par manque de diplomatie, mettre un terme aux aspirations de son nouvel époux. Pour réaliser leurs plans, elle est convaincue plus que jamais que la pierre angulaire de ce château est nulle autre que la complaisance d'Anne envers elle.

Quant au beau-père, elle voit dans ses yeux qu'il a déjà beaucoup de considération pour elle. La belle fille se sent à l'aise avec lui, car c'est un homme jovial qui communique avec facilité. Direct et franc, il ne cache pas ses opinions, c'est pourquoi elle lui a fait confiance au premier contact. La nouvelle mariée souhaite qu'il en soit ainsi avec sa belle-mère, mais celle-ci évite souvent de s'exprimer, et Véronique ignore pourquoi. Ne la connaissant pas, elle se questionne :

« Comment plaire et me faire accepter par cette personne qui a un souci parfois exagéré de la perfection, un peu comme ma mère ? »

Se préoccupant beaucoup de ce que sa belle-mère elle pense d'elle, elle Véronique prend le temps d'étudier les pour et les contre de l'intrigue qu'elle doit élucider, percevant avec crainte que les bases de leur bonheur semblent reposer uniquement sur cette relation. Néanmoin elle estime que l'harmonie entre elles est essentielle pour cette vie à quatre, mais ne doit pas dépendre uniquement de sa bonne volonté.

Aux lendemains de leur mariage, Véronique ne souhaitait rien de moins que l'entente règne dans cette maison en attendant qu'une belle connivence l'unisse à toute la famille. Il ne s'agit pas ici d'accommodement mais de complicité. Les aspirations de la jeune mariée sont grandes et sa propre manière d'agir lui demande de la psychologie. Cette question, qui se vit au présent, hante désormais les précieux instants de réflexion qu'elle doit attraper au vol pendant cette période achalandée.

Une des ficelles les plus importantes qu'elle doit maîtriser dans ce jeu de marionnettes est celle de son attitude. Véronique est consciente qu'elle ne doit rien bousculer. Vouloir devancer ou ravir la place de la Reine du foyer serait voué à un échec. Elle applique la leçon de son père, celle de la diplomatie. Il vaut beaucoup mieux que ce soit Véronique qui s'ajuste aux faits tels qu'ils lui sont présentés, car le jeune couple, pour l'instant, n'est pas encore propriétaire des lieux. La jeune femme a vite perçu que la belle-maman est une femme accomplie. Cette ambitieuse-née souhaite réaliser un jour des choses qui porteront l'empreinte de ses propres idées et de ses habiletés.

Avant tout, Véronique juge bon d'apprendre le rituel et les habitudes de la maîtresse de maison. Réaliste, elle perçoit qu'elle se trouvera à l'Institut familial avec sa belle-maman qui lui apprendra la cuisine, la couture et le tissage. Vue sous cet angle, la situation qui s'offre à elle comporte des avantages. Rien ne l'empêche de participer aux travaux ménagers et de l'assister dans les tâches qu'exigent le potager, le poulailler, la laiterie et la traite des vaches.

Véronique, propre à l'extrême, est déjà en mesure de tenir une maison de façon impeccable. Elle lui confie un jour que sa mère se réservait certains rôles comme ceux de se servir de la machine à coudre ou faire les conserves, souhaitant que cet aveu lui insuffle de nouvelles idées qui leur permettent de créer des liens entre elles.

En attendant, la jeune femme se prépare à lui prêter main-forte tant et aussi longtemps qu'Anne ne voudra pas lui concéder de bon aloi la place de maîtresse de maison, tout comme si elle avait deviné le désarroi que cette femme vit en ce moment. Elle croit que beaucoup de frustrations seront ainsi évitées de part et d'autre. Lorsque Léonard s'informe des relations établies avec sa mère depuis leur mariage, Véronique lui répond avec un sourire qui se veut rassurant :

« Vaut mieux ne rien bousculer, le temps arrangera bien les choses, je crois. »

La saison des foins se prête à merveille au but et aux intentions de la bru. Au fur et à mesure que la fenaison avance, elle passe plus de temps aux champs avec Léonard. Pendant les premières semaines, Véronique possède toutes les raisons du monde de participer à cette corvée avec joie. Si, la plupart du temps, elle est fière d'acquérir de nouvelles méthodes de travail et d'établir petit à petit son futur statut de maîtresse de maison, il lui arrive parfois d'en avoir marre. Ces activités extérieures aux champs lui permettent de s'évader et de retrouver sa liberté, de bénéficier de l'air pur et de savourer des petits moments de leur lune de miel à l'abri des regards indiscrets.

Au milieu de nulle part, toute tension disparaît, elle se sent libre comme les jolis papillons qui voltigent autour de sa tête. C'est au beau milieu de cette nature hospitalière, assis sur l'herbe pour le lunch, qu'ils vivent l'exclusivité et l'intimité que leur couple ne retrouve jamais à la maison paternelle.

Un autre endroit qui lui laisse un avant-goût du bonheur, c'est de se retrouver, au soleil couchant, là-haut sur un énorme voyage de foin pour rentrer à la maison.

Elle se trouvait dans un ciel lui-même baigné d'une douce lumière paisible, s'adoucissant de minute en minute, avec le jour qui agonisait.

«Après une journée torride, cette paix du soir symbolisait la couche de fond d'un paysage assoupi.» se remémore-t-elle.

La nature, les champs ne représentent rien de nouveau pour elle; la seule particularité qui diffère est que son époux travaille beaucoup plus rapidement que son père.

«Tu es branché sur le 200 volts.» dit-elle en riant.

L'enthousiasme de la jeunesse et la force physique font de lui un *superman*. En couple depuis un mois, elle pense à ce que représente Léonard pour elle. Lui, de son côté, éprouve un constant besoin de susciter l'admiration de Véronique. En présence l'un de l'autre, ils respirent l'amour et la joie de vivre.

Véronique a la sagesse de percevoir qu'un défi de taille est à sa porte... Comment s'en sortira-t-elle? Jour après jour, elle se motive. Se retournant sur un passé récent, il lui semble que rien n'a été perdu des efforts énergiques ainsi que de l'acharnement de sa mère et de ses grands-mères à rendre leur vie meilleure. Cette pensée la console et l'énergise.

Passion, talent et mode de vie

Il y a plus d'un mois qu'ils sont mariés. La saison des foins est terminée. L'orge, céréale hâtive, est coupée. Aussitôt fanée, elle sera engrangée et battue pour en faire de la moulée qui servira à engraisser les porcs. La faucheuse et le grand râteau ont été rangés à côté du semoir et des charrues. Léonard et Samuel sont conscients de l'ampleur et de la surcharge de travail que leur apporte l'acquisition de la ferme voisine. De jour en jour, la relève de Samuel considère que l'achat d'un tracteur devrait remplacer les chevaux.

L'aménagement de la maison, le mariage de son fils et les épiceries pour nourrir les visiteurs qui se sont succédé autour de leur table pendant les derniers mois ont vite raflé une grosse partie des économies de Samuel. Ce projet ne lui tient pas à cœur autant qu'à son fils, bien qu'il soit capable d'admettre que cet engin devient indispensable. Avec l'accord de Véronique et de Samuel, le nouveau marié prend la décision de se rendre au chantier pendant plusieurs mois, cet hiver, dans le but de gagner assez d'argent pour le payer comptant. Le couple planifie verser des paiements mensuels pour les instruments aratoires qui se rattacheront au mécanisme du tracteur.

Léonard prévoyait labourer au cours de la dernière semaine du mois d'août. Par contre la sécheresse qui a sévi tout dernièrement l'a favorisé sur un autre aspect et lui a permis d'engranger l'orge :

163

«Maintenant, la pluie peut tomber! dit-il en consultant les gros nuages gris se promenant au-dessus de leur tête.»

Il est exaucé, la pluie tombera pendant trois jours. Personne n'ignore que les recettes du cultivateur dépendent fortement de la température :

«Ce sera excellent pour commencer les labours. Je souhaite malgré tout qu'on n'ait pas de violents orages, ce serait catastrophique. La tête des épis d'avoine est lourde, je n'ai jamais vu une aussi belle récolte! Je m'arrête et m'extasie chaque matin en allant chercher les vaches», dit-il à sa femme d'un air satisfait.

Après une courte hésitation, le *paternel* intervient :

«Attendons deux ou trois semaines, lorsque cet immense champ aura revêtu son manteau jaune, de la couleur de l'or... les blonds épis se balanceront alors sous la brise et formeront des vagues comme sur les mers tranquilles.»

Observant le tableau majestueux qui se dessine à ses yeux à mesure qu'il s'exprime, le visage de Samuel se rembrunit tout coup. Le fils, inquiet de son attitude étrange, se demande :

«Est-ce que ce sont les beaux souvenirs ou la perspective du legs de ses biens qui l'a rendu si morose tout à coup?»

Effectivement, pour faire taire les sentiments qui l'envahissent, le sexagénaire s'empresse de changer le sujet de la conversation. À son âge, il ressent l'importance de lui transmettre l'ensemble de son savoir. Père et fils s'animent et échangent sur les terres qui doivent être labourées ou laissées en jachère, un sujet qui captive le futur acquéreur. Cette méthode est la meilleure connue à ce jour pour rendre une terre productive. Elle est pratiquée par de nombreux cultivateurs qui ont le sens du respect et de la protection de la terre pour leurs descendants.

Le mois d'août les quitte et sème la tristesse dans l'esprit de plusieurs, mais pour des raisons différentes, hélas !

En pensant à l'ouverture des classes, Véronique éprouve une certaine nostalgie de ne pouvoir partager cet évènement annuel comme à l'accoutumée. Ce rituel auquel elle a participé depuis l'âge de six ans, sans interruption, a façonné de toutes pièces la personne qu'elle est devenue après 13 ans. Son esprit la transporte tour à tour dans chacune des écoles qui lui ont ouvert leurs portes, soit pour donner, soit pour recevoir. La mémoire olfactive de la jeune femme s'est toujours activée à l'odeur des livres et de la craie en pénétrant dans ces sanctuaires fermés pendant deux mois.

C'est aujourd'hui dimanche, et dans 10 jours, doit avoir lieu, au lendemain de la fête du Travail, l'ouverture des classes de 1952. Pour une première fois depuis leur mariage, ils viennent de terminer dans la tranquillité le repas du dimanche midi. Les promeneurs sont rentrés au bercail, les vacances sont terminées. Le rangement achevé, la tranquillité retrouvée, chacun prend plaisir à relever différentes anecdotes rattachées à d'inoubliables évènements qui se sont succédé avec célérité au cours de l'été qui touche à sa fin. Chacun ratisse sa mémoire et raconte pour le bénéfice des absents. Trop souvent, les jours trépidants qu'ils ont vécus depuis mai les ont soustraits à certains incidents, car il ne leur était pas possible d'être partout en même temps.

Cette heure paisible est vite interrompue. On frappe à l'entrée. Deux commissaires d'école se présentent, deux hommes de la paroisse, dont l'un demeure dans le rang. Le maître de la maison les reçoit avec l'amabilité que tous les paroissiens lui connaissent. Les visages se tournent illico vers Véronique. Les propos d'usage terminés, les deux hommes vont droit au but. Ils sont là pour solliciter l'enseignante de bien vouloir reprendre sa classe. Stupéfaite, elle est par ailleurs très flattée de la proposition qu'on daigne lui faire. Loin de ses pensées qu'une offre comme celle-là pouvait lui être présentée.

Elle interroge son époux des yeux qui se défend bien de l'influencer dans son choix.

«Tu es libre de faire ce que tu veux», lui dit-il.

C'est important pour lui qu'elle le fasse en toute liberté. Les commissaires ont besoin d'une réponse le plus tôt possible. Dans le but de la convaincre d'accepter, ils ne manquent pas de lui rappeler les grandes qualités d'enseignante dont elle a fait preuve au cours de l'an dernier. Elle leur dit :

«Je vous donne ma réponse au plus tard demain après-midi.»

Ils se quittent avec le sourire et l'espoir d'une réponse positive.

Leur voiture est encore dans l'entrée lorsque Anne lance en direction de sa belle-fille un regard subjectif. Sa déclaration est précise :

«Fais ce que tu veux, moi, je peux continuer à m'arranger seule.»

Véronique n'attendait pas de dessin, la réponse était claire. Elle a compris, avec un pincement au cœur, qu'elle pouvait se passer d'elle.

S'adressant à Léonard, qui a planifié s'absenter pour une bonne partie de l'hiver, elle lui demande :

«Si tu t'en vas pour l'hiver, comment vais-je voyager à l'école dans les gros froids? À l'exception des jours pluvieux, avant décembre, je peux voyager à pied, il n'y a pas de problème.

— Ne t'inquiète pas, ma petite fille, s'empresse de lui révéler le beau-père pour la rassurer. Je suis là, une sortie journalière sera parfaite pour dégourdir le poulain cet hiver.»

La vive réaction d'Anne surprend la bru tout autant que son fils et ravive un incident survenu quelques jours auparavant. Ce matin-là en déjeunant, Léonard et Véronique exprimaient ouvertement leur désaccord sur une décision qui leur était personnelle. Anne, s'immisçant dans leur conversation, s'était empressée d'émettre la même opinion que son fils. Léonard a vite compris que ses parents, surtout sa mère, se placeraient de façon obligatoire dans son camp, ce qui lui paraît très injuste pour Véronique. Conscient du contexte dans lequel ils devront vivre, Léonard s'est mis d'accord avec Véronique pour résoudre ce problème avant qu'il ne soit trop tard.

Dorénavant, c'est avec sa chère Véronique que Léonard tient à établir une relation harmonieuse. Entre eux, ils établissent un pacte. Tout ce qui touche de près ou de loin leur vie de couple et leur vie personnelle sera désormais discuté seul à seul. Jamais de reproche ni d'insatisfaction ne doivent être exprimés l'un envers l'autre en présence d'une tierce personne. Personne n'a besoin de savoir ce qui se passe entre nous. Cette initiative, née de la sensibilité du jeune marié, et aussi de la crainte d'être blessé de part et d'autre, s'avérera une excellente résolution qui sauvera à maintes reprises l'harmonie du jeune ménage.

La susceptibilité est mauvaise conseillère et, parce que Léonard a un tempérament impulsif, cette prise de conscience leur a permis de vivre heureux. Sous le coup d'un emportement, il a pris l'habitude de ne rien dire ou de quitter les lieux. De cette manière, il ne laisse jamais exploser son exaspération et il ne s'abandonne jamais à une colère impulsive en leur présence.

L'effet de surprise estompé, main dans la main les nouveaux mariés se dirigent vers la galerie non seulement pour s'allonger et profiter de la légère brise qui vient du nord-est, mais surtout dans le but de retrouver leur intimité. Ils éprouvent le besoin d'exprimer à cœur ouvert leurs opinions personnelles, sans se sentir jugés. L'un comme l'autre veut évaluer à tête reposée cette offre déposée à l'instant.

Véronique, étant la principale concernée, ouvre le dialogue :

«Cette proposition est une chance pour ta mère et moi, notre adaptation se fera ainsi de manière progressive. Je songe à elle en disant cela.»

En entendant ce discours, Léonard se redresse sur sa chaise craignant des problèmes, mais Véronique expose ses arguments :

«Considère ma position vue avec les yeux d'une belle-mère. Le fils parti au chantier, le contexte n'est plus le même, ni pour moi ni pour elle. Elle n'a pas besoin d'une étrangère à ses côtés, surtout en hiver, et ce, sept jours sur sept. Quant à moi, il peut arriver, certains jours, que j'aie l'impression d'occuper un territoire qui ne m'appartient pas. Vu que je ne suis pas enceinte, ma santé me le permet. Je crois que c'est le destin qui me fait signe. Je me sens prête à assumer cette nombreuse classe pour une deuxième année.

Véronique poursuit afin de tirer au clair une deuxième question :

«Puisque notre tête-à-tête s'y prête, il faut que je te le dise, il m'arrive parfois d'avoir une certaine crainte de tomber enceinte lorsqu'on fait l'amour. Quand je pense à ma mère, je présume que toutes les femmes doivent vivre les mêmes appréhensions. J'y songe depuis notre mariage et je souhaite avoir le temps de m'habituer à mon nouveau concept de vie avant de mettre un enfant au monde. Dieu seul sait si je serai exaucée!

— Je suis d'accord avec toi et nous avons la vie devant nous. Pourvu que tu me dises que c'est juste une question de temps, tu sais, j'adore les enfants.

— Quant à moi, c'est aussi une question de nombre, on en a parlé avant notre mariage, lui chuchote Véronique d'un ton affectueux.»

Ils se sont mis d'accord en un rien de temps. Il pose sur sa femme des yeux étincelants d'admiration.

Dès le lendemain, elle se rend chez le secrétaire pour lui donner sa réponse. Le choix qu'elle a fait lui apporte un vent de fraîcheur et d'indépendance. Sur le chemin du retour, Léonard lui avoue :

« Merci de ton appui, c'est le plus beau cadeau de fête que je n'ai jamais reçu. »

Le matin du 5 septembre, Léonard accompagne l'institutrice et apporte les articles dont elle a besoin pour commencer l'année. Ils avancent sur des nuages comme deux enfants heureux d'avoir la chance et la liberté de partir à la pêche à la truite pour une première fois. En ce jour d'anniversaire de Léonard, nos deux amoureux ont la sensation de cueillir des lauriers. La vie leur sourit à pleines dents.

Le dénouement de cette page de vie lui apporte une sérieuse leçon, lui qui avait entretenu de la rancœur envers les maîtresses d'école avant de faire la rencontre de Véronique. Jour après jour, depuis leur mariage, Léonard découvre l'enchantement de ses journées et l'ivresse de ses nuits dans les bras de sa femme, la seule qui a su le réconcilier avec le monde enseignant. Il a peine à croire qu'une félicité sans pareille lui est destinée. « Mon bonheur est grand », se plaît-il à songer longuement. Il souhaite que cette euphorie se prolonge la vie durant. À la fin d'une journée de pluie d'octobre, il se présente à l'école avec l'auto de son frère avant qu'elle ne saute sur la bicyclette pour rentrer après le travail. Séduisant comme lors de leur première rencontre, l'appuyant contre lui, il lui fait une déclaration enflammée :

« Il n'y a pas de femme plus intelligente, plus généreuse et plus désirable que toi. »

Accompagnée d'un conjoint tel que lui, il n'en faut pas plus pour que Véronique acquière de jour en jour l'assurance qui lui manquait. Elle se sent comblée.

Leur enthousiasme face à la vie et l'ambition qui les nourrit font en sorte qu'ils ne voient pas le temps passer.

Véronique coopère au quotidien familial avec entrain et, au même titre, elle se rend disponible pour les corvées des fins de semaine. La somme de leur travail respectif ne leur interdit pas d'appréhender leur séparation pour les mois à venir. Seule la confiance en la vie, la conviction de jouir d'une meilleure existence et l'espérance de se retrouver font en sorte que ces deux inséparables acceptent un éloignement temporaire.

Compte tenu que l'automne ramène une symphonie de couleurs, il apporte tout de même avec lui une sorte de morosité. Partout, cette nouvelle saison est mélancolique, chargée de regrets de ce qui s'en va et de la menace de ce qui s'en vient. À travers la planification de leurs projets d'avenir, l'organisation des travaux saisonniers et le souci des récoltes, septembre et la première quinzaine d'octobre leur ont filé entre les doigts. La veille de son départ, au-dessus de lui très haut dans le ciel, il entend l'appel lancinant des oies, les premières à se préparer pour un long voyage dans le sud. Les nuages, s'accumulant à l'horizon, dégagent le ciel. Léonard est songeur... Il voudrait repousser cet impératif.

Véronique constate que les jours raccourcissent à vue d'œil. À sept heures trente, lorsqu'elle ferme l'éclairage au-dessus de la table, la pénombre règne dans la vaste cuisine de campagne. Son époux l'a quittée vers les cinq heures. Les préparatifs de son éloignement entremêlés de vives émotions ont monopolisé leur temps et leur énergie. Entre la volonté de mettre un terme aux travaux d'automne et les élans de leur amour, le jeune couple a vécu avec intensité les jours et les heures qui ont précédé leur première séparation. Ce matin, dans le silence de la grande maison paternelle, ils se sont enlacés pour une dernière fois. Après des accolades pleines de promesses suivies de supplications de ne pas s'éloigner, le nouveau marié est parvenu à se détacher des bras de sa dulcinée. Le cœur lourd, il a franchi la porte sans se retourner.

Un grand vide enveloppe la jeune épouse, un frisson la parcourt de la tête aux pieds. Pour éviter de tourner en rond comme une bête fauve et pour mettre fin à ses larmes, elle s'assoit au bout de la table pour terminer la préparation de classe qu'elle n'a pu compléter en fin de semaine. Trois heures se sont écoulées et elle se sent toujours désemparée. Sa chambre respire déjà la solitude. Des sentiments jusque-là inconnus l'envahissent. Une grande déception, enchevêtrée d'inquiétudes et de détresse, s'empare de l'audace qu'elle a démontrée jusqu'ici.

Véronique partage la résidence des beaux-parents depuis trois mois à peine. À l'aube de cette journée, elle découvre un lieu solitaire où désormais il n'y aura plus personne avec qui elle pourra partager ses états d'âme. Le climat d'effervescence et de gaieté qu'elle a connu dans cette demeure depuis leur mariage s'est évaporé d'un seul coup. Sans la présence chaleureuse de Léonard, l'immense maison paternelle lui donne, pour la première fois, la funeste impression d'avoir été parachutée dans un désert.

«Où suis-je donc?» se questionne-t-elle.

Abandonnée dans ce grand matin, elle se rend à l'évidence que ce lieu ne lui est pas encore devenu familier, malgré la cordialité des occupants. Figée sur place, elle ne peut reculer et elle n'a pas non plus le goût d'avancer. Par contre, les aiguilles de l'horloge poursuivent leur course effrénée, et le sens du devoir l'oblige à se hâter. La jeune femme prend son courage à deux mains, revêt un manteau chaud et se dirige vers la sortie.

Un nouveau décor lui est offert dès que son regard inquiet et curieux se pose sur le jardin. La transformation de la nature en l'espace d'une nuit la déconcerte. Le sol blanc de givre lui rappellera tout au long de l'automne que les beaux jours d'été ont pris fuite au cours de la nuit où son Léonard a résolu d'assumer une deuxième grande décision. À deux, ils l'avaient mûrie quelques semaines plus tôt.

Les prochains mois s'annoncent longs et imprévisibles pour les nouveaux mariés! Pleins de fougue et d'ambition, ils se sont permis de rêver et de s'embarquer pour une aventure. Leur aventure s'appelle mariage, famille, obligations. Le cœur et les yeux rivés sur cette nouvelle expectative qui se dessine autour d'elle, elle murmure :

«Cette gelée blanche est l'ineffable signe avant-coureur des futurs changements.»

Sur le chemin de l'école, ce matin-là, serviette sous le bras et l'âme mélancolique, une jeune institutrice avance d'un pas rapide, portant en elle de doux souvenirs susceptibles de faire vibrer à nouveau tout son être. Ressentant à l'avance le vide créé autour de la table, elle a tourné le dos à la maison de Samuel, consciente qu'elle devra y retourner malgré elle pour souper. Pourquoi cette demeure lui semble-t-elle aussi inhospitalière aujourd'hui? Considérant que la donation de leurs biens est conjuguée au futur, elle se dit :

«Heureusement que j'enseigne, c'est une grâce du ciel!»

À la suite des évènements qui se sont bousculés depuis le début de l'année, Véronique n'a pas d'autre solution que de s'abandonner au courant. Chemin faisant, elle songe à Léonard qui lui a fait la promesse de revenir aussitôt qu'il aurait atteint la somme nécessaire pour réaliser leur achat. Elle approuve l'initiative qui le nourrit. Elle le sait à l'avant-garde et très ambitieux, deux qualités qui prévalaient sur la liste du profil de l'homme de ses rêves.

On se rappelle qu'avant de résoudre le dilemme de sa vocation, une hypothèse de première importance a longtemps préoccupé l'esprit de la jeune fille. Le destin l'orienterait-elle vers le mariage ou vers le don de soi dans une communauté? À maintes reprises, Véronique a réfléchi et imploré le Ciel de l'éclairer sur ce dilemme. Que de décisions importantes en si peu de temps! Cette pensée lui redonne le sourire et la vivacité dont elle a besoin pour commencer la journée.

Quoi qu'elle en pense en ce moment, un autre point vient la rassurer. C'est la donation du bien paternel et le transfert des papiers prévus après le retour de Léonard qui seront assujettis à des clauses aussi valables pour les jeunes que pour les vieux. À mesure qu'elle s'approche de l'école, elle devient consciente qu'elle s'apprête à faire d'une pierre deux coups. Le poste d'enseignante qu'elle a accepté lui permettra de passer une autre année merveilleuse en compagnie d'élèves qu'elle adore et qui sauront, à coup sûr, chasser les ennuis et la solitude.

De plus, l'opportunité d'enseigner pendant la première année de leur mariage leur permettra de démarrer du bon pied dans leur nouvelle vie. Le fruit de leur travail, mis en commun, accélérera l'expansion et la mécanisation de la terre familiale sans s'endetter. Cette chance dépasse outre mesure les rêves de Léonard. Mais, malgré les doubles avantages qui leur sont offerts, elle n'ignore pas que l'avenir qui s'annonce ne réfléchit pas un ciel sans nuage.

Les lettres ne se font jamais attendre, et en dépit des plus savoureuses promesses d'amour qu'elles lui traduisent, Véronique s'ennuie de son *Adonis*, de ses baisers, de ses étreintes. L'impétuosité de leur jeunesse, attisée par leurs charmes personnels, les a attirés l'un vers l'autre tels des aimants. De douces images imprègnent encore l'âme et le corps de la jeune femme et la rendent radieuse. Ces souvenirs, au goût de leur lune de miel, l'accompagnent dans sa marche matinale et lui injectent toute l'énergie dont elle a besoin pour répondre aux normes de l'enseignement avec 42 écoliers, divisés en groupes de la première à la septième année.

Tantôt à pied, tantôt à bicyclette, elle parcourt le chemin du roi, matin et soir, bien qu'elle préfère la marche. Cette promenade matinale a quelque chose de tonifiant, physiquement et moralement. C'est devenu, pour ainsi dire, une cure pour elle. Sur cette route avec laquelle elle se familiarise jour après jour, mille images se projettent dans sa tête. Enfin seule, Véronique voit défiler la tornade qui a transformé son existence en un clin d'œil. Parfois, elle préfère rentrer dans sa bulle et ne penser à rien. Mais le plus souvent, elle sent le besoin de mettre de l'ordre dans le déroulement des péripéties qui, presque à son insu, ont tracé les détours qu'elle a poursuivis. Elle se retrouve aujourd'hui dans la maison des parents de son bien-aimé. Il est primordial pour elle, en ce moment, de prendre un peu de recul afin de mesurer le passé pour mieux planifier l'avenir. Seule avec ses pensées, elle prendra conscience, au fil des jours, qu'elle s'est embarquée dans un train qui roulait à toute vitesse.

Confiante, et ce, grâce à son éducation, le destin l'a conduite dans ce rang en lui présentant un défi de taille dont elle n'a pas eu peur. Puis, prise par les circonstances, elle s'est laissée emporter par un tourbillon endiablé sans se retourner en arrière. Le départ de son confident, de son interlocuteur, de son ami, de son amoureux la laisse pensive. Au fil des jours, semaine après semaine, Véronique inscrira dans sa mémoire des rétrospectives qu'elle a déjà écrites, celles qu'elle n'a pas encore remuées et aussi celles qu'elle n'osera peut-être pas réveiller.

Une lettre de Léonard est la récompense de sa journée. Les beaux-parents continuent de ramasser le courrier après le passage du postillon.

Il n'est pas rare, au début de la semaine, que deux lettres lui soient adressées et lui parviennent en même temps ou à une journée d'intervalle. En entrant, au retour de l'école, la belle-maman lui remet le courrier en lui disant d'un air dépité :

« C'est encore pour toi. »

Véronique essaie de comprendre son attitude mais, même après beaucoup d'efforts, elle n'arrive pas à interpréter la réaction de celle-ci. La bru prend soin de leur transmettre les nouvelles qui les concernent. Elle craint que certains préjugés ne lui soient attribués, comme celui de vouloir détacher le fils de sa mère le plus rapidement possible.

Au temps des fiançailles, Léonard avait pris soin d'apporter le plus de détails possible afin de ne pas créer d'ambiguïté dans leurs rapports conjugaux et familiaux après leur mariage. Il souhaitait, depuis le début, que Véronique ne soit pas prise au dépourvu face aux réactions de la mère. Il l'avait donc informée de ses défauts. Véronique, pour sa part, se croyait ainsi immunisée contre tout mode de répression. Pourtant, elle demeure sensible à la réaction d'Anne qui, selon elle, ne reflète rien de constructif.

Après avoir éludé la question maintes fois, certains souvenirs de son enfance l'invitent à un compromis. Véronique se retrouve dans une condition similaire à celle de ses jeunes années pendant lesquelles Esther adoptait souvent des jugements qui favorisaient ses fils. Vu sous cet angle, il devient plus facile pour elle de lâcher prise. Ayant acquis de la maturité, elle convient, une fois de plus, que la première période de sa vie s'est chargée de la préparer aux frictions de l'avenir. À son insu, elle a été apprivoisée à l'âpreté de la vie et à l'indifférence des gens. Bien qu'elle n'ait pas atteint ses vingt ans, cette fille a de la maturité.

L'intention première de la jeune femme était de profiter de l'absence de Léonard pour créer des liens avec la belle-maman. La générosité qui l'habite et le respect qu'elle a pour ses beaux-parents l'incitent à la sollicitude. Elle est consciente qu'ils ont pris les bouchées doubles au printemps, en particulier Anne. En plus de lui donner congé à l'étable pour la traite en fin de semaine, elle l'invite à une entente en ce qui concerne l'entretien de la maison. Véronique se montre enthousiaste et se rend disponible pour prendre en charge le ménage du premier étage qui comprend six pièces incluant la cuisine et la salle de bain. Ayant un réel penchant pour la propreté et l'ordre, elle voit également à l'entretien journalier. Toutefois, la corvée du samedi demeure toujours la plus exigeante. Un lavage hebdomadaire de la totalité des planchers est de mise dans ces maisons de campagne occupées par la tribu familiale qui, de manière continue, est affectée soit à la ferme, soit aux travaux agricoles, donc pas toujours très propres...

Si Anne accepte ce partage, son fardeau sera allégé de beaucoup. Dorénavant la tâche de celle-ci se résumera au maintien du deuxième qui comprend quatre grandes chambres et un couloir. De toute évidence, c'est elle qui garde la main haute sur l'organisation des repas, car ses deux enfants, Léopold et Laurie, ont le privilège de jouir du toit paternel jusqu'au jour de leur mariage. Au même titre que tout le reste de la famille, Véronique apprécie beaucoup les talents de la cuisinière lorsqu'elle rentre de l'école après une journée bien remplie.

La jeune institutrice quitte tôt le foyer pour se rendre à l'ouvrage. Les journées sont longues et chargées. À huit heures du matin en automne, c'est trop souvent le clair-obscur, et le soir, elle doit faire de la lumière avant le départ des élèves à quatre heures. Elle marche dans le noir lorsqu'elle revient chez elle en fin de journée. Les sautes de vent incessantes continuent de faire alterner les journées de pluie avec les matins de gel.

«Gare au jour où le vent du nord apparaîtra! Je ne pourrai plus faire le trajet à pied.»

Elle compte sur le beau-père pour assurer le transport en voiture. Plongée dans la dure réalité, ses pensées traversent le fleuve et rejoignent son époux quelque part sur la Côte Nord. Le pauvre Léonard peut s'attendre à ce que les souffles glacés du vent du nord le prennent en otage bientôt. Il sera forcé de trimer plus durement pour se réchauffer.

Bien que la situation diffère par rapport à celle de l'an passé, il est prépondérant que la quantité et la qualité de l'enseignement atteignent le même standard. Observant la mise en action de l'automne précédent, Véronique inscrit les travaux du lendemain au tableau noir après la fermeture, avant de quitter l'école. Elle apporte avec elle un sac, parfois deux, contenant les cahiers de français et les travaux de mathématiques qu'elle attaque après la vaisselle du souper. À la voir penchée sur la corvée qu'elle s'impose à cause du nombre exagéré d'élèves, les beaux-parents décèlent la lourdeur de la tâche qu'assume leur bru. En réponse aux réflexions qu'ils daignent lui partager, elle leur précise que son programme de l'an dernier lui économise du temps et de l'énergie au niveau de la préparation des cours.

La fin de chaque mois dépasse cependant tout ce qu'ils pouvaient s'imaginer. Anne et Samuel demeurent étonnés par l'ampleur de ses responsabilités lorsqu'ils voient apparaître les concours suivis des piles de bulletins où elle inscrit les notes et les évaluations mensuelles de chaque élève. Elle ne sort pas de la classe le grand cahier, le fameux journal dans lequel elle doit tout transcrire à l'intention de l'inspecteur d'école et de la commission scolaire. Les enseignantes de l'époque n'ont pas l'opportunité d'avoir des jours pédagogiques pour passer à travers cette tâche reliée à leur profession.

Véronique essaie d'équilibrer sa vie amoureuse, sa mission d'enseignante et son rôle de belle-fille. Elle ne va pas au lit sans avoir répondu à la lettre de Léonard afin de combler son absence. Les serments d'amour et la tendresse énoncés dans leur correspondance alimentent l'ardeur qui nourrit leurs sentiments.

Le retour de Léonard est prévu pour le 23 du mois de décembre, date de la fermeture des classes. Le poêle ronronne fort et les occupants se bercent au coin du feu, c'est un jeudi soir. Véronique a appris à monter un tricot, et sa première tentative est celle d'une paire de bas. Vu le froid qui s'annonce, Anne se hâte de finir des mitaines pour Régis, le fils de Luc.

Parcourant une page de *La Terre de Chez nous*, grand-papa a allumé sa pipe, une véritable compensation qui accompagne sa détente en fin de soirée. Ce jeudi-là, soit le 16 décembre, une lueur vacillante danse tout à coup sur un mur de la cuisine. Cette clarté étrange n'échappe à personne. Les bûches crépitent dans le poêle et le vent hurle de rage à l'extérieur. Pendant quelques instants, les veilleurs ont pensé aux reflets des flammes d'un feu de cheminée. Cette horreur ne manque jamais de les faire trembler d'effroi, surtout lorsqu'ils en sont victimes en hiver. Leur respiration s'est arrêtée, coupée par l'étonnement et par la frayeur devant un élément aussi destructeur.

Tout à coup, un bruit dans l'escalier et la porte s'ouvre brusquement. L'homme des bois apparaît, rayonnant et fougueux. L'effroi qui les avait possédés pendant ces quelques minutes est vite remplacé par d'autres appréhensions pour les parents. Le temps d'un éclair, Léonard s'élance vers Véronique, la prend dans ses bras avec impétuosité en la levant de terre. Interloqués, ils le questionnent :

«Qu'est ce qui t'arrive, tu n'es pas blessé. J'espère que tu n'es pas malade...

— Je n'ai rien. Tout va bien.»

Tout était dit. Ils n'osèrent plus poser de questions.

D'un geste rapide, il dépose son manteau sur la patère et rejoint la berçante que sa femme occupait avant son arrivée. D'un élan, il l'assoit sur ses genoux. Il reprend le contrôle de son tempérament ardent et résume pour ses parents la raison de son retour prématuré. Leur fils explique qu'en travaillant rapidement et plus fort, il a déjà atteint l'objectif fixé avant de partir.

En entendant ces mots, la mère reconnaît son ambitieux. Elle regrette cependant qu'il soit si rapide au travail. Les émotions apaisées, le dialogue adopta un ton plus serein ; le voyageur consulta l'horloge et s'adressa à sa femme :

« À quelle heure vas-tu au lit ?

— Jamais après 22 heures, car je me lève à 7 heures et je n'ai pas de temps à perdre pour me préparer. Il y a des élèves qui sont à l'école vers 8 heures 30.

— Je vais prendre un bain et je te rejoins », lui dit son mari.

Cohabitant sous le même toit avec des gens d'une autre génération, il est difficile pour eux d'être à l'aise. Même après une si longue séparation. Véronique n'ose le rejoindre dans la salle de bain. Après qu'il se soit détendu et rafraîchi, Léonard vient la retrouver dans leur refuge. Dans une longue étreinte, il la couvre de baisers. Il cherche dans le bleu de ses yeux la même frénésie d'amour qui le dévorait pendant ses nuits tièdes et tous ses soirs de solitude. Après s'être inondés mutuellement de caresses, sa main se fraye un chemin entre la timidité et le désir, du mollet jusqu'aux hanches. Les hésitations du jeune marié ont disparu. Sa passion s'intensifie au contact de celle qui lui a fait connaître l'ivresse de l'amour, et il fut pris de vertige. Leur excitation, comme un torrent déchaîné, les renverse sur le lit. La fusion de leurs corps les porte à l'extase dans la fulgurante attirance de leurs êtres. Les larmes qu'elle n'a pu retenir étaient-elles celles d'un grand bonheur ? Il y a tant de non-dits, tant de mystères non dévoilés chez cette femme.

Vendredi soir, lorsque Véronique rentre après l'école, Léonard l'attend avec une somptueuse robe aux couleurs chatoyantes d'un ciel mi-clair mi-nuageux et des bijoux en pierres de lune. Une soirée est prévue pour le samedi chez un copain avec qui il s'est expatrié depuis l'automne. Ébahie face à ces présents, elle constate à quel point son époux est fier d'elle et combien il se laisse guider par l'enchantement qu'il éprouve à ses côtés.

Le jeune marié est ravi de présenter son épouse à ses compagnons de chantier. Dans ses heures d'ennui, elle se doute qu'il leur ait partagé quelques bribes sur leur bonheur. Au cours de l'automne, Léonard a eu l'occasion de motiver l'un d'eux qui venait de subir la même défaite que lui l'an dernier. Il était bien placé pour le réconforter. Pendant des semaines, il n'a pas cessé de lui répéter :

«Ne la pleure pas, crois-moi, il y a quelqu'un de mieux qui t'attend, tu n'as qu'à regarder autour de toi.»

Partagés entre les visites à rendre et la famille à recevoir, leurs trois semaines de vacances se sont déroulées à la vitesse de l'éclair. Les amoureux assoiffés de tendresse parvinrent à étancher leur appétit. Ils se quittent à nouveau avec la promesse qu'il reviendra avant les jours gras, temps de l'année qui leur offre les pires conditions de travail causées par l'accumulation de la neige.

Ces deux mois furent très pénibles physiquement et moralement pour les deux amoureux à cause du souci que chacun se fait pour l'autre. D'une part, la jeune femme vit un bonheur qu'elle n'ose confier à une lettre et, d'autre part, des insinuations malveillantes de la part d'Anne méritent d'être éclairées. Vu que la correspondance n'est pas le moyen de communication idéal pour établir des précisions et des nuances sur ce qu'elle ressent, elle souhaite le retour de Léonard afin de lui partager à cœur ouvert tout ce qui leur arrive de beau et de cruel.

Véronique souhaite avant tout que son retour des chantiers pour le Mardi-gras soit symbolique par rapport à celui de l'an dernier. En attendant, elle vit de ses souvenirs et les lui partage dans le courrier. Malgré la fatigue qui commence à s'accumuler, elle se fait belle pour le retour de son adoré. Comme le ressac d'une vague, son cœur frémit en voyant apparaître l'homme qui avait su la séduire l'an dernier à pareil temps. Constatant à quel point son parcours s'est modifié depuis un an, son esprit vacille. C'est avec impatience qu'elle surveille le moment opportun pour apprendre à son mari une grande nouvelle. En ouvrant les yeux le lendemain matin, elle lui demande :

«Comment va le futur papa?»

Il la regarde d'un air ravi et inquisiteur à la fois, incapable d'ajouter foi à ce qu'il vient d'entendre. Fébrile, Véronique lui apprend qu'elle est enceinte de deux mois. Léonard est enchanté et jubile d'allégresse :

«Je savais que cette nouvelle te remplirait de joie et je n'ai pas voulu te l'apprendre dans une lettre pour ne pas t'inquiéter. Puis, je voulais voir briller la prunelle de tes yeux qui sont uniques au monde, tout comme le mari que tu es!»

À maintes reprises, il promène sur elle le regard de quelqu'un qui se sent comblé de bonheur. Par contre, son visage s'est rembruni le lendemain matin lorsque, venant de la salle de bain, il entend les haut-le-cœur de sa bien-aimée. Véronique s'obstine à se rendre au travail, malgré les conseils de Léonard. La détermination et le sens du devoir envers ses élèves la poussent au dépassement. Exténuée en fin de journée, elle se défendra contre une certaine nostalgie. Il lui arrive de verser des larmes sans trop savoir pourquoi. Ira-t-elle jusqu'au bout avec de si lourdes responsabilités?

Ce temps de retrouvailles et d'apaisement moral est apprécié. Les deux tourtereaux ont perdu du poids pendant leur éloignement. L'excès de labeur a raison de la santé de Léonard à la fin de chaque hiver. Le salaire du bûcheron est basé sur la quantité de pulpe et de billots coupés et cordés le long des morceaux de bois qui lui sont assignés. Puis, avec l'abondance de neige, les entrepreneurs commencent le halage. Les hommes doivent alors faire des chemins et transporter le tout sur des *sleighs* le long des rivières pour la drave. C'est un travail non seulement exténuant mais qui, dans des situations dangereuses, provoquent beaucoup de stress. Assis sur le haut de son voyage, le guide fera tout, même au risque de se faire engloutir pour éviter que son chargement ne glisse dans le ravin. Ces loups des bois s'exténuent au travail de sorte que, en fin de saison, c'est l'épuisement pour plusieurs. Les avaries de certaines journées les invitent à envisager les possibilités de vivre de la ferme.

Le retour de Léonard est souhaité pour un double motif venant de Véronique pour une raison tenue secrète. Au creux de l'oreiller, ce matin-là, Véronique lui dit :
« Vu que tu ne repartiras pas, je crois que le moment est venu. On s'est promis de ne rien se cacher lors de nos fréquentations, cette promesse reste-t-elle toujours prescrite entre nous ? Je n'ai pas voulu t'en parler sur une de mes missives. En ton absence, ta mère m'a fait une déclaration qui a déchiré mon amour-propre. J'avais reçu une lettre de toi le matin même. Mon corps figurait au bout de la table, mais mon esprit était parti te rejoindre, et je traduisais sur papier tout ce que je ne pouvais pas te dire quand, soudain ta mère me demande :
— Savais-tu que "Bébé" avait aimé quelqu'un avant toi ?
— Je lui réponds qu'on en avait parlé et que je connaissais son nom, ce qui a semblé la surprendre.
— T'a-t-il dit qu'elle était super jolie, une belle brune ?
— J'ai vu une photo, lui dis-je.
J'entends tout à coup le tic-tac de l'horloge pendant quelques minutes. Soulagée, je crois cette mise en scène terminée.
Étonnée de mon silence, Anne intervient à nouveau :
— Il l'aimait ! Je ne sais pourquoi il ne l'a pas épousée, j'ai entendu dire qu'elle était bien *smart*, pourtant.

En entendant ses derniers mots, j'ai commencé à la prendre au sérieux. Que voulait-elle insinuer? Et dans quel but voulait-elle semer le doute dans l'esprit de sa bru? Plus sensible à cause de mon état, tout s'embrouille dans ma tête et je me demande si mon mari ne m'avait caché quelque secret inavouable. Ma confiance est ébranlée quoique je m'efforce de repousser ces pensées qui m'insécurisent et troublent mes nuits. Plus que jamais, j'espérais ton retour.

Ces sous-entendus laissent le nouveau marié interloqué. Il se demande si sa mère avait vraiment l'intention de mettre le trouble. Il prend d'abord tout le temps qu'il faut pour la rassurer et se rend compte que sa jeune épouse, souffrant de nausées, est plus vulnérable que d'habitude, mais il la comprend. Sous le charme depuis leur mariage, Léonard n'a pas cessé de lui dire qu'elle est belle, qu'elle est la femme de sa vie et qu'il a trouvé le bonheur à ses côtés. Ses lettres ont regorgé de témoignages d'amour enivrants depuis l'automne dernier. Il a été très ouvert avec elle et il ne se reproche rien. En colère contre sa mère, il craint que de telles insinuations laissent des répercussions et il cherche le pourquoi d'un tel discours.

Au cours du mois de mars, pendant le souper qui réunit quatre membres de la famille, Samuel demande à son fils :

«Quelle journée te conviendrait pour aller chez le notaire?»

Dans des gestes maladroits et une attitude suppliante à l'endroit de Samuel, Anne lui demande de bien vouloir tenir compte de ce qu'elle lui a recommandé. Deux points importants lui tiennent à cœur vu que son mari n'a pas voulu consentir à vendre son bien et à descendre s'installer au village. L'élément qui semble constituer le différend chez les parents est également la quiétude envers Léopold et Laurie, à savoir qu'ils aient leurs chambres et leurs couverts jusqu'au jour où ils décideront eux-mêmes de quitter le toit familial.

Quant à la manière d'envisager leur retraite, Véronique préconise que le litige existe depuis toujours entre le père et la mère de Léonard. Pour combler ses attentes, Anne doit compter sur des éventualités, et cela, elle ne peut l'accepter. Pour les jeunes, la décision de Samuel arrive plus vite que convenu, et ils n'en sont que plus heureux. Est-ce l'enfant que Véronique porte qui l'incite à faire cette démarche ou la santé de ce sexagénaire qui se fragilise? Quoiqu'il en soit, le jeune couple échange un air de satisfaction, et les deux hommes fixent leur voyage pour le lendemain.

À compter de l'heure où Samuel aura signé la donation de leurs biens chez le notaire, la figure de cette brave femme ne reflétera plus qu'une détresse qui semble avoir la profondeur d'une nappe d'eau. C'est comme si la terre s'était ouverte sous ses pieds... Pour la première fois depuis les noces, Anne brille par son absence au déjeuner du lendemain. Tout en s'interrogeant, Véronique se hâte afin de laisser la cuisine à l'ordre et fait le trajet jusqu'à l'école avec les deux hommes qui se rendent chez le notaire. Samuel est serein, il est d'un calme aux frontières du stoïcisme. La jeune épouse est convaincue que son beau-père est animé d'un sentiment qui marie compassion, amour et empathie. Également doué d'une jovialité contagieuse, elle se sent de plus en plus à l'aise en sa compagnie.

À la lumière du passé, elle appréhende le retour à la maison après la classe. Elle languit d'impatience face aux mystères qui entourent ce déplacement, mais elle ne veut rien précipiter afin de ne pas provoquer de coup de théâtre. L'enthousiasme et la sérénité qui règnent entre les deux hommes à leur arrivée lui laissent croire qu'il ne s'est glissé aucune divergence lors de la signature des papiers.

Ne connaissant pas suffisamment le caractère de la belle-mère, et vu les circonstances, elle ne sait pas à quoi s'attendre. Chose étrange, l'absence de la maîtresse de maison se prolonge toute la soirée. La bru s'occupe du souper sans parvenir à chasser de son cerveau les augures qu'elle pressent plutôt sombres pour les semaines à venir.

Elles ne se sont pas croisées pendant trois jours. Le soir de la deuxième journée, Véronique avait demandé à Samuel :

« Est-elle malade ? Peut-être qu'elle prendrait une soupe ?

— Ne t'inquiète pas », lui fait-il comme réponse.

La jeune femme conclut qu'Anne descendait s'alimenter pendant les heures où elle était absente. Après la troisième journée, elle trouve la table mise en entrant. Anne, debout devant la cuisinière, l'ignore et démontre un visage distrait. Les larmes avaient gonflé ses paupières. Éprouvant un affreux malaise, Véronique veut casser la glace dès le premier contact. Elle lui demande si elle se portait mieux, lui laissant croire qu'elle la pensait malade. D'un ton à désarmer, elle lui répondit qu'elle allait bien sans toutefois lui jeter un simple coup d'œil. Après avoir été ignorée de la sorte, Véronique, tourmentée, s'interroge :

« Est-elle en colère ou a-t-elle de la peine ? Et pourquoi ? Et contre qui ? Cette transaction n'était-elle pas prévue depuis les fiançailles ? »

Le silence boudeur d'Anne était plein de rancune. Elle ne peut s'empêcher de comparer sa mère Esther avec Anne ; ces deux femmes ont une façon tout à fait paradoxale d'exprimer leur insatisfaction. Ayant été élevée dans un autre contexte, elle ne sait trop comment réagir avec cette dernière.

Plusieurs questions demeurent sans réponse, même après quelques jours. Démunie, elle anticipe plus que jamais le moment de se retrouver seule avec Léonard dans le secret de leur chambre à coucher. Elle lui explique jusqu'à quel point elle se sent coupable de ce qui arrive.

Léonard fait tout pour la rassurer, mais ne parvient pas tout à fait à la convaincre. Elle ignore si Anne aura un jour le temps, le goût et, surtout, le courage de dévoiler quelles déceptions lui ont fait perdre l'entrain au travail et la jovialité qui l'animaient. Hélas, en dépit de cette conjoncture pathétique et des craintes qu'elle pressent pour l'avenir, Véronique apprécie que cette femme ne laisse pas exploser sa colère. À aucun prix, elle n'accepterait de revivre les tempêtes familiales qui ont marqué son adolescence.

Même si elle n'est pas capable d'avaler une bouchée au déjeuner, la jeune institutrice se met à genoux chaque matin pour remercier le ciel. Arrivée en classe, elle oublie les soucis et se consacre strictement aux élèves. Les malaises physiques et moraux ont toutefois eu raison de la robustesse de cette fille pleine de santé. Un mois s'est écoulé. Tout le monde est réuni pour le souper du samedi lorsque la bru attire soudain l'attention de la belle-mère. Le front pâle et les traits tirés de Véronique ont éveillé l'instinct d'Anne, cette mère de 12 enfants. À l'instant où sa bru se lève de table, elle lui dit :

«Je remarque que tu as maigri. Tu manges très peu depuis un certain temps, surtout le matin. Tu as besoin de bien t'alimenter, et dans ton état, le repas du midi devient aussi très important.»

En se retournant vers son fils, elle ajoute :

«Elle devrait demander une pension, cinq jours semaine pour le dîner, chez madame Rousseau, la voisine de l'école.»

Ces paroles complaisantes ne manquent pas de surprendre Samuel et Léonard. Quant à Véronique, elle n'entend plus le déroulement de la conversation. Les sanglots lui montent à la gorge, elle croit bon de quitter la cuisine. Sur l'insistance de son mari, la future maman prend le conseil au sérieux. Dès le début de la semaine, elle sort dîner à l'extérieur, ce qui lui permet également de respirer l'air pur. Son but est de faire provision de gaieté pour survivre à d'autres semaines stressantes qui se pointent à l'horizon.

La nature vient les rassurer sur la venue du printemps avec le grand dégorgement des eaux animé par le mois d'avril. La débâcle se prépare depuis quelques semaines. Les rigueurs de l'hiver se sont atténuées, mars leur a déversé des pluies; la neige fond. L'eau des ruisseaux dévale les pentes et se jette dans les rivières Trois-Pistoles et Boisbouscache dont la glace s'est déjà amincie sur leurs rivages. Un bon matin, quelque chose d'énigmatique flotte dans l'air. Le ciel tourne au bleu noir, le vent s'élève et apporte avec lui une abondante pluie chaude. De profondes fêlures se produisent, suivies de craquements sinistres au pied des rapides. Quand la glace est mûre, deux jours suffisent pour en déclencher la rupture.

La nouvelle se répand vite. Les draveurs sont demandés pour le flottage du bois. Léonard part avec eux; il a cinq printemps de drave à son actif. Pendant qu'il accomplit des exploits, qu'il démantèle les *jams* de billots agglomérés, soit dans les remous, soit dans un contre-courant le long des cours d'eau, Véronique vit des heures d'angoisse et parvient à s'endormir en le confiant à la Vierge Marie. Quelquefois, le flottage est tout simplement refoulé par un récif ou au pied d'une chute. Les draveurs sont aux aguets, jour et nuit. Ils sont forcés de se jeter dans l'eau glacée et, au moyen de haches, de *pivés* et de perches, ils doivent parvenir à briser les embâcles. C'est au cours de ces minutes cruciales que les *foremen* connaissent leurs maîtres-draveurs.

Si Véronique prend le temps de considérer les épreuves de jeunesse de Léonard, elle le sait agile comme un lièvre, fort comme un cheval, audacieux et téméraire comme un lion. Toutefois ses qualités ne l'empêchent pas de se morfondre en attendant son retour.

Privé d'un amour serein et ensorcelant au beau milieu de la voûte céleste le draveur définit ses priorités futures. Plus que jamais le souvenir des yeux d'azur de Véronique embaume sa jeunesse d'un parfum d'humour, de tendre affection et de joyeuses complicités.

Après s'être arrêté et avoir délibéré avec lui-même, le draveur compte lui faire une promesse au retour. Avec l'intention de s'y tenir, il définit ses ambitions et ses projets d'avenir.

«Ceux-ci ne devraient jamais avoir priorité sur nos valeurs conjugales et familiales afin de ne pas entacher notre belle relation amoureuse.» raisonne-t-il dans un tendre moment d'intériorité.

Sorti sain et sauf de ce périple hasardeux, le sourire à la fois vainqueur et espiègle, il se prépare à lui partager dès son retour les résolutions qu'il a prises :

«C'est mon dernier printemps de drave. J'ai beaucoup réfléchi et je n'ai pas le droit de mettre ma vie en danger à ce point. Mon devoir est de vous assurer ma présence.

Prenant un petit air narquois, elle lui dit :

— Tu penses à un fils en ce moment, est-ce que je me trompe?

— Ce n'est pas important le sexe pour notre premier enfant, pourvu que notre bébé soit en santé, c'est tout ce que je demande.

Tournant vers elle un regard attendri qui incite son épouse à poursuivre, il lui exprime son inquiétude :

— Je vois que tu n'as pas pris de poids, ton appétit est-il revenu? Je me fais du souci pour toi?

— Ne t'en fais pas, tout est rentré dans l'ordre. Selon tes sœurs Paula et Clairette, c'est normal ce qui m'est arrivé. Au cours des quatre premiers mois, il est plausible de perdre du poids.

Bien qu'elle soit mal à l'aise, elle sent le besoin de se confier :

— La réticence de ta mère, liée à la donation de leur bien, a accentué les contrecoups de ma grossesse. Jour après jour, le désarroi que je lisais sur son visage a ébranlé ma quiétude, et aussi mes espoirs de m'en faire une amie. Les retraits, les longs silences et sa manie de m'observer prenaient un tout autre sens. Je crains que l'espoir d'établir une complicité avec elle ne s'avère qu'une utopie. »

Avec le temps, Samuel et le jeune ménage ont espéré qu'elle accepte au moins en partie les changements qui lui ont été imposés. Ce qu'Anne considérait à l'encontre de ses désirs les plus profonds, elle l'a apporté dans sa tombe. Leurs héritiers ne l'ont jamais appris de sa bouche.

La tonte des moutons et le lavage de la laine ont eu lieu au retour de la drave, en avril. Aussitôt qu'ils ont jugé que les brebis ne courraient plus la disgrâce de se retrouver nues par une nuit glaciale, Léonard et son père ont effectué le dépouillement. Maintenant ce sont les naissances des agneaux, des veaux et des petits cochons, accompagnées souvent de nuits de veille. Le grand ménage du printemps se met aussi de la partie avec l'imposant jardin où pointent déjà de la terre la rhubarbe et quelques fines herbes. Fermiers et fermières doivent établir des priorités car tous les travaux suivent la cadence du renouveau printanier. En définitive, ils se présentent tous en parallèle se soumettant chacun au bon jugement des agriculteurs.

L'enchantement de voir arriver les beaux jours apporte l'ivresse aux gens de la terre. Les pluies chaudes l'ont arrosée et l'ont pénétrée en attendant qu'elle soit fécondée. À la brunante, dans les marais et les eaux stagnantes, les grenouilles chantent leur joie de vivre en jouant du flageolet dans les roseaux. Leurs voix s'élèvent et semblent sermonner : « Semez ! Semez ! » Avec les ardeurs du soleil et les nuées de brume qui s'élèvent, Léonard fait le tour des fossés et creuse des rigoles afin de faciliter l'écoulement des eaux. Samuel crible le grain de semence pendant qu'Anne transplante les semis des choux et des tomates un à un. Elle prévoit les mettre en terre avant la fin de mai.

Puis tout s'enchaîne, et vient le merveilleux temps des semailles. Un vent de prodigalité et de ravissement souffle sur Léonard. L'aboutissement d'une décision prise avant son départ, l'automne dernier, est sur le point de se concrétiser. Tel qu'ils l'avaient planifié, leur salaire respectif fut amassé et mis dans un fond commun. La somme rondelette accumulée permet au nouveau propriétaire de faire l'acquisition d'un tracteur et de la machinerie agricole qui s'y joint. Équipé de façon moderne, il prévoit faire le double de travail en moins de temps et avec beaucoup moins de fatigue. Cet engin représente pour lui le progrès, l'avancement. Enchanté, le jeune homme ne porte pas à terre. Comme la vie est belle et généreuse!

Il considère avec un sentiment de fierté la ferme de son père ainsi que la ferme voisine acquise il y a deux ans. Il envisage l'avenir et fait des projections. Ses idées foisonnent autour de l'embellissement et du rendement des champs ainsi que l'amélioration de la qualité du cheptel. Tous ses rêves de jeunesse semblent en voie de réalisation et il jubile de satisfaction. En plus d'avoir un esprit ouvert au progrès, il possède la vitalité et la maturité physique. Plus rusé et plus prévoyant qu'elle ne l'avait escompté, Véronique a vu son mari se renseigner avant de dépenser leurs économies pour l'achat du tracteur et, surtout, avant d'arrêter judicieusement son choix. Ce jeune couple sème auprès des leurs les promesses d'une prospérité sans limite.

C'est avec beaucoup d'optimisme et plus de facilité que Léonard entreprend les semences. L'euphorie du jeune agriculteur est palpable. On n'a qu'à le surveiller au travail, il ressemble à un jeune enfant surexcité qui se passionne devant un cadeau qu'il attendait depuis longtemps. Ses façons de se comporter avec la récente mécanique des instruments aratoires présagent qu'il sera avant longtemps un expert dans la conduite et le maniement de ces chevaux modernes. Il ne manque pas de réitérer sa sincère gratitude envers sa bien-aimée pour son apport généreux dans la réalisation de leurs achats. Il est aussi très reconnaissant envers Samuel.

En dépit de longues heures à l'école, Véronique essaie de s'impliquer et de collaborer aux nombreuses occupations qui prennent non seulement une place prépondérante en cette saison, mais qui, en raison de l'étendue et de la multiplicité des travaux, exigent davantage de main-d'œuvre en ce temps de l'année. En besognant auprès d'Anne, fermière ambitieuse, tenace, exigeante, la belle-fille constate que celle-ci est souvent forcée d'établir des priorités. Les choix qu'elle doit effectuer ne se font jamais selon des caprices, mais plutôt en rapport avec la température ou les rendements prévus.

En somme, la jeune femme continue d'enrichir ses connaissances dans le domaine de l'agriculture et de la culture maraîchère. Chaque jour, elle fait des découvertes et des expériences en ce qui a trait à la culture, à l'économie, et en même temps avec tout ce qui relève des relations humaines et familiales.

Par un jour de pluie torrentielle, quelle ne fut pas sa surprise en entrant de l'école! La machine à coudre est ouverte et de fines retailles de finette sur le plancher aiguisent la curiosité de Véronique. Il est fréquent que la grand-mère fasse de la couture pour ses petits-enfants qui habitent la maison de la ferme voisine. Cependant, la bru réalise qu'ils ont dépassé l'âge de porter ce genre de tissu. Sans un mot, elle fait un survol de la cuisine et ne remarque rien de nouveau :

«La personne est sans doute repartie avec la couture.» se dit-elle.

Ce n'est que lorsqu'elle se prépare pour prendre son bain avant d'aller au lit qu'elle découvre des douzaines de couches rangées sur le pied de son lit. Les larmes inondent ses joues, la future maman est profondément touchée par ce geste inattendu. Gênée, déconcertée, elle ne trouve pas les mots appropriés pour remercier sa belle-mère. Puis, comme par magie, le trousseau du bébé a continué de s'empiler au gré de la générosité et des temps libres de la future grand-maman. Petit à petit, elle percera le mystère qui entoure cette femme de cœur.

La journée de la fermeture des classes, les yeux de l'institutrice pétillent de joie. Toute sa personne dégage un bien-être et beaucoup de fierté. Elle a mené le combat malgré sa condition et le nombre effarant d'écoliers. Se rappelant la quantité incommensurable d'énergie qu'elle a déployée tout au long de l'année, elle est fière d'être allée jusqu'au bout. Par contre, une fois la pression relâchée, l'enseignante ressentira par malheur une grande lassitude. Elle se sent désemparée devant un été qui s'annonce trop mouvementé, car le mariage de Suzie, sa belle-sœur, plane à l'horizon.

Jusqu'ici, la grossesse de Véronique est passée inaperçue aux yeux du public. Sa grande taille ainsi que la perte de poids des premiers mois expliquent tout. Au cours de la décennie 50, seules les femmes plus âgées se font suivre par un médecin pendant les derniers mois de leur gestation. Elle supplie la chance de venir à son secours lorsque sonnera l'heure de l'accouchement. Selon plusieurs conversations entendues, la délivrance a laissé de bien tristes réminiscences à certaines femmes. La peur commence à lui faire des nœuds dans l'estomac.

Avec son ventre qui s'arrondit, elle veut tout de même être belle la journée des noces de sa belle-sœur qui auront lieu le 25 juillet. Jusqu'à la fin du mois de juin, elle se sent assez confortable dans les robes qu'elle porte, puis peu à peu, elle doit penser aux vêtements de maternité. Le dimanche précédant le mariage, la réaction de la future maman est terrible lorsqu'elle s'apprête à étrenner la robe de maternité que lui a confectionnée la couturière. C'est pour elle un vrai choc de voir l'image que lui renvoie son miroir. Elle éclate en sanglots, ne parvenant pas à s'expliquer aux personnes qui l'entourent. C'est plus tard qu'elle a compris le pourquoi de sa réaction. Concentrée sur toutes sortes de problèmes scolaires et familiaux, la future maman n'avait pas eu le temps d'apprivoiser sa maternité.

Dès le lendemain de la fermeture des classes, elle n'ignorait pas qu'elle devrait reprendre son courage à deux mains. Bien qu'elle ait décidé d'envisager cela un jour à la fois, elle s'est sentie dépassée devant l'ouvrage qui l'attendait. Anne et Véronique n'avaient pas le choix de finaliser toutes les besognes qui étaient demeurées en suspens pour une raison ou pour une autre. Elles rejoindront ainsi la saison des petits fruits peu après la fermeture des classes. Accompagnée de sa belle-sœur Laurie, jeune étudiante en vacances, elle s'y rend le plus souvent en tracteur avec Léonard. Parfois elles vont les chercher au loin dans des recoins ou des anciens abattis. Au beau milieu de ces espaces verts, elles remplissent leur chaudière de fraises juteuses pendant que leurs poumons se gonflent de toutes les fragrances qui inondent l'atmosphère.

Anne s'extasie devant leur cueillette. La mise en conserves débute, et on s'approvisionne pour l'hiver. D'une durée limitée se succèdent le temps des framboises et celui des bleuets. Le plaisir de Véronique est d'apprendre à conduire le tracteur lors des allées et venues sur la ferme. Samuel reprend la tâche du grand râteau qui, l'an dernier, était partagée avec la belle-fille. Puis comme prévu, les invités envahissent la maison au beau milieu de la fenaison. La fiancée descend de Montréal une quinzaine de jours avant le mariage.

Le futur époux est un Lavallois. Sa propre famille compte 8 frères et sœurs. À l'exception d'une fille, ils sont tous en couples, y compris les proches du futur. Le matin du mariage, plusieurs résidants de la Gaspésie et de Laval se rendront à la maison paternelle. La maison est grande, néanmoins il a fallu réserver de nombreuses chambres à l'hôtel pour la fin de semaine. Comme à chaque année, les gens des États sont de la partie ainsi que Lionel, qui a toujours eu beaucoup d'affection pour sa cousine, la future mariée. L'expérience vécue l'an dernier, lors du mariage de Léonard a influencé le choix des parents en ce qui a trait au mariage de leur fille. D'autant plus qu'Anne est très intimidée par la venue des gens de la ville qui accapareront leur demeure.

Finalement, Samuel prend les choses en mains. La réception, qui se veut très cordiale et très chaleureuse envers les beaux-parents de la future, aura lieu dans un hôtel de Trois-Pistoles, le 25 juillet.

Ce fut un succès. Les gens, enchantés par le site et par l'accueil dont ils furent l'objet, n'ont jamais oublié l'ambiance de la fête. Au retour de leur voyage de noces en Gaspésie, les parents de la mariée organiseront une soirée dansante à la maison paternelle en leur honneur. Au milieu de tout ce tumulte, Véronique affecte une joie qui n'a pas d'intensité. Sans trop comprendre, elle se sent lasse et dépassée en présence de ce bonheur qui rayonne sur toutes les figures.

Jour après jour, le jeune couple est toujours sous l'impression de tenir un hôtel. Le va-et-vient incessant de la parenté ne leur donne aucun sursis. Le lavage, le repassage et les repas, la vaisselle et la tenue de la maison ne leur laissent aucun repos. La moindre sortie qui sort de l'ordinaire exige un col blanc pour chacun des trois hommes :

son époux, son beau-père et son beau-frère, Léopold. Il va de soi que les femmes fassent la buanderie de tous ces messieurs, plus celui des deux Américains, qui portent des pantalons blancs. L'ami de Lionel fait laver les siens tous les deux jours. Ils deviennent encore plus difficiles à blanchir, surtout lorsqu'il a eu la bonne idée de les porter pour se rendre à la pêche. Véronique n'aura jamais de toute sa vie lavé et repassé autant de chemises blanches que cet été-là. Ayant connu des fers qu'elle échangeait sur le poêle à bois, la nouvelle ménagère accepte plutôt de bonne grâce cette corvée avec un fer électrique, bien que les heures de repassage s'étirent parfois jusqu'en soirée. À la recherche d'un peu de fraîcheur, elle se place dans les courants d'air.

N'empêche que, pendant le déroulement de ces semaines trépidantes, la future maman a le bonheur de vivre sa grossesse en compagnie d'un homme fier, dévoué et follement amoureux. Leurs cœurs battent à l'unisson. Les festivités terminées, la future maman espère poursuivre son huitième mois dans une atmosphère plus sereine afin de pouvoir se concentrer sur les derniers préparatifs concernant la venue de leur enfant.

Pour sa part, le futur papa se rend chez un ébéniste pour la confection d'une bassinette qui répondra au désir et aux attentes de son épouse. Un tiroir intégré au lit, placé sous le matelas, lui sera d'une grande utilité. Véronique est aux anges... Partout où elle se trouvera, elle aura à sa portée le nécessaire pour changer le bébé. Ce petit meuble deviendra l'attrait de nombreuses jeunes femmes qui attendent également un nouveau-né.

L'espoir et la détresse

Les classes sont recommencées, le calme est revenu. Véronique ne peut s'empêcher de se remémorer l'automne dernier et son retour à l'enseignement, alors qu'elle croyait avec certitude que cette éventualité était révolue à jamais. Cette année, sa condition a bien changé :

« La question ne se pose même plus. » se dit-elle.

Malgré son attrait pour cette noble profession, elle doit mettre pour toujours une croix sur sa passion d'enseigner. Elle pense au petit bébé qu'elle porte et qu'ils attendent tous deux avec impatience :

« Il bouge beaucoup, ce sera peut-être un petit boxeur. » songe-t-elle en souriant.

Les jours passent et la date de l'accouchement approche à grands pas. La future maman vit au rythme des derniers beaux jours de l'été les malaises de son neuvième mois de grossesse. Par malheur, un malencontreux désastre vient perturber cette détente et faillit les précipiter dans l'adversité.

C'est une journée d'automne magnifique, un grand vent chaud balaye la campagne. Véronique sort pour récupérer la dernière cordée de linge qui a séché sous le noroît lorsque celui-ci apporte dans sa course des émanations de bois brûlé. « Personne n'est assez insouciant pour faire brûler des ordures par ce temps de sécheresse. » se dit-elle. En rentrant, elle mentionne à sa belle-mère :

« Trouvez-vous que ça sent drôle ?

Aguerrie aux feux d'abattis depuis le jeune âge, Anne lui répond :

— Eh oui ! ça sent le bois brûlé. »

Elles sortent dehors après avoir fait le tour de la maison et des bâtiments pour se convaincre qu'il n'y a rien de suspect chez eux. Aucune fumée à l'horizon. Les deux femmes montent au deuxième étage. Par les grandes fenêtres, elles examinent les alentours et les constructions les plus proches lorsqu'Anne aperçoit une flambée à travers les feuilles des arbres. Elle lance un cri d'horreur :

« Le feu s'échappe du toit de la maison chez l'oncle Pierre. Les hommes sont tous au champ, qu'allons-nous faire ? Nous ne sommes pas à l'abri, mon Dieu, protégez-nous ! Il y a à peine 300 pieds qui nous séparent.

— Véronique, peux-tu aller voir tante Rosalie ? Elle est peut-être déjà alarmée, mais nous devons la prévenir, au cas où elle ne saurait encore rien. »

Véronique fait aussi vite qu'elle peut. En frappant à leur porte, elle se rend compte aussitôt que la tante et les cousines ignorent ce qui se passe au-dessus de leur tête. Le poêle a chauffé pendant toute la journée à cause du gros lavage qu'elle est en train de faire. Étant donné qu'ils habitent le sous-sol en été, ils n'ont pas encore inhalé les relents du feu en train de griller le grenier de leur maison.

Apeurée, tante Rosalie donne des ordres aux jeunes filles mais certaines paralysent de frayeur. Une d'entre elles saute sur la bicyclette et file à la fine épouvante pour se rendre au magasin. Elle fait des téléphones aux gens du rang et du village afin d'obtenir de l'aide, pendant qu'une autre de ses sœurs court aux champs prévenir les deux hommes de la maison. La municipalité est dépourvue de camions et d'équipe de pompiers. Par contre, en peu de temps, ils peuvent déjà compter sur de nombreux bénévoles qui se rendent en vitesse sur les lieux et qui parviennent à maîtriser les flammes pour les empêcher de se propager aux autres bâtisses. Ils ne peuvent rien faire de plus, le deuxième étage crépite déjà à leur arrivée.

Si on considère les deux facteurs qui entourent cet incendie, on comprend que l'âge de cette maison construite en bois et la sécheresse qui perdure ont vite fait de transformer leur propriété en un brasier sous la poussée du vent. Ils ont sauvé le peu de ménage avec lequel ils organisaient leurs étés au sous-sol, sans toutefois pouvoir récupérer les vêtements, les commodes et les lits qui meublaient les chambres du deuxième étage. Le prêtre de la paroisse s'est tenu debout continuellement contre le mur du hangar situé à une trentaine de pieds de la maison. Ce bâtiment lambrissé en bois qui contenait tous les instruments aratoires fut noirci comme une rôtie, sans toutefois s'enflammer. Quant au curé, il est reparti la figure rougie et des trous dans sa soutane. Une famille de neuf personnes s'est retrouvée sur le pavé. Elles se sont installées dans le hangar pendant la reconstruction de la maison.

Les lambeaux charroyés par le vent laissaient voler partout de grosses étincelles. Pendant toute la durée du sinistre, les deux femmes se sont chargées de prévenir les hommes qui transportaient l'eau ou les boyaux. Les hommes couraient ici et là éteindre les torches qui se déposaient partout dans les alentours : sur les toits des granges et des hangars, parmi les cordes de bois de chauffage et dans les champs. Spectacle quasi irréel! Après ceux de son frère Pierre, ce sont leurs bâtiments qui sont devenus le plus à risque au cours de la tragédie. À douze reprises, ils ont éteint le feu sur le toit de la maison des Roy.

Au milieu de la mêlée, Véronique, prise de panique, lance sa garde-robe par la fenêtre. Elle était certaine qu'une étincelle échapperait à leur vigilance et que la malédiction finirait par s'abattre sur eux. Finalement, Véronique et Anne ont été quittes avec un stress inimaginable.

Samuel, parti au champ de grand matin avec son lunch, revient vers les cinq heures. La consternation se lit rapidement sur le visage de cet homme à son arrivée, car il ne retrouve plus que des débris de la maison de son enfance.

Léonard, pour sa part, parti chez le forgeron peu après dîner, se questionne à mesure qu'il approche de chez lui. Le nombre de voitures stationnées le long du chemin du roi l'intrigue de plus en plus. Il n'en croit pas ses yeux lorsqu'il retrouve une fournaise encore fumante à l'emplacement de la maison de son cousin Claude. Navré, il promène un regard dépité sur les ruines toutes calcinées de la maison ancestrale. Véronique vient à sa rencontre sur les lieux du sinistre. Le jeune marié perçoit de la tristesse et de la nervosité dans les yeux de sa femme. Fragilisée par des émotions de toutes sortes, elle se sent trop fatiguée pour lui raconter ce qu'elle et Anne viennent de vivre.

Le spectre des étincelles dansant au-dessus de leurs têtes et la vue du flamboiement qui rugit sous la puissance du vent et qui semble prendre un plaisir fou à dévorer tout ce qu'il attrape se raniment chaque fois que Véronique ferme les yeux. Ce triste spectacle joint aux préoccupations de l'accouchement qui approche à grands pas freine de manière absolue ses élans et assombrit à ses yeux les splendeurs de l'automne. Elle se confie à Anne :

« Un contact avec la nature sauvage saura peut-être m'apporter des clichés qui m'apaiseront. Je ne parviens pas à effacer de mon esprit ce tableau traumatisant ».

Samedi après-midi, Anne manifeste le désir d'aller cueillir des noisettes, en compagnie de Véronique, si celle-ci veut bien accepter :

« Ce ne sera pas trop fatigant, les noisetiers sont des arbrisseaux de ta hauteur, tu n'auras pas la peine de te plier », lui dit-t-elle.

Elle prévient son fils de leur départ :

«Une bonne marche pour elle qui est sur le point d'accoucher devrait plutôt lui être salutaire.»

Tout va bien. La cueillette, plus que satisfaisante, est déposée dans une cachette bien précise afin que Léonard puisse la ramasser au retour du travail. La petite maman n'est pas sitôt rentrée à la maison qu'elle perd les eaux. Les contractions débutent au cours de la soirée, mais demeurent espacées. Ce n'est que le lendemain que les douleurs deviennent plus intenses et plus rapprochées. La belle-mère conseille à Léonard de faire venir le médecin. Véronique la sent inquiète. Sur place en dedans d'une heure, celui-ci l'examine et lui apprend qu'il n'y a pas de travail de fait :

«Mais voyons! Docteur, elle a perdu ses eaux depuis hier.
— J'ai bien mal au dos, je retourne chez moi. Si les douleurs augmentent, appelez-moi.»

Véronique arpente de long en large l'immense cuisine jusqu'au moment où les douleurs deviennent atroces. Il y a presque 48 heures qu'elle a des contractions. Croyant que le moment est venu, son époux appelle le médecin à nouveau. Après un second examen, le médecin déclare que le travail n'avance pas. En entendant ces paroles, Anne ne cache pas son scepticisme :

«Vous ne pensez pas que vous devriez la monter à l'hôpital de Rivière-du-Loup, elle serait plus en sécurité.
— Oui c'est une bonne solution. D'ailleurs, je ne suis pas tellement en forme pour l'accoucher.»

Les yeux baignant dans l'eau, Véronique, en compagnie de Léonard qui surveille le moindre de ses mouvements, prépare sa petite valise. Un silence absolu règne dans la maison. Dehors, le paysage, qui sort de la torpeur de cette chaude journée de la fin septembre, réfléchit l'abattement qui écrase les futurs parents. Chagrinée et souffrante, elle promène des yeux ternes sur son mari.

Aussitôt hospitalisée, la parturiente est prise en charge par le médecin de l'obstétrique. Les douleurs continuent de l'assaillir. Les infirmières la suivent de près, mais ne sont pas bavardes. Pas moyen de leur arracher un mot. La nuit et la journée du mardi se déroulent sans qu'il ne se passe rien, et elle souffre le martyre. Son époux ne la quitte pas d'une seconde, il sait qu'elle a besoin de lui. Au cours de la nuit du mardi, la jeune femme a la sensation que ses forces l'abandonnent. Épuisée, elle n'a plus l'énergie ni le courage de continuer à se battre.

Léonard n'a jamais entendu raconter de naissance aussi longue et aussi pénible. Véronique est à demi consciente, il ne sait quoi penser devant les hésitations, l'indolence ou les incompétences des médecins. Le futur papa est au point où il éprouve une sorte d'antipathie envers eux. Mercredi matin, elle lui dit :

«Laisse-moi partir. J'ai fait tout ce que j'ai pu pour mettre au monde notre bébé. Je n'en peux plus d'endurer ces horribles souffrances. J'ai assez souffert. Je n'en peux plus, laissez-moi mourir !»

Le mari tente des paroles d'encouragement, mais il ne trouve pas les mots, étant lui-même vidé de tout espoir. Pris de chagrin et de peur de la voir s'en aller, il demande à rencontrer le médecin sur-le-champ. Il lui dit :

«Vous n'avez pas le droit de laisser mourir ma femme et mon bébé. Vous devez l'opérer, faites-lui une césarienne, je suis capable de vous payer.»

À travers des sanglots, il lui explique qu'ils ne sont mariés que depuis un an et qu'elle est son adoration... La parturiente passe le reste de la journée et la nuit sur les calmants. Ce n'est que le jeudi matin qu'on parle d'intervention. Les infirmières la préparent pour la salle d'opération afin de pratiquer une césarienne. À sa sortie, il y a dans les yeux du médecin une alternance de consternation et d'espoir lorsqu'il s'avance vers le papa. D'un ton sympathique, il lui apprend :

« Votre femme est un modèle de courage, elle n'aurait jamais pu mettre au monde votre bébé car il souffre d'une malformation au niveau du dos. C'est une femme pleine de santé, elle s'en remettra avec du repos. Quant à votre belle et grosse fille, on ne peut se prononcer sur sa longévité, il se peut qu'elle souffre de méningite, car on a beaucoup utilisé les forceps avant l'opération. Pour l'instant, elle se trouve dans l'incubateur. »

Jamais de toute sa vie, il n'a eu à affronter un si grand malheur. Abasourdi, il éprouve des difficultés à respirer. L'énoncé du diagnostic devient une vraie torture. Il n'arrive plus à penser tellement il est malheureux et incapable d'accepter ce qui leur arrive. Il doit retrouver son aplomb avant que son épouse sorte de la salle de réveil. Comment y parviendra-t-il? Comment lui apprendre cette vérité lorsqu'elle le suppliera de l'emmener voir son bébé? Que va-t-il lui répondre si elle insiste? Le ciel vient de leur tomber sur la tête, comment se sortir d'un tel drame? Les tortures endurées à un accouchement sont normalement suivies d'une récompense. Au lieu de cela, il se voit dans l'obligation de lui infliger une peine incommensurable.

Après avoir vidé le trop-plein de son chagrin, épris de compassion, Léonard essaie de trouver la manière de dire afin d'adoucir ce terrible choc et ne pas lui enlever tout espoir. Malgré une longue réflexion, aucune formule magique qui puisse empêcher sa femme d'avoir mal, mal dans son âme et mal dans son corps, ne lui vint à l'esprit. En proie à des émotions qui le paralysent, son cœur commence à palpiter. Cette épreuve dépasse la résistance émotive et la bonne volonté de ce jeune papa. Il demandera l'aide du médecin et de la religieuse infirmière quand viendra l'heure de révéler la sombre nouvelle à la femme qu'il adore et à qui il souhaite fortement épargner un excédent de douleurs.

Léonard est révolté au point qu'il évite d'ouvrir la bouche. Sa peine et sa déception devenues intolérables ne peuvent se mesurer à aucun autre tourment. Il ne demandera à voir sa fille qu'après être parvenu à maîtriser l'indignation qui bout en lui. En voyant les cicatrices qui parsèment la tête et le petit visage au lendemain de l'opération, il a dû se retenir pour ne pas crier. S'imaginant tout le mal qu'elles ont dû endurer, il pleure à chaudes larmes sans personne autour de lui pour le réconforter. Ce n'est qu'après plusieurs visites qu'il pourra vraiment définir la ressemblance de son bébé, tellement sa tête est meurtrie. Il découvrira qu'elle porte des traits de sa grand-mère maternelle, une jolie femme. Il répète à tous ceux qui s'informent :

« Elle a les traits délicats, c'est un bébé superbe. Pourquoi nous infliger cette peine, nous sommes si jeunes et nous n'avons jamais rien fait de mal ? Devrions-nous considérer ce malheur comme une fatalité de la vie ? »

La patiente, surprise de se retrouver dans son lit au moment du réveil, se rend compte qu'elle en a perdu des bouts lorsqu'elle apprend qu'ils sont au matin du vendredi. Perplexe, Véronique interroge l'infirmière sur le sexe de son nouveau-né, puis elle pose la question que posent toutes les femmes après avoir donné naissance :

« Mon bébé est-il en santé ?

— En parfaite santé, précise l'infirmière après avoir pris sa tension, puis elle ajoute : Votre mari ne doit pas être très loin, il a passé la nuit près de vous. »

Descendu à la cafétéria pour un café, il arrive au bout d'un quart d'heure. Elle remarque les traits tirés et l'air trop désinvolte de Léonard. Cela ne lui ressemble pas. Les heures de déchirement qu'elle a vécues se concrétisent tout d'un coup dans le cerveau de Véronique. Elle le supplie :

« Dis-moi ce qui s'est passé ?

Il se sent honteux sans trop savoir pourquoi. D'une voix saccadée, il se compromet :

— Ne t'inquiète pas, ce n'est pas grave. Moi, je ne peux rien t'expliquer, je reste avec toi, et le médecin va passer te voir aujourd'hui.»

Le nouveau papa a l'impression qu'un vide se creuse en lui. Il ne veut pas la voir pleurer. Sachant avec conviction que sa place est près d'elle, il craint de s'écrouler sous le poids de lui avoir engendré une si grande peine. Les quelques fois où il l'a vue fondre en larmes au cours de l'été lui reviennent comme une gifle au visage. La classe terminée, elle aurait dû prendre du repos. «Je n'ai rien vu», se reproche-t-il. Il éprouve une si grande culpabilité que le bonheur d'aimer lui paraît méprisable.

Appuyée contre ses oreillers, la jeune maman voit entrer le médecin accompagné de la religieuse. Léonard souhaite avec fermeté de se réveiller et d'en finir avec ce cauchemar, comme c'est le cas lors de ses mauvais rêves. Ils prennent place près d'elle contre le lit. Ne les connaissant pas, Véronique les dévisage avec des yeux interrogateurs. Lorsque l'homme de science prend la parole, le jeune papa craint le pire. Le chirurgien pose sur elle un regard condescendant, se retourne vers le père, puis s'adresse au couple :

«Nous avons compris à l'opération pourquoi votre accouchement fut d'une si grande cruauté. Votre bébé, qui pèse plus de 10 livres, souffre de ce qu'on appelle un méningocèle. La médecine n'est pas assez avancée pour prévenir ce genre de chose, et la science n'en connaît pas encore les causes.»

À ces mots, elle se sent défaillir. Résolue à reprendre ses esprits, la gorge étranglée par les sanglots qu'elle retient, elle demeure convaincue que tout n'est pas perdu. Le fixant dans les yeux avec intensité, elle espère d'autres explications de sa part, parmi lesquelles surgira un rayon d'espoir au milieu de cette tourmente. Par malheur, en dépit des attentes de l'accouchée, le médecin n'ajoute rien. Après leur avoir avoué son incapacité, il se tournera vers l'infirmière-chef. Témoin tous les jours des expectatives que nourrissent les mamans, et considérant les désillusions que vit Véronique au lendemain de son martyre, celle-ci s'empresse de prendre la parole et tente de la rassurer sur les soins que le corps professionnel apportera au nouveau-né :

«En tout premier lieu, il faut d'abord penser à vous. Votre fille doit rester dans l'incubateur. Pour l'instant, elle a besoin de soins hospitaliers. Je vous prie de compter sur moi et je vous promets de m'en occuper comme si c'était la mienne.» lui explique-t-elle.

Ces paroles bienveillantes sont pour la maman un deuxième coup de poignard qui achève de lui déchirer les entrailles. Elle conclut, à titre de conséquence, que les jours de sa fille sont comptés. Elle gémit de tout son être. Les cris plaintifs de la jeune mère résonnent jusque dans les chambres voisines. Elle n'accepte pas de se séparer de son enfant qu'elle a porté avec courage et tendresse pendant neuf mois en pensant au jour où elle le tiendrait tout contre elle. Ce bébé est le fruit de leur amour. Devant l'impossibilité d'accoucher à la maison, la future maman s'était préparée mentalement à une mauvaise surprise, mais jamais d'un caractère aussi atroce.

Son mari est désemparé devant la tournure des évènements. Il pense aux jours heureux qu'ils ont partagés et combien il les regrette. Une seule pensée l'habite lors de son retour chez lui. Il hésite à répondre aux questions de sa mère afin de retrouver au plus tôt la solitude de leur chambre. Désespéré, les jours d'enfer qu'il vient de traverser lui ont semblé une éternité. Cet homme est marqué à jamais. Cette épreuve fait en sorte que les belles promesses d'avenir qu'ils ont échafaudées depuis leur mariage viennent de perdre toute leur intensité.

Le séjour à l'hôpital se prolonge à cause de la mèche qu'on a insérée à l'intérieur de l'abdomen de la mère. C'est après quelques jours qu'elle acceptera l'invitation de Léonard et qu'elle l'accompagnera dans le local des bébés qui sont dans l'incubateur. Cette rencontre lui apparaissait trop cruelle au cours des heures qui ont suivi la naissance. Les fils qui relient leur poupon à des moniteurs les empêchent ce jour-là de la coller sur leur poitrine. Autre cruauté pour cette maman éplorée!

L'ultime déchirement sera son départ du Centre hospitalier sans son bébé, pressentant qu'elle ne la reverra plus jamais. N'ayant pas d'automobile, il est évident qu'ils n'auront pas les possibilités de monter à Rivière-du-Loup toutes les semaines. Puis, quand elle pense à l'hiver qui est à leur porte, elle s'interroge sur toutes les éventualités possibles et impossibles. La petite fut baptisée à l'hôpital, sous le prénom d'Andrée. Les parents de Véronique furent parrain et marraine.

Au début d'octobre, le médecin signe le congé de la mère. Celle-ci a l'impression de reprendre contact avec la vie lorsque ses poumons se remplissent de cet air plutôt glacial qui vient du large. Elle réalise que les beaux jours d'automne se déploient dans toute leur splendeur. Les érables au fond de la cour de l'hôpital ont commencé à changer de couleur et quelques feuilles hâtives se glissent et craquent sous ses pas encore hésitants. Étouffés par toutes sortes d'émotions, ni l'un ni l'autre n'osent ouvrir la bouche. Ils ont vite traversé la ville et s'engageront bientôt sur la route en bordure du fleuve. Les chaumes sont nus, les gerbes de blé et d'avoine ont été ramassées et la terre est hérissée de tiges desséchées. En retrait, derrière les granges, les pommiers tardifs sont lourds et odorants. Le soleil descend, les yeux vrillés sur l'horizon, Véronique fixe les collines qui rejoignent le ciel de l'autre côté de la mer. De temps en temps, elle pousse un profond soupir. Léonard se tourne vers elle avec des larmes qui perlent au bord de ses paupières.

Leurs pensées se rejoignent, ils n'ont pas besoin de s'exprimer pour se comprendre. À l'approche de leur résidence, elle ne sait pas comment lutter contre les spasmes qui lui étranglent le bas du ventre. Elle se remémore toute la scène. Pour la première fois depuis ce cruel évènement qui les marquera pour toujours, ses pensées défilent comme dans un mauvais film. À travers des sanglots, elle lui dit :

« Malgré que nous ressentions un certain danger à l'heure où nous avons quitté la maison, nous avions encore la fraîcheur et l'ingénuité de la jeunesse. Les souffrances que j'ai endurées et l'état précaire de notre fille viennent de m'arracher ce dont j'ai le plus besoin pour continuer de vivre : La confiance... la confiance en la vie ».

À la suite de sa confession, Véronique remplace l'air triste et déçu qui l'envahissait par un regard désabusé, le regard d'une jeune adulte qui n'attend plus rien du lendemain.

Le retour auprès de son mari et de ses beaux-parents s'avère presque aussi pénible que les dix jours d'hospitalisation. Le sourire de Véronique d'une douce mansuétude avait disparu. Avant son arrivée, belle-maman a pris soin de transporter la bassinette dans une chambre du deuxième étage, puis elle lui conseille également de prendre la chambre d'en bas, le temps de la guérison de sa plaie. Cette femme a pour principe que la santé de la belle-fille redeviendra ce qu'elle était, mais à une seule condition. La récupération est, selon la sagesse de cette femme d'expérience, la clé qui lui donnera de nouveau la vitalité et l'endurance. Mais une foule de choses rentrera en ligne de compte pendant les prochains six mois.

Bien que Anne ait de bonnes intentions, elle ne peut empêcher que sa belle-fille, pendant la convalescence, aura à faire le deuil de tous les châteaux, de tous les rêves qu'elle a bâtis autour de son nouveau-né. Mille fantasmes et mille mirages l'ont habitée pendant les derniers mois de sa grossesse. Après s'être nourrie de visions et de chimères, voilà qu'elle se réveille les bras vides chaque matin. Pendant des mois, elle souhaitera remplacer le silence qui règne autour d'elle par les cris de son bébé.

Léonard essaie de reprendre le quotidien. Malgré sa nature vaillante, il n'arrive pas à retrouver son entrain habituel. Chaque jour, en entrant chez lui, il rencontre le doute et la tristesse dans les yeux de sa bien-aimée. La maturité de ses 23 ans, les responsabilités familiales et cet affront de la vie ont ralenti ses élans amoureux. Il se sent déchiré entre l'amour et la tendresse qu'il aimerait lui apporter à court et à long terme. Ils sont tous deux d'accord avec la recommandation du médecin qui lui a demandé d'éviter une autre grossesse avant six mois. L'avenir a perdu tout le sens que portait leur projet de mariage. Certains de leurs idéaux s'étaient concrétisés, et ils étaient partis du bon pied. Désabusé, il se répète sans arrêt : «C'était trop beau, notre bonheur ne pouvait pas durer.»

Aussitôt que les terres seront fermées et que les érables de la cour, comme de grands squelettes abandonnés, arboreront à leur tour une allure glaciale et formeront des arches de leurs branches entrecroisées à celles des saules, Léonard exécutera le plan qu'il a mûri. De multiples raisons l'invitent à s'évader quelques mois : la froide et mystérieuse réaction de son père à propos de la planification de nouveaux projets, les sarcasmes de ses rivaux et les mises en garde des gens bien-pensants. Depuis le jour où Léonard avoua à Véronique sa prochaine escapade dans les chantiers, il simule le sommeil pour échapper à ses questions et éviter ainsi de lui faire de la peine.

Le feu qui s'est déclaré à 12 endroits différents sur la toiture de la maison lui prête un motif valable de vouloir gagner l'argent nécessaire pour le remplacer. Véronique ne sortira pas de la maison pendant toute la saison hivernale, et lui, il passera l'hiver dans les chantiers. Ils éviteront ainsi des humiliations inutiles face aux interrogations malveillantes au sujet de leur enfant. Au printemps, les gens auront peut-être oublié cet échec. Dès que Léonard eut pris la décision de partir, il s'élança dans les récoltes et les labours avec acharnement. Tout ce qu'il n'avait pas eu le courage de faire depuis l'accouchement de sa femme lui paraît plus acceptable, donc moins exténuant.

Confrontée à la décision définitive et irréversible de son époux, Véronique se sent défaillir. Par surcroît, elle doit admettre qu'un malheur de cette sorte ne pouvait pas inciter la belle-maman à plus d'empathie envers elle. Véronique a la sensation que le mur de silence qu'Anne avait ébauché lors du legs de leur bien a tendance à s'amplifier depuis l'accouchement. Tout bascule autour d'elle. Elle n'avait vraiment pas imaginé que cette conjoncture deviendrait malsaine, car la générosité d'Anne avait été touchante vers la fin de sa grossesse. Elle est consciente que sa détresse est décuplée par l'isolement et ne cesse de se répéter :

«La présence de mon bébé aurait changé toute la dynamique de cette situation».

Véronique fouille son imagination pour tenter de se rattacher à quelqu'un ou à quelque chose afin de mettre un peu de baume sur ses blessures de mère, ses désenchantements d'épouse et ses tourments de femme.

Comme elle est jeune et peu renseignée sur la maternité, la gêne l'empêche de partager sa peine et ses inquiétudes au sujet des *relevailles* avec les femmes de la belle-famille. Le fait de ne pas nourrir l'enfant n'empêche pas la montée de lait de se faire. Madeleine, sa belle-sœur qui habite tout près, est la seule à l'époque avec qui elle se sent à l'aise. Par malheur, elle ne démontre pas beaucoup de savoir en matière de santé. Et, comme l'automne pluvieux et maussade sera bientôt remplacé par l'hiver, la distance empêchera bientôt les siens de lui rendre visite.

La vie de Véronique vient de trébucher dans tous les sens. Elle manque d'intérêt et d'action lorsqu'elle se réfère aux automnes précédents, en particulier lorsqu'elle revoit les deux derniers qui avaient été submergés d'occupations, de désirs et de sentiments. Quel revirement! Opprimée par l'atmosphère lugubre dans laquelle elle doit survivre, la jeune épouse se sent délaissée et malheureuse. Elle pense constamment à sa petite, son bébé qu'elle n'a pas eu le bonheur de serrer contre son cœur.

Leur couple, qui a vieilli d'une décennie en une semaine, est désemparé devant l'adversité. En dépit de ce qu'on peut penser, ce malheur éprouve non seulement leur courage et leur résistance du moment, mais il vient également ébranler leur sécurité face à l'avenir. Cette anomalie chez leur premier enfant évoque à l'esprit de ces jeunes parents une alerte dont ils souhaiteraient pouvoir faire abstraction. Déconcertée, Véronique découvre qu'elle ne peut guère compter sur Léonard dans cette disgrâce, étant lui-même au bord du précipice.

Elle voit l'enfant qui pleure dans ce jeune homme. Le plus grand de ses rêves est celui d'avoir des enfants, des marmots à aimer et à choyer afin de laisser derrière eux une progéniture à l'image de leurs parents. Ce souhait est sans équivoque. Faute de préparation pour vivre pareille désillusion, il échoit dans un état de fébrilité extrême et de désarroi profond. En proie à un sombre désespoir, le malheureux repousse toute expression d'épanchement.

Comme prévu, Léonard part pour les chantiers de la Côte-Nord le 21 octobre, un mois jour pour jour après la naissance de leur enfant. Véronique le voit s'en aller portant en lui une panoplie d'interrogations. La douleur de l'absence n'est pas longue à se faire ressentir.

Au fond des bois, parmi cette élite d'hommes courageux, Léonard continue de promener ses yeux ternes et souffrants sur l'avenir. Le visage de Véronique ne cesse de hanter son esprit et son cœur. Parfois, il s'apaise en lui dévoilant les regrets qu'il ressent de l'avoir laissée seule pour traverser cette étape, mais plus souvent, il tient à la rassurer sur ses sentiments.

Véronique découvre chez son époux une plume de romancier. Il a de la facilité à traduire certaines de ses émotions par écrit. Elle demande que le temps lui permette de guérir. Homme de pondération, il s'inspire également de certains messages que lui fait parvenir sa femme :

«J'ai besoin de ta présence qui dégage l'amour et la joie de vivre, lui écrit-il dans ses nombreuses missives».

Plusieurs semaines passent avant qu'une correspondance ouverte, sincère, compréhensive et amoureuse achemine vers ces deux rescapés de la vie les mots d'encouragement et de soutien dans la reconquête d'un bonheur stable. Leur choc semble s'estomper doucement. Après plusieurs mois de solitude et de réflexion agrémentés de confidences, elle se rassure. L'homme énergique et souriant qu'elle a épousé détient également le charme d'un amour inconditionnel. Les liens qui les unissent passent souvent par ceux de l'âme. Au fil des jours, il parviendra à la convaincre qu'il ne lui tient aucunement rigueur du malheur qui leur est arrivé, mais qu'il a plutôt tendance à se culpabiliser. Soulagée d'un tel poids, elle redresse la tête et les épaules malgré sa peine et l'ennui qui perdurent :

«Il m'a quittée parce qu'il veut guérir, et non parce qu'il a de la colère contre moi», se répète-t-elle en s'appuyant sur les messages qui se dégagent dans un courrier qui ne se fait pas attendre.

Au bout de quelques mois, leur courrier traduira des messages amoureux qui leur apporteront l'énergie de persévérer dans tout ce qu'ils croyaient de plus beau et de plus vrai. Encore hier, des paroles vivifiantes avaient réussi à la réconforter, mais hélas! pas pour longtemps. Dans la même journée, un message de l'hôpital leur parvient pour les prévenir de l'état de leur petite Andrée. Véronique réalise une fois de plus qu'elle n'a jamais eu le bonheur de tenir sa fille dans ses bras. Son cœur de mère est de nouveau déchiré!

La jeune maman est au plus mal. Sa belle-mère réclame Esther. À deux, elles essaient de la raisonner et de lui faire comprendre que c'est une grâce du Ciel que le Seigneur vienne la chercher. Elles veulent lui épargner tant de souffrances. Véronique, qui n'a que 20 ans, ne voit pas les choses avec le même œil de ces deux femmes qui en ont vu bien d'autres. Lorsqu'elle s'apprête à transmettre la nouvelle à Léonard, le lendemain, un message d'urgence leur parvient. Andrée s'est envolée au paradis après un court voyage de deux mois sur cette terre. Véronique s'en remet à ses beaux-parents qui s'occupent de tout. À compter de ce jour-là, elle n'a cessé de prier son petit ange.

Un mois s'est écoulé depuis l'enterrement de leur bébé. Anne ne sait pourquoi, mais elle ne peut s'empêcher de remarquer une curieuse détermination dans le comportement de sa bru. La nervosité, l'inquiétude et l'impuissance, qui étaient siennes à l'égard de son enfant, l'avaient clouée dans une apathie incroyable. Anne la surprend bien coiffée, un de ces matins de décembre, avec un tricot à la main. Jour après jour, au grand plaisir de ses beaux-parents, Véronique manifeste un peu plus d'intérêt à ce qui se passe autour d'elle. Elle se fait lentement à l'idée de passer les fêtes dans la rédaction et le dépouillement du courrier. Dès le 18 décembre, elle fait parvenir à Léonard du sucre à la crème, sa gâterie préférée, et quelques paires de bas neufs. Elle considère, comme un cadeau, la présence de sa belle-sœur Laurie, qui arrivera pour ses vacances de Noël. Jeune, imaginative, pétillante et enjouée, l'étudiante possède tout ce dont Véronique a besoin comme compagne pour cette période de l'année. Ses parents n'ont pas l'esprit à la fête, ils ne feront rien de particulier pour souligner ce temps de réjouissances.

Au repas du jour de l'An, chez les Roy, on ne peut éviter de mentionner le nom du dernier fils de la famille. Les enfants, en particulier ceux avec qui Léonard a l'habitude de déployer une variété de jeux, soulignent à leur manière l'absence de leur oncle préféré. Le contact avec Laurie et les membres du clan familial, enrichi de 18 petits-enfants, meuble l'esprit meurtri de la jeune maman et lui apporte une réelle distraction. L'absence de son mari l'invite à créer des liens avec tous les siens. Les rapports avec chacun d'eux lui semblent plus faciles et plus chaleureux qu'auparavant. Considérant les diverses opinions échappées au cours des conversations à propos de Léonard pendant cette rencontre, elle mesure combien ce fils, ce frère, cet oncle joue un rôle important dans le clan familial.

À son réveil, le lendemain matin, consciente des efforts et des sacrifices que s'impose son époux, elle désire lui démontrer désormais plus d'enthousiasme. Véronique est résolue à demeurer confiante et sereine dans la vie. Consciente de lui apporter l'assurance dont il aura besoin pour affronter les airs suspicieux de son entourage à son retour, dorénavant sa correspondance dégagera davantage de courage et de détermination.

La sincérité de cette démarche n'a d'égale que la bonne volonté de retrouver le bonheur et la joie de vivre ensemble. Une fois de plus, lors de cette période difficile, il lui arrive de se tourner vers l'auteure de ses jours, afin de faire renaître la sérénité dont elle a besoin pour affronter la vie. Au cours de son cheminement, sa mère avait dû affronter des dilemmes de taille. Lorsque le doute s'installait, elle se référait à la sagesse maternelle comme sa propre mère l'avait fait avant elle. D'une génération à l'autre, ces femmes de cœur et d'action répétaient tendrement :

«Fais confiance toujours, agis selon ton cœur, comme ça tu ne pourras jamais te tromper. Mais surtout, n'oublie jamais de faire confiance à la vie.»

Comme ses aïeules, cette jeune femme aimait la vie!

Les dernières semaines de travail de Léonard s'avèrent pénibles pour elle et lui. Ils sont pressés de se retrouver en même temps qu'ils craignent ce rapprochement. En pleine lune de miel, ils ont été confrontés à une dure révélation : la vie n'était pas un fleuve tranquille. Contrairement aux couples qui se sont épousés la même année, Léonard et Véronique traversent une crise dès leur deuxième année de mariage pendant qu'eux aussi devraient se balader sous un ciel sans nuage en compagnie de leur fille. À travers leurs nuits blanches, ils ont cherché les comment et les pourquoi de ce fatalisme. Cette remise en question a voulu qu'ils cheminent dans leur univers respectif depuis cinq mois. Ils craignent l'explosion de cette flamme amoureuse qui a résisté jusque-là à l'intempérie.

Malgré leur jeune âge, ils ont conclu que ce n'est pas dans les rares conseils de psychologie introduits dans les revues de l'époque, ni dans l'ouverture d'esprit des médecins devant leur cas qu'ils trouveront réponse à leur urgence. Ce couple qui débute sa vingtaine ne peut pas compter sur les livres pour apprendre la liberté, la vérité et l'amour. Telles les paroles qui l'ont apaisée avant de s'endormir, Véronique tient à transmettre à son époux le leitmotiv qui a soutenu sa mère sur la route de l'espoir. Avec sincérité et justesse d'esprit, ces mots lui disent que c'est au-dedans d'eux qu'ils trouveront la détermination, la force et le courage de poursuivre leur destin.

Véronique est de nouveau séduite par le personnage qui fait son apparition dans la nuit du 9 mars. Vu la température et le temps de l'année, le seul traversier en fonction est celui de Québec. Le trajet devient alors interminable pour ceux qui reviennent de la Côte-Nord. Dû à leur longue séparation, un torrent de paroles, d'idées et d'impressions sont déversées dans l'exclusivité que leur octroie leur chambre à cette heure de la nuit. Véronique devine que tous ses sens sont maintenant sous le pouvoir de la faim.

De galanteries en jeux de séduction, Léonard transporte sa bien-aimée dans une extase amoureuse. Ils dorment enlacés. Le lendemain matin, au cours d'un petit déjeuner familial très animé, leurs attitudes, à elles seules, parlaient de cette intimité retrouvée que les mots venaient profaner. Après presque cinq mois de solitude et de cheminement, les amoureux semblaient avoir retrouvé l'équilibre que tous leur souhaitaient. Le monde avait été si absent dans leur univers, comme ils avaient été tous deux absents de lui.

Bien avant que l'automne n'ait cédé sa place à l'hiver, les comptes de l'hôpital n'avaient pas tardé à rentrer. Au retour du chantier, Léonard s'est empressé de régler les honoraires du médecin, puis le compte qui couvrait les soins donnés à sa femme et à la petite Andrée pendant les deux mois d'hospitalisation. Samuel a refusé d'être remboursé pour les frais funéraires de leur petite-fille. Les parents en furent très reconnaissants.

Comme au printemps dernier, les vieux et les jeunes embrassent la saison printanière en se donnant comme défi : du lever au coucher du soleil. Parfois ils dérogent et ils rentrent à la noirceur. Léonard travaille même la nuit sous les lumières du tracteur, ce avec quoi Véronique n'est pas d'accord. Tel que prévu, avec l'aide de son frère Luc, ils refont le toit de la maison dès que la température donne son approbation.

Cette fois-ci, le propriétaire remplace les bardeaux de cèdre par un matériau résistant au feu. Au cours des jours de mauvais temps, le jeune marié met en pratique ce qu'il a appris des ouvriers qui, deux ans passés, lui ont laissé d'excellentes notions de finition.

Sa première tâche fut celle d'installer des portes aux chambres du deuxième étage. Cette tentative se révèle un apprentissage exigeant et révélateur de talents qu'il ne se soupçonnait pas. De nature perfectionniste, le menuisier en herbe a mis du temps et une précision méticuleuse à installer la première, et la suite lui parut un jeu d'enfant. Depuis longtemps, il caressait ce projet, compte tenu qu'il désirait protéger davantage leurs relations intimes. Par contre, il avait décidé de le faire de façon professionnelle. Seul avec ses pensées et ses outils, il laisse filer les heures en méditant sur les affectueux et les émouvants souvenirs de leurs amours. Les images encore vivantes et fraîches de sa découverte de l'amour au printemps 1952 ensoleillent ses jours et mettent un léger voile sur le drame de l'automne dernier.

À la fois heureux et inquiet, ce couple est aux prises avec la pire des éventualités, de sorte qu'il leur est impossible de vivre en toute liberté d'esprit. La pilule anticonceptionnelle n'a été mise au point aux États-Unis qu'en 1956. Léonard essaie de rassurer sa femme avec le seul moyen qu'il connaît et qui est à sa disposition, le retrait. Tout se déroule selon leurs désirs jusqu'en juin où Véronique attendra désespérément ses menstruations. Les maux de cœur viennent confirmer une deuxième grossesse.

Il est indéniable que leur première expérience soit pour eux une cause d'inévitables tensions. Marqués des empreintes indélébiles laissées par ce premier échec de la nature, ils essaient malgré tout d'y mettre du positivisme. C'est alors que le jeune époux sent le besoin de ranimer les fibres de sa jeunesse. Il se fait galant comme au temps de leurs fréquentations et il lui propose d'aller danser. Véronique croit rêver, il ne pouvait lui faire plaisir davantage. Au son de la musique, le couple retrouve la fraîcheur et la vigueur de leurs vingt ans encore verts. Des compliments venant de deux messieurs de la place les inciteront à sortir plus souvent. On les interceptera, à deux reprises, pour leur dévoiler :

«Vous êtes le plus beau couple ici, ce soir, sur la piste de danse».

En rentrant cette nuit-là, ils avaient l'impression d'avoir retrouvé l'éclat, l'illusion et l'inexpérience de leur jeunesse.

La routine de la maison des Roy reprend sa vie trépidante avec les vacances qui viennent de commencer. Par bonheur pour Anne, il n'y a pas de mariage cet été. Elle éprouve un réel soulagement autant physique que monétaire. Laurie, la dernière de la famille, sort de l'École Normale avec son diplôme d'enseignante. Tout semble s'arranger pour le mieux. La finissante trouve du travail dans la paroisse. Par contre, deux surprises attendent la grand-maman dans le détour.

Dès le lendemain, au cours d'un entretien, sa belle-maman lui confie qu'elle vient d'apprendre que sa fille Clairette accouchera en novembre et qu'elle la réclame près d'elle pendant neuf jours après l'accouchement. Le cœur de Véronique se met à battre en entendant cette nouvelle. Elle considère désormais que son secret est devenu une prison. Se tournant vers elle, sa bru lui révèle qu'elle devra accoucher en février; Anne semble anéantie.

Léonard se veut audacieux comme sa femme, et Véronique se veut dévouée comme son époux. Leur complicité est parfois embuée de mélancolie. Par contre, elle se réjouit de constater que les nausées lui font faux bond après trois mois. Elle sera en forme pour assister aux noces de sa sœur Suzanne, qui doit avoir lieu le 19 août.

Après la bénédiction du mariage de Suzanne et de Raymond, les invités sont conviés à l'hôtel Canada à Trois-Pistoles. Esther et Antoine se sont rappelé la tension qu'ils ont vécue au mariage de Véronique. Cette nouvelle formule leur a plu. Elle deviendra leur premier choix lors des futurs mariages de leurs enfants. Les parents de Suzanne perdent ce jour-là le plus grand soutien qu'ils ne recevront jamais de personne. On se rappelle que c'est elle qui a pris la relève le jour où Esther est retournée à l'enseignement.

Par un matin tiède, au début de ce mois d'août, notre jeune maman s'éveille en face d'un ciel qui baigne encore dans le mauve du soleil levant, les arbres se découpent en encre bleue sur un fond rosé dans lequel elle voit tout à coup la silhouette d'une petite fille aux cheveux blonds assise sous un des arbres. Blonde comme les blés, l'enfant ressemble à ses sœurs. Jamais, depuis sa naissance, l'image de sa fille décédée ne lui a paru aussi réelle, à moins que ce soit celle qu'elle porte. Elle ne se rendort pas et reste songeuse. À son réveil, Léonard perçoit aussitôt un accent de tristesse dans la voix de Véronique. Astucieux, il ne peut pas souffrir qu'elle ait de la peine. Il la harcèle de questions jusqu'à ce qu'elle lui cède :

«Quelle est, selon toi, la pire des souffrances : la douleur d'aimer ou la douleur d'être privé de ce bonheur ?

Bouche bée, il l'observe avec consternation réalisant la lourdeur de sa prière.

— Tu veux vraiment avoir mon opinion, ma chérie ? J'y ai déjà réfléchi cet hiver, bien avant que tu veuilles savoir ce que j'en pense. Je t'avoue que ta requête est une drôle de coïncidence. Dans le temps des Fêtes, lorsque j'ai reçu ton cadeau et tes bons souhaits, suivis le lendemain par une étonnante lettre d'amour, tu ne sais pas combien tu as influencé mes états d'âme en ce qui concernait mon retour et notre avenir. J'ai senti entre les lignes que ton moral était à la hausse. Mon plus grand désir était de retrouver la femme que tu étais. Je peux affirmer avec sincérité qu'avec toi à mes côtés, je préfère la douleur d'aimer. Ma tendre Véronique, écoute bien ce que j'aimerais ajouter : devant l'inévitable, il y a un sentier de tracé par la Sagesse universelle au sujet de l'enfant que tu portes. Nous deux, on n'y peut rien. »

Guidés par leur gros bon sens, ils ont compris que l'acceptation est la seule et unique façon de se raccrocher à la vie. Main dans la main, ils décident de nager dans le sens du courant en se vouant une admiration et une confiance réciproques. Avec le temps, ils parviendront à se laisser aller à la tendresse et au plaisir dans une relative sérénité. Plus tard, en parcourant le livre qui s'intitule *Lâcher prise*, de Guy Finley, Véronique comprendra qu'elle avait écouté la voix de son cœur.

À l'encontre de leurs planifications, une large part de la somme d'argent gagnée au chantier a été utilisée pour payer l'hospitalisation et le médecin. L'investissement planifié pour l'amélioration de leur ferme dans le but d'y trouver leur mieux-être et une plus grande satisfaction a été retardé et reporté à plus tard. Autour de lui, personne n'ignore les ambitions, pour ne pas dire la présomption, de ce jeune agriculteur. Son but est loin de vouloir rivaliser avec son père, ni avec qui que ce soit. Il poursuit de façon simple et sans prétention le but qu'il formulait déjà à l'adolescence.

C'est pourquoi il travaille d'arrache-pied afin de réaliser la perspective qu'il projette donner à leur ferme dans 10 ans. Léonard aurait-il oublié les promesses faites à Véronique au retour de la drave ?

Constatant que le jeune couple ne se laisse pas atteindre, Anne et Samuel les accompagnent dans leur envolée. Lorsqu'arrive le mois de septembre et qu'ils se retrouvent tous les quatre autour de la table, Samuel se tourne vers sa bru :

« J'ai quelque chose à te dire, lui dit-il avec complaisance.

Véronique s'attend à tout, elle a appris à connaître son beau-père et elle le voit comme un homme qui possède un dévouement sans pareil et un humour qui lui plaît bien. Elle lève les yeux et se tient prête à tout commentaire.

— Je dois te dire, ma petite fille, que tu as appris bien vite les coutumes de la maison, tu me surprends beaucoup. »

Elle demeure bouche bée en présence de la perspicacité de Samuel. Elle n'a jamais eu de doute sur la vivacité d'esprit de son beau-père, aujourd'hui elle a la preuve de la sagacité qui l'anime. Les yeux embués, elle le remercie et lui dit l'œil pétillant qu'elle nourrit encore beaucoup de projets :

— Plus j'en apprends, plus je me découvre des talents que je développe en compagnie de madame Roy. Je suis à l'école de la vie et j'en profite. »

N'ayant pas encore d'enfant à s'occuper, cette jeune femme dynamique s'investit avec ferveur dans les tâches domestiques et de la ferme malgré sa grossesse. Avec l'aide de belle-maman, elle cueille fruits et légumes. Ces aliments entrent dans la composition des repas de tous les jours, en plus de les approvisionner pour l'hiver. L'ancienne grande armoire de la cuisine, descendue à la cave pour des fins de réaménagement, au printemps 1952, a trouvé une deuxième vocation. L'échantillonnage des pots de conserves qui s'étalent sur chacune des tablettes est de toute beauté. Les ménagères y réservent de l'espace pour entreposer des pots de viande plus tard, à l'automne.

Dans leur course effrénée, ils n'ont pas vu le temps passer. Le mois de septembre leur a filé entre les doigts. Maussade, octobre s'est senti chassé en vitesse, avec tout ce qu'il avait apporté de séduisant et de flatteur pour les yeux et l'odorat. La fin des récoltes et des labours se déroule tantôt sur un vent piquant d'automne, tantôt agrémenté d'une bienfaisante chaleur qui frôle la chemise de laine, protection de notre laboureur. De plus en plus, la nature leur offre le spectacle d'arbres se dénudant dans une grisaille journalière. Quelques fleurs fanées narguent la froidure et valsent, raides et sèches, dans la brise glaciale. Puis, vient le jour où tous les instruments doivent être remisés, une neige récente leur confirme que l'hiver frappe à leur porte.

Le signal du départ pour le chantier vient de sonner. La poudrerie roule avec entêtement ses blanches voiles dans les champs lorsque Léonard s'embarque pour le Lac-Saint-Jean. Il doit y retrouver ses deux frères. Vu que tout est en ordre lors de sa partance, son père lui promet de veiller à tout. Le 14 novembre, Clairette, la belle-sœur de Véronique, accouche d'un beau gros garçon. Tout est merveilleux pendant les premiers jours, puis peu à peu son état de santé semble se détériorer. Ils font appel au médecin et à grand-maman Anne. Elle se rend à leur chevet. La vitalité du nouveau-né diminue à vue d'œil, il décède dans sa septième journée.

Pendant ce temps, Véronique et Samuel s'entraident pour la besogne. Une dizaine de porcs ayant atteint le poids exigé par les abattoirs seront vendus à un commerçant de la place avec qui ils ont déjà fait des affaires. Celui-ci doit les embarquer pour Québec tôt le matin. Il fait bon dehors. On se croirait à l'été des Indiens. Le train terminé, Samuel avoue à sa bru qu'il ne se sent pas bien. Elle lui conseille de retourner à la maison pour manger un peu et tente de le rassurer en disant :
«Je termine le nettoyage de la chambre à lait et je vous rejoins».
Comme elle s'apprête à venir déjeuner, le camion arrive. Son beau-père lui avait donné quelques conseils sur la façon de procéder pour les embarquer afin d'éviter les problèmes. Véronique fait de son mieux pour leur transmettre la procédure à suivre, mais les camionneurs, qui se croient bien malins, n'en font qu'à leur tête. Tel qu'elle le craignait, trois des animaux s'échappent. Elle court fermer

les passages qui demeurent ouverts à l'automne et fait tout ce qu'elle peut pour les empêcher de s'échapper dans le chemin. Cette scène ridicule dure trop longtemps. Samuel, qui était allé se recoucher, a entendu des cris. Debout à la fenêtre, il suit le stupide manège. Il se sent coupable d'être dans l'incapacité de prendre la place de sa belle-fille. Il jure contre ces insignifiants, et sa pression monte. Après plus de trois quarts d'heure de course infernale et de stress, ils ont pu attraper les deux derniers qui leur filaient entre les mains comme des bêtes fauves.

Essoufflée, elle revient à la maison et trouve son beau-père au lit, incapable d'articuler. Le service du téléphone est récent de quelques jours. Véronique, au bord de l'affolement, ne maîtrise ni ses pas, ni ses émotions. Elle se dirige vers l'appareil pour rejoindre leur médecin, mais après avoir pris soin d'enlever sa tenue de circonstance, comme si quelqu'un pouvait la voir dans l'appareil. Nous sommes en 1954. Combien de fois les proches l'ont-ils taquinée à ce propos !

Le docteur ne se fait pas attendre et diagnostique sans peine le malaise de cet homme qui n'a que 67 ans. Pourvu de bons médicaments et avec du repos, il ne souffrira pas de séquelles de cette légère attaque de paralysie. Le sexagénaire réclame la présence de sa femme au plus tôt pour venir en aide à sa belle-fille.

Dramatique sur le coup, la vague s'est vite estompée, et la vie a repris son cours normal. En attendant les boucheries et le grand ménage des Fêtes, grand-mère sort sa boîte de guenilles : vieux vêtements, draps et oreillers usagés pour les tailler en prévision de tisser de la catalogne au cours de l'hiver prochain. Elle récupère tout, même les retailles de ses travaux de couture avec lesquels elle ne prévoit plus faire de courtepointes. Tout ce qui n'est pas approprié pour le tissage, à cause de l'épaisseur et de la couleur, est réservé pour la confection des tapis. Dans un rire amusé,

Véronique donne ses impressions à Anne qui les reçoit d'un air satisfait :

« On ne s'ennuie jamais dans cette maison, lui dit-elle. À travers le quotidien, il y a une chose plus grande et davantage importante pour moi. Vous ne le savez pas sans doute. Même enfant, j'ai toujours eu la soif d'acquérir de nouvelles connaissances. Je suis comblée aujourd'hui. J'ai le plaisir d'expérimenter et de m'améliorer auprès d'une femme accomplie telle que vous. Je me rends compte qu'une grande similitude existe entre vous et mes grands-mamans. »

La boucherie des porcs s'est effectuée dans une corvée entre voisins. Véronique a participé à la préparation du boudin, des cretons et de la tête fromagée. Elle démontre également de l'intérêt lorsque vient le temps de faire les tourtières et les pâtisseries. La future cuisinière découvre que sa belle-mère a le don de bien assaisonner tous les plats qu'elle cuisine. À aucun prix, elle ne veut laisser passer la chance d'apprendre cet art car, selon elle, c'est le secret qui prévaut pour la réussite d'un bon plat.

Cependant, le jour prévu pour l'abattage du bœuf, la belle-mère essuie un revers de la part de sa bru. La pauvre Véronique, quant à elle, n'a pas la moindre idée de ce qui l'attend jusqu'à l'heure où sa belle-mère se tourne vers elle et lui dit :

« Vu que la propriété est à votre nom, j'ai pensé que ce n'est plus à moi de vider la panse de bœuf afin d'en retirer tout le suif pour faire le savon. C'est maintenant à toi de faire ça. Avec le gras que j'ai déjà ramassé, on aura une grosse brassée de savon à faire au printemps. »

Il est heureux que l'incident se déroule avant souper ! Après s'être vêtu d'habits qui iront tout droit aux guenilles, Léonard sort le premier et se rend à l'étable, son épouse le suit avec son fanal. Sur place, elle se dit n'avoir jamais imaginé pareille corvée. Dégoûtée, les nausées lui font restituer le peu qui lui restait dans l'estomac. Son époux, qui est moins dédaigneux, se contraint de persister jusqu'au bout, estimant qu'il a la chance de ne pas avoir le cœur sur le bout des dents. Véronique se charge de nettoyer dans de grandes cuves malgré ses haut-le-cœur les boyaux vidés. C'est ce qu'il appelle le *déraille*. À cette substance, Anne ajoute toute graisse animale qui ne s'utilise pas dans la nourriture. Ces corps gras gelés pendant l'hiver serviront de base pour la *façon* de savon.

Pendant qu'elle procède au lavage, constatant que ce n'est pas un travail pour elle, Véronique confie à son mari :

«Si je suis passionnée pour les travaux ménagers et artisanaux au-delà des attentes de ta mère et si je démontre beaucoup d'enthousiasme pour tout ce qui concerne l'élevage des petits animaux, cela ne veut pas dire que j'aime travailler dans la merde. Dès ce soir, ta mère va savoir ce que je pense de la panse de bœuf».

Il ne dit rien, c'est la première fois qu'il la voit de si mauvaise humeur. Pourquoi insisterait-il pour lui faire vivre cette répulsion?

La corvée terminée, Véronique entre à la maison la rage au cœur. Ne pouvant plus se retenir, les paroles jaillissent comme une fusée :

«Regardez-moi bien! C'est la première et la dernière fois que je vide une panse de bœuf. Jamais plus, vous m'entendez. Si on devient trop pauvre un jour, je préfère me priver de manger pour m'acheter du savon plutôt que de dérailler des panses de bœuf.

Anne de lui répondre :

— C'est ton affaire, on verra bien si tu feras mieux que nous autres.»

Sur ces mots, Véronique ne répliqua pas, elle ne voulait pas provoquer de dispute. Son but était de mettre les choses au clair. Dans toutes les années qui ont suivi, il n'y a jamais eu d'écho sur cette mise au point.

L'atmosphère des retrouvailles, annexée à l'ambiance des Fêtes, fait en sorte que tout le monde est gai et plein d'entrain. Léonard est sur place pour longtemps car il ne retournera pas au chantier vu que son épouse doit accoucher en février. Parmi toutes les péripéties qui alimentent leur vie commune, ces deux amants comprennent que leur amour dépasse les émotions provoquées par la vue de l'être aimé ou les envols qu'ils se permettent de faire en s'abandonnant à leur l'imagination. L'amour s'accompagne d'odeurs, de couleurs, et aussi de musique pour mieux se nourrir. Depuis son retour, le parfum de son corps et la sensibilité de sa bouche coulent dans ses veines comme un fluide qui va droit au cœur. Ils sont obligés de s'avouer qu'ils sont heureux, malgré l'épée de Damoclès qui flotte sur leurs têtes.

Pour une amie
Qui a perdu son poupon

Avancer sans comprendre
 Sans rien demander

Ce que l'on veut
 N'étant plus

Submergée, dépassée
 Déchirée
  Et malgré tout
   Avancer

Regarder au-delà et pleurer en silence

Laisser couler, laisser aller
 Pour ne plus étouffer

Et ne garder que l'impression très douce
 D'un être qui nous porte
  Tendrement

Et nous ramène
 Tendrement
  Un peu plus loin.

DIANE BOUDREAU

Un amour d'enfant

Véronique et Léonard se proposent de se rendre chez les parents de la jeune dame pour le jour de Noël. Ils décident de faire le trajet en auto-neige. Elle surveille attentivement l'arrivée du taxi afin de ne pas impatienter les gens qui sont déjà à bord. Le vent retenait son souffle. À cette époque, le *snow* avait pour plusieurs l'allure de comète miraculeuse filant droit au ras du sol vers l'infini. En route, Véronique jette un coup d'œil par les hublots, elle reconnaît des familles qui ont choisi de vivre la fièvre de Noël au rythme endiablé des chevaux galopant sur la route enneigée. Cependant, lorsque le jeune couple verra s'élever la tempête à l'heure du souper, il sera fier de sa décision.

Ce rassemblement chez les Côté sera suivi de celui du jour de l'An chez les Roy. L'hiver s'annonce difficile car, à l'exception de Luc et de sa famille qui sont voisins de la maison paternelle, tous ont été *dégradés*. Pendant deux jours consécutifs, les ripailles préparées pour l'occasion trouvent preneur. L'atmosphère est détendue, chacun y retrouve un peu de son enfance. Comme toujours, Léonard distrait jeunes et vieux de ses contes et récits, tous plus loufoques les uns que les autres. Chacun profite à souhait de cette longue vacance improvisée.

Une surprise, sans précédent, attend les proches de cette famille unie. Au cours de la semaine qui suit le jour de l'An,

Laurie, qui est soi-disant en congé pour la période des Fêtes, prévoit un rapprochement avec son père pour lui faire part de son intention et lui demander s'il peut l'accompagner à Rimouski. Quelle ne fut pas sa surprise! Elle lui annonce qu'elle entre en religion. Laurie n'a que 20 ans. Renversé par cet aveu, il lui promet tout de même de l'accompagner à la communauté qu'elle a choisie. Après tout, se dit-il, un religieux dans une famille, n'est-ce pas le souhait de tous les parents!

Stupéfaite, pour ne pas dire contrariée, sa mère croit tout d'abord à une autre plaisanterie de la jeune fille. Ce boute-en-train lui en a fait voir de toutes les couleurs à l'âge de l'enfance. Devenue très sérieuse à l'adolescence, sa maman a élaboré des projets d'avenir. Elle avait cru secrètement à sa bonne étoile jusqu'à cette dernière révélation. «Cette enfant ingénieuse, aimante et généreuse qui avait pris soin de s'installer confortablement dans mon ventre pendant ma ménopause, pourquoi ne deviendrait-elle pas un jour mon poteau de vieillesse?» avait-elle nourri au gré des années. D'un coup, Anne voit s'écrouler ses rêves et éprouve des difficultés à accepter la décision de Laurie. Les liens qui ont été tissés au fil des ans se briseront un à un.

Ce n'est que le jour où elle prononcera ses vœux qu'Anne réalisera que Laurie avait découvert sa vocation religieuse pendant ses années de pensionnat à l'École normale. Combien la petite fille avait grandi mentalement et spirituellement au cours de cette période! perçoit-elle maintenant. Néanmoins sa mère n'avait pas prévu pareil dénouement. La benjamine n'a pas fini de les surprendre, car elle deviendra plus tard missionnaire en Afrique avant d'œuvrer au Guatemala et au Honduras. Du noviciat à l'enseignement, d'une mission à l'université, Laurie réussira à les épater jusqu'à leur dernier sommeil.

Véronique respecte le deuil et le silence de belle-maman. Elle en profite pour se concentrer sur une autre de ses ambitions en s'initiant au filage de la laine. La future maman semble jouir d'une excellente santé. Pendant ce temps, Léonard goûte à un minimum de repos, car il doit couper le bois de chauffage avant la sève du printemps. De temps en temps, il éprouve le besoin de revivre l'ambiance de ses jeunes années. Les jours de tempête sont un merveilleux prétexte pour rejoindre les joueurs de cartes au magasin.

C'est ainsi que va la vie en attendant l'accouchement de la future maman. Plus la délivrance approche, plus son esprit devient la proie de pensées sombres qu'elle s'efforce de remplacer par des rêves débordants d'optimisme. En ce jour du 18 février, vers la fin de la journée, Véronique ressent des souffrances dans les reins qu'elle identifie aussitôt à des contractions. Elle se courbe tout à coup sous le poids de la douleur. Léonard n'est pas dupe, il la regarde dans les yeux jusqu'au fond de l'âme. Elle sent son cœur se noyer. Une expression réfléchissant la crainte supplie le Ciel en silence. Dehors, des nuages tumultueux se bousculent comme des bêtes affolées d'un troupeau en fuite. Le jeune époux s'est mentalement préparé aux premières manifestations de Véronique. À aucun prix, celui-ci n'acceptera qu'elle revive les souffrances qu'elle a endurées lors du premier accouchement.

Considérant que les chemins sont encore assez beaux pour se rendre à l'hôpital en automobile, un téléphone de la maison au restaurant du Coin lui permet de réserver un taxi. N'empêche que plus ils s'approchent du fleuve, plus la neige tourbillonne. Soudain des rafales obstruent la visibilité du conducteur qui doit ralentir. À Trois-Pistoles, au bord de la mer, les conditions de voyager deviennent de plus en plus menaçantes. Une fois de plus, la poudrerie roule avec entêtement ses blanches voiles dans les champs, et les bancs de neige s'amoncellent en travers du chemin. Le chauffeur croit qu'il est téméraire de s'aventurer en automobile et leur conseille de continuer leur route en *snow* jusqu'à Rivière-du-Loup.

Ils franchissent le seuil de l'hôpital vers les neuf heures. L'accouchement se déroule de manière naturelle selon les opinions des infirmières qui assistent la parturiente avec beaucoup d'égards. Véronique est anesthésiée et accouche à l'aurore. Léonard est à ses côtés lorsqu'elle ouvre les yeux. Il lui apprend qu'elle vient de donner naissance à une belle petite fille de sept livres et demie. Le visage de son mari, pâle et cireux comme un matin de pluie, ne passe pas inaperçu. Bien qu'elle le sache fatigué d'avoir passé une nuit blanche, son teint blafard et son regard mélancolique ne lui inspirent rien de joyeux. L'esprit de l'accouchée est aux prises avec de cruels soupçons. Comme il n'ajoute plus rien sur leur nouveau-né, elle ose alors formuler la fameuse question que Léonard redoutait depuis son réveil :

« Est-elle en santé ? murmure la maman agitée par l'incertitude et la peur.

La réponse de celui-ci évoque une porte qui s'ouvrira sur le bonheur ou le désespoir. Parvenant à contrôler ses émois, Léonard lui dit avec un accent de tristesse qu'il ne réussit pas à dissimuler :

— Notre fille souffre d'un méningocèle, tout comme notre aînée Andrée. La différence est que l'on pourra l'amener avec nous, parce que son cas est beaucoup moins sévère.

Dans un réflexe amoureux, il se penche vers elle et l'enlace, laissant ses larmes s'épancher sur le visage de sa bien-aimée. À travers des sanglots, il lui répète les paroles qu'il lui a verbalisées il y a deux ans :

— On questionnera le médecin afin de se renseigner davantage. Chère Véronique, je donnerais tout ce que je possède, jusqu'à ma vie, pour t'épargner ce chagrin. »

Quoiqu'on en pense, le ciel vient de s'écrouler sur leur tête pour une deuxième fois. Ils se demandent ce qu'ils ont fait de si répréhensible pour mériter un tel châtiment. Dans les bras l'un de l'autre, ils s'écroulent et gémissent sur leur sort.

Ces jeunes parents vivent un débat intérieur, pendant que le médecin se dirige vers la chambre de sa patiente. D'une voix blanche, il leur dicte :

«Votre bébé me paraît en excellente santé.

Il s'arrête un instant puis, de ses grands yeux inquisiteurs qu'il promène tour à tour de Léonard à Véronique, il déclare :

— J'ignore combien de temps votre nouveau-né vivra, mais j'ai la certitude qu'elle ne pourra pas marcher, à moins d'une surprise. Durant les toutes premières semaines de votre grossesse, les tissus nerveux se sont alors accumulés au niveau des vertèbres lombaires. Des recherches sont en cours, mais la cause de ce phénomène demeure encore inconnue face à la science. Vous devriez la faire opérer lorsqu'elle aura doublé son poids, environ vers neuf mois. D'ici là, vous devrez lui faire des pansements, éviter qu'elle se mouille afin de prévenir toute infection. Le médecin n'ose pas leur dire que la plupart de ces nouveau-nés décèdent avant un an, suite à une contamination. Il ajoute pour terminer : Ne perdez pas confiance et espérons que les neurologues de l'hôpital de l'Hôtel-Dieu pourront replacer les tissus nerveux.

Au bord de l'affolement, le jeune papa réplique d'une voix étouffée :

— Nous nous sommes accrochés à notre bonne étoile, et voilà où nous en sommes».

Cette épreuve est inacceptable. Véronique et Léonard se retrouvent dans un gouffre. Il passe la journée près d'elle, tentant de percer ce mystère tout en s'efforçant de ne pas s'écrouler jusqu'au fond de l'abîme. Ce n'est qu'après le départ de son époux que Véronique perd le contrôle d'elle-même. En vagues venues de l'invisible, les pleurs crèvent son âme, roulent dans sa poitrine et montent à ses yeux comme si les angoisses et tous les drames vécus jusqu'ici avaient soudain fait rompre les digues massives qui les retenaient.

Pendant des jours, les sanglots la secouent et les larmes ruissellent sur ses joues. On lui donne des calmants qui provoquent chez elle de sinistres cauchemars. Ces cauchemars sont peuplés de vieilles femmes qui courent après elle avec de longs couteaux. Cette fille d'un naturel très affable et polie ne veut plus rien savoir de personne. Révoltée, elle se tourne la figure vers la fenêtre afin d'éviter qu'on lui adresse la parole. Son époux est le seul qui parvienne à lui soutirer quelques mots. Par contre, elle s'entretient avec l'infirmière de la pouponnière.

Après huit jours, le médecin daigne signer le congé de l'accouchée. Un sentiment de honte et de culpabilité obsède la jeune maman à la pensée de devoir paraître devant ses beaux-parents. Elle se perçoit indigne de ne pas leur donner des descendants en santé. Suite à cette seconde adversité, Véronique est d'une grande vulnérabilité. Elle passe du désarroi à la colère. Outrée, offensée, et femme en pleine forme, elle est convaincue d'être en mesure de porter des enfants en santé tout autant que ses sœurs Suzanne et Pascale qui sont déjà mamans de deux garçons rayonnants. Pourquoi la nature l'oblige-t-elle à supporter le poids d'une croix aussi accablante? Ce calvaire finira-t-il un jour?

Dès leur apparition, la belle-maman vient au-devant d'eux et s'empresse de recueillir affectueusement la brassée. La belle-fille lui jette un regard désabusé, celui qu'une jeune maman n'aurait jamais dû avoir en pareille occasion. Anne place doucement le poupon sur la table pour lui enlever un surplus de vêtements. Elle la regarde, se tourne vers son fils et lui dit :
— Comme elle est belle!»
Puis se retournant vers Véronique, Anne lui avoue qu'elle est aussi belle que Jocelyne et France, ses deux jeunes sœurs. À ces mots, mais surtout à la douceur de la voix

de celle-ci, un léger soulagement vient d'alléger ses épaules. L'accueil inattendu qu'elle reçoit de la part de belle-maman excède tout ce qu'elle a pu souhaiter.

De toute évidence, Véronique n'est plus la jeune femme téméraire et spontanée qui, huit jours passés, a dû partir accoucher par un soir de tempête. Devant ce deuxième échec, elle ne peut s'empêcher de promener un regard terne sur l'avenir. Depuis, elle a versé toutes les larmes de son corps à l'idée de se sentir coupable envers cet enfant qui n'a pas demandé à venir au monde. Aussi jeune qu'elle puisse être, Véronique ne se pardonnera jamais d'avoir donné la vie à une pauvre petite fille qui sera incapable de marcher et qui ne pourra jamais vivre une vie normale. Le poids d'une énorme culpabilité l'accable tellement que le bonheur d'aimer lui paraît à nouveau méprisable. Sa vie n'est plus que désespoir, regrets et colère!

Cependant une certaine métamorphose s'est opérée dans l'esprit de cette maman au moment où elle a franchi la porte de l'hôpital portant sa petite dans ses bras. Un penchant que tout être vivant doit à sa nature s'est tout à coup réveillé en elle. La pulsion qu'elle a ressentie, Véronique ne peut la définir, mais elle ne peut l'oublier. À compter de cette fusion avec sa fille, la jeune maman a décidé de se fier à son instinct maternel qui tendra de jour en jour à la rassurer. L'amour et la tendresse dont elle est capable feront en sorte qu'elle percevra les besoins de ce poupon sans défense.

Les parents de Léonard portent leur petite fille sur les fonts baptismaux. Elle est baptisée sous le prénom d'Isabelle. Comme si la souffrance l'avait dotée d'une sensibilité et d'une clairvoyance aiguisée, l'intuition de Véronique la rend capable d'apercevoir ce qui échappe à la plupart des autres membres de la famille. Elle devine les souffrances morales qu'endure Léonard en silence. Leur avenir est empoisonné non seulement par la douleur de voir leur rejeton diminué, ils doivent aussi dès maintenant faire abstraction de nombreux rêves pour elle. Après le décès d'Andrée, ils avaient rebâti leur espoir de peine et de misère. Audacieux, voire téméraires, une deuxième tentative était devenue capitale pour eux. Leur confiance était échafaudée sur une hypothèse, et ils espéraient en sortir indemnes.

Leur nouvelle adaptation demandera tolérance et beaucoup d'abnégation de la part de ces deux blessés par la vie. Depuis le jour où sa femme et sa fille sont revenues à domicile, Léonard se reproche de ne plus être en mesure de s'émouvoir. L'effroi, le plaisir, l'intérêt, la bienveillance, plus rien ne le remue. Quant à Véronique, constamment préoccupée pas son bébé, elle vit sous l'impression qu'un écart est en voie de s'installer entre eux, elle souffre en silence.

La jeune mère effectue ses premières expériences de soins infirmiers auprès d'un nourrisson qui n'est autre que son bébé. De février à mai, le mari a vécu des sentiments de solitude, d'insatisfaction et d'impuissance à faire quoi que ce soit pour l'aider ou du moins l'encourager dans les attentions particulières qu'elle exerce autour de leur nouveau-née. Fragilisée, la maman ne donne plus l'écoute, la compréhension, le soutien et la complicité auxquels son mari a été habitué depuis leur première rencontre. Bref, la jeune épouse ne se méfie pas de la lucidité de son époux. Cependant, sous des dehors parfois récalcitrants, ce mari aimant n'a pas fini de l'étonner. Léonard cache une sensibilité et une générosité dont il ne faut jamais douter. Un entretien entre eux, par un beau matin, laisse Véronique meurtrie et rongée de remords. Les révélations de son bien-aimé lui signalent une tolérance dont elle se sait elle-même dépourvue.

Avec la venue du printemps, Léonard est redevenu conscient de son estime de lui-même et de ses talents. Un ascendant a su chasser de cet homme invincible son mal de vivre. À force d'acharnement, il réalise un grand morceau d'abattis de quelques arpents de broussailles. C'est le seul moyen honnête qu'il ait trouvé pour jeter son dévolu et étouffer du même coup la honte et la culpabilité qui l'anéantissaient dès qu'il pensait aux deux créatures qui ont le plus besoin de lui.

Quant à Véronique, elle est si préoccupée par le mieux-être d'Isabelle qu'elle est insensible au renouveau du printemps 1955. Cette saison exerce normalement beaucoup d'influence sur son humeur. La température qui s'adoucit et la végétation qui renaît ne la transportent plus aux merveilleux jours qui avaient vu éclore leur amour. Son attention est si constante auprès du bébé, qui exige des soins méticuleux et constants, qu'elle semble ne rien voir de ce qui se passe autour d'elle. Malgré tout, elle parvient à accomplir les travaux ménagers et continue de seconder Léonard à l'étable.

Cette besogne nécessite de sa part davantage de précautions par rapport au nourrisson. En plus d'envisager les travaux saisonniers qui se succèdent, elle n'ignore pas, pour l'avoir déjà vécu, que le printemps leur apporte parfois différentes sources de soucis. Plus que jamais en ce mois de mai, elle craint la saison estivale qui se pointe à l'horizon. Curieuse de faire la connaissance de leur nouveau-née, la parenté ne manquera pas leur traditionnel rendez-vous estival. Ses préoccupations au sujet d'Isabelle s'amplifient à cause de la plaie qui l'afflige.

Tel que la mère le craignait, un fait a multiplié ses angoisses dès l'arrivée des beaux jours. La température était élevée ce matin-là. Elle prend soin de consulter belle-maman avant de donner le bain à la petite. Malgré la chaleur, les deux femmes se penchent avec amour sur l'état du bébé et se mettent d'accord de l'envelopper dans un lange de finette en cas de visites imprévues. Dans l'heure qui suit, Madeleine, la belle-sœur ne manque pas sa visite journalière. Pour la première fois, Isabelle ne s'est pas rendormie après sa toilette. En direction de la bassinette, la visiteuse s'exclame sur un ton désapprobateur :

« Mais, Véronique, déshabille-moi ce bébé-là, tu ne vois pas la chaleur qu'il fait.

Les comportements de Madeleine sont aussi imprévisibles que sa manière de s'exprimer. Véronique éprouve de la colère en entendant ses commentaires. Elle refuse cependant de lui répondre, évitant ainsi d'engager une discussion avec elle. Voyant les larmes qui coulent sur les joues de sa bru qui bouillait de rage et de chagrin, Anne intervient :

— Écoute, lui dit-elle, elle est malade, on ne tient pas à ce que sa plaie s'infecte et encore moins à satisfaire la curiosité de tout le monde. Tu n'y touches pas jusqu'à ce qu'elle soit opérée. Il n'est pas question qu'Isabelle passe de grandes journées seule dans la chambre. C'est un poupon très éveillé pour ses trois mois. »

Cette déclaration produit chez Madeleine le même effet que si on lui avait coupé les deux jambes. Elle s'assoit, incapable d'articuler un seul mot. À son tour de fondre en larmes...

Cette situation incontrôlable maintiendra la maman sur un pied d'alerte tout l'été. Il lui arrive qu'elle ne sache plus où mettre les priorités. Elle est dépassée. Les proches et les événements ne lui donnent aucun sursis. L'ingéniosité et le courage qu'elle déploie et le peu de considération qu'on lui porte devant les efforts soutenus finissent par user ses belles qualités. Un soutien indispensable et appréciable à certaines heures aurait été bienvenu. La saison d'été 1955 se révèle d'une effervescence particulière avec la présence du cousin Lionel et de son ami Bellehumeur, deux pêcheurs américains, qui séjournent avec eux pendant plus d'un mois. À ceux-là, s'ajoutent tous les autres : cousins et cousines, oncles et tantes, neveux et nièces, frères et belles-sœurs, sœurs et beaux-frères qui entrent et sortent à tour de rôle.

Véronique comprend alors tout le sens profond du terme *bien paternel*.

Les vacances d'été comportent différents éléments, tout dépend du point de vue où l'observateur se place. Pour plusieurs agriculteurs, cette saison se révèle onéreuse et accablante. Les citadins qui œuvrent pour une compagnie ont droit à des vacances payées pour la plupart. Ils bénéficient donc de ce cycle annuel pour visiter la parenté. Les ruraux se font une joie de les accueillir. Mais, la plupart du temps, cette période de relaxation pour les citadins coïncide avec les semaines les plus stratégiques de l'été pour les fermiers. La fenaison et les récoltes s'avèrent les périodes des plus achalandées pour eux. Parfois, comme c'est le cas de Léonard, ils font face à une pénurie de main-d'œuvre. Leur horaire, déjà difficile à organiser, se complique avec la température qui n'est pas toujours leur alliée.

À travers leurs soucis quotidiens, c'est avec le sourire qu'ils se font un devoir d'ouvrir leurs bras et leur cœur à tous ceux et celles qui, en dépit de leur éloignement, ont conservé le sens de la famille. Autour de la grande table familiale, certains personnages réussissent à détendre l'atmosphère de manière à faire fuir les soucis de leurs hôtes pour quelques instants. Bien qu'Anne et Véronique passent énormément de temps à la préparation des repas, la jeune femme remarque que son mari est moins taciturne depuis leur arrivée. Il se montre plus bavard, parfois enthousiaste, auprès des vacanciers.

N'empêche que Léonard ne peut pas en dire autant de son épouse. Comme elle n'est pas en mesure de lui prêter main-forte, elle se sent fort démunie. Celle-ci éprouve une certaine culpabilité de le voir courir à toutes jambes, sans jamais avoir l'opportunité de s'offrir, ne serait-ce que quelques minutes, une détente après souper. Elle n'est pas dupe, elle constate que, sur une ferme, il y a toujours des prévisions quand ce n'est pas des expectatives. La

croissance de leurs corvées alourdies d'impératifs est due
à l'expansion qu'ils poursuivent depuis qu'ils sont devenus
légataires du patrimoine familial. Contrairement au désir
qu'elle lui avait exprimé le lendemain de son mariage au
bord de la mer, elle découvrira, avec le temps, qu'aucun
sursis n'est possible pour les ambitieux qui œuvrent dans
le domaine de l'agriculture.

Bien que les apparences soient contradictoires, il n'en
demeure pas moins que Véronique est toujours amoureuse
de son époux. Son mari est son point de mire et il doit le
demeurer en ce moment crucial de leur vie. Elle juge alors
de lui faciliter la tâche en se comportant de manière plus
désinvolte avec lui. Malgré cette indifférence que Léonard
ne lui connaissait pas, il essaie de garder la bonne humeur
en espérant qu'avec le temps, ils retrouveront l'harmonie
dans leur couple. Consciente de l'énergie qu'il a déployée
sans relâche depuis le printemps, la jeune épouse apprécie
au plus haut point le pragmatisme avec lequel son mari
maintient le gouvernail. Il n'en faut pas plus pour qu'elle
pleure en cachette lorsque la fatigue associée à son hyper-
sensibilité dépassent les limites.

À la pensée de le voir bientôt s'exiler au chantier pour
payer la note de l'accouchement et les honoraires du
médecin, les remords ne font qu'amplifier ses tourments.
À ces dépenses, d'autres viendront s'ajouter tels que les
déplacements à Montréal et l'opération d'Isabelle qui sur-
viendra au début de la prochaine année. Les spécialistes
exigent des rétributions très onéreuses. Tout ce boulever-
sement familial et budgétaire demande de la planification.
Les épaules recourbées, la tête basse et les yeux noyés
de larmes, Véronique se fait surprendre par son mari.

Il va sans dire qu'ils éprouvent tous deux le besoin de se
retrouver, avant de s'éloigner physiquement pour trois ou
quatre mois. Tendres amoureux qu'ils étaient, ils ne parviennent plus à rattraper leur tranquillité d'esprit. Le risque

de retomber enceinte est une menace perpétuelle depuis l'accouchement. Le matin au réveil, le soir au coucher, l'épée de Damoclès est constamment là, suspendue au-dessus de leurs têtes. Tous deux refusent d'envisager pareille éventualité. Outre l'abnégation totale, ils ignorent toujours vers quelles dispositions ils devraient se tourner pour retrouver la sérénité. Leur recherche de solution, vaine jusqu'ici, explique pourquoi Léonard noie sa frustration dans le travail. Au début du printemps, après s'être fait la promesse de ne pas baisser les bras devant leurs objectifs communs, les deux malheureux s'étaient donné l'été pour dénicher un procédé, libérateur de toutes craintes d'enfanter.

Hélas! Plusieurs mois se sont écoulés depuis la naissance, ils ne sont guère plus avancés. Au cours de leurs fréquentations, ils s'étaient préparés à bien des éventualités afin de protéger leur vie affective. Mais comment auraient-ils pu envisager un problème de cet ordre? À travers de tendres épanchements, leurs deux corps se retrouvent, six mois après la naissance, devant un problème non résolu. La méthode Ogino, la seule acceptée par l'Église en 1930, comporte trop de risques selon les expériences vécues autour d'eux. Ils ne peuvent s'y fier. Écoutant leur conscience, Véronique et Léonard se perçoivent coupables de désobéir aux commandements et à l'Église, mais ils se sentent davantage responsables envers des enfants démunis et tout aussi coupables.

Ils évaluent le prix qu'il leur faut payer aujourd'hui pour avoir vécu leur amour en légitimité avec les lois de l'Église. À travers un torrent de sujétions et d'arguments insolites, ils réfléchissent ouvertement à l'abstinence totale qui leur est imposée. Bien qu'ils aient toutes les raisons d'être négatifs, ils essaient de demeurer objectifs. Cependant, leur union, si solide soit-elle, peut-elle grandir sans aucun partage sexuel? Vers qui se tourneront-ils pour dénicher une solution positive? Ces mille et une questions demeurent toujours sans réponse.

Le temps est long pour des amants fidèles. Après trois mois de jeûne, les partenaires s'interrogent mutuellement sur les sentiments qui habitent leur conjoint. Léonard a le cœur brisé lorsque Véronique repousse toute expression de tendresse. Cependant, il survient des occasions où c'est elle qui réagit à l'impassibilité de Léonard. Elle se torture et se demande si son corps lui est à ce point familier qu'il n'éveille plus cet élan passionnel. Elle a froid dans son corps et dans son cœur. Victimes de fréquents soubresauts, les deux amoureux voient l'écart qui s'accentue dans leur ménage contre leur propre volonté.

Si ce n'était qu'une question de mois? Ils réalisent avec stupeur que l'abstinence qu'ils vivent présentement n'est que le prélude de futures années de tensions. Avec beaucoup d'amertume, ils sont conscients que leurs rêves de jeunes amoureux sont anéantis et que leur sentence ne fait que débuter. Dans les bras l'un de l'autre, c'est en pleurant sur leur sort que nos deux malheureux ressentent un urgent besoin d'ouvrir leur cœur, une dernière fois peut-être. Comme ils l'ont fait depuis trois ans, ils s'abandonnent dans une déclaration d'amour, tout aussi émouvante et passionnée qu'au soir de leurs fiançailles. Une image, une chaleur, un bien-être les transportent dans un état euphorique.

La fougue amoureuse avait fait de Léonard un homme silencieux, attentif à l'écoute d'un autre souffle. À tour de rôle, les amants se déclarent que leurs attirances n'ont pas changé, mais qu'ils n'osent plus l'exprimer spontanément. Les répercussions de l'acte d'amour se révèlent si lourdes de conséquences qu'elles annihilent leurs élans. Dans la peur d'engendrer, ils se sont refusés mutuellement depuis son accouchement. Dans l'effervescence de leur jeune vingtaine, ils comprennent que c'est impossible de persister plus longtemps dans une totale privation. Ils n'avaient pas prévu vivre une situation aussi paradoxale. N'ayant pas de solution, Léonard se lève et s'éloigne. Seul avec sa peine, il se rend compte que la survie de son couple est ce qu'il y a de plus important dans sa vie et se répète tout haut :

« Véronique est la femme de ma vie, et je l'aime. Comment puis-je extirper de ma chair la passion que j'ai pour elle ? Tous mes rêves de jeunesse viennent de s'effondrer ! Sans l'amour de ma vie, que me vaut le travail ? »

Croyant que toute sexualité est bannie entre eux, il est inévitable pour Véronique qu'elle ne revive pas certaines images de son enfance. Les souvenirs servent souvent de repères dans nos vies. Véronique se remémore le refus d'Esther devant sa dixième maternité. Une autre responsabilité venait d'incomber aux pauvres parents qui ne pouvaient suffire de manière équitable aux marmots qui étaient déjà là. Ni le curé, ni les docteurs ne se sont réellement penchés sur leur problème. Des préservatifs avaient été distribués aux soldats, en Europe, pendant la guerre de 1939. Par contre, ici au Canada, le sujet demeurait encore tabou en 1955, en particulier dans nos campagnes. Ce n'est un secret pour personne.

En manque de sérénité et de chaleur, Véronique éprouve le besoin de trouver un coin silencieux pour réfléchir longuement. Elle se dirige vers le jardin. Enveloppée d'une grande paix, une brillante lumière vient réchauffer son âme endolorie, et une pensée pour sa petite Isabelle la transporte au jour où ils devront monter en ville pour rencontrer le chirurgien : « Je devrais prendre contact avec le docteur Catellier dès aujourd'hui, se dit-elle. Celui-ci pourra, par la suite, faire la recherche pour le meilleur chirurgien en neurologie. »

À l'affût d'une soupape, elle discerne tout à coup un sauveur dans ce grand personnage. Pratiquant sa profession dans une grande ville, tout près des universités, ce savant est sans contredit à la fine pointe des plus récentes découvertes. Elle est convaincue que cet homme de science les sortira de leur impasse. « Ce chirurgien sera de bon conseil, j'en suis certaine! Pourquoi n'y ai-je pas pensé avant? La médecine a sans doute progressé dans ses recherches. Enfin! Une éclaircie vient de surgir dans un ciel obscurci de nuages. »

Pressée de faire part de son idée à Léonard, excitée comme une gamine, elle l'appelle, ignorant quel milieu il a choisi pour freiner l'envolée de ses bonnes vibrations. Elle le retrouve dans le fenil assis sur des ballots de foin, la tête enfouie dans les mains. Véronique s'assoit près de lui et appuie sa tête sur son épaule. Peu à peu, elle essaie de lui injecter l'espoir qu'elle a décelé dans les déplacements qu'ils doivent faire à Montréal à son retour du chantier. Il boit ses paroles et, tout comme elle, il pressent la découverte d'une certaine liberté rattachée à cette démarche. D'emblée, il acquiesce à l'idée de sa femme et se raccroche de pied ferme. Le feu de l'amour qui le consume ne se manifeste plus comme un fardeau. D'ores et déjà, le vindicatif, l'amoureux et le généreux Léonard visualise la fin du chantier alors qu'il est encore à planifier son départ.

Les premières lueurs du jour ont chassé les ténèbres. C'est aujourd'hui la date fixée pour traverser à Forestville. Depuis plusieurs semaines, ils se sont préparés moralement à cet éventuel éloignement. Léonard a donné des directives à Véronique et à Samuel en tout ce qui concerne l'entreprise. Dans l'intimité, ils refont le serment de se vouer une confiance et une admiration réciproques dans les épreuves comme dans les joies, si minimes soient-elles. Il regrette de la laisser avec autant de responsabilités. Puis, ce sont les adieux définitifs après avoir convenu que ce n'est ni le jour, ni l'heure idéale pour s'apitoyer sur leur sort.

Comme d'habitude, une correspondance soutenue, ouverte et affectueuse entretient leurs relations et comble les ennuis de l'absence. Le visage de Véronique ne le quitte ni dans ses pensées, ni dans ses rêves. Léonard regagnera sa demeure en février, quelques jours avant le rendez-vous fixé à l'hôpital de l'Hôtel-Dieu. À son retour, il redécouvre une Véronique plus attirante que jamais et décèle dans le bleu de ses yeux le désir amoureux qui peuplait ses insomnies.

Ils se mettent en route pour Montréal. Suzie, la sœur de Léonard, et son mari Rémi qui résident à Laval les hébergent à leur arrivée. Léonard y séjourne pendant une semaine, soit quelques jours après la chirurgie. Les médecins ne leur ont pas caché les dangers d'une telle chirurgie. Le cas d'Isabelle a semblé surprendre le chirurgien. Il demande à la maman si elle est infirmière de profession. Sur une réponse négative, il lui déclare que la plupart de ces cas, plus ou moins identiques à leur fille, ne sur-vivent pas au laps de temps qu'il leur faut pour doubler le poids de leur naissance, exigence requise pour procéder à l'opération. Tôt ou tard ces bébés sont contaminés par un germe pathogène qui déclenche une infection. Véronique se ressaisit rapidement pour ne pas exprimer tout haut sa pensée :

«Ici, l'ingéniosité et l'amour ont suppléé aux défaillances de la médecine. »

Usant de toutes les précautions recommandées par l'infirmière, le jour où elle a pris son bébé en charge, la dévouée Véronique est parvenue au prix de mille et une attentions à lui éviter toute infection.

Pendant les 15 jours d'hospitalisation d'Isabelle à l'Hôtel-Dieu de Montréal, sa mère doit loger avec l'enfant. À la sortie, il lui faudra s'attarder en ville pendant trois autres semaines pour le suivi et les pansements. Le papa regagne son domicile aussitôt que la tension et les dangers les plus imminents sont éliminés. Conscient de la largesse de ses hôtes, il ne veut surtout pas en abuser. Que ce soit pour les urgences ou les rendez-vous à l'hôpital, Rémi se rendra toujours disponible pour la jeune maman. Léonard part confiant.

Véronique a de la suite dans les idées. Un concours de circonstances lui permettra de se renseigner pendant la deuxième semaine. Le neurochirurgien se présente seul ce soir-là, tout juste après avoir visité un nouvel opéré dans la chambre voisine. Isabelle dort à poings fermés. Fidèle à l'intention qu'elle a mûrie, elle aborde la conversation en lui demandant pourquoi sa fille et beaucoup d'autres enfants naissent dans cet état.

Il lui fait part que des chercheurs américains sont sur la bonne voie. D'après eux, un composé déficient dans la formule sanguine de la mère en serait la cause. Puis, de fil en aiguille, la jeune femme lui partage leur premier échec et lui signifie qu'elle ne veut plus donner la vie dans ces conditions. Elle laisse libre cours à ses émotions et elle vide d'un trait le trop-plein qu'elle a accumulé depuis un an.

L'homme de science l'écoute jusqu'au bout avec beaucoup de respect. Lorsqu'elle s'arrête pour essuyer les larmes qui ruissellent, elle n'ose pas le regarder comme elle l'avait fait au début de leur conversation. Elle devient muette. Devinant que la jeune femme n'ajouterait plus rien, mais qu'elle attendait une réponse, il sort un bloc-notes où il écrit l'adresse de son bureau ainsi que le numéro de téléphone et lui demande de prendre un rendez-vous. Ce qu'elle s'empresse de faire le lendemain.

L'impitoyable vacuité venait de triompher. «Ce médecin, non seulement un grand spécialiste des tissus nerveux, était surtout d'une grande compassion,» conclut-elle après sa consultation. Véronique rend grâce au ciel de l'avoir mis sur son chemin. Cet homme de science s'est arrêté pour comprendre les souffrances morales de cette jeune maman de 23 ans. Elle en est troublée au plus haut point. Il lui prescrit la pilule anticonceptionnelle. Il lui parla également de préservatifs qui se vendaient dans plusieurs pharmacies de Montréal. Il précise qu'ils ne sont pas en vente libre. Elle est tenue de garder sous secret l'appui et la protection qu'il juge partial de lui prescrire mais qui ne s'adresse qu'à leur couple. Véronique voit apparaître un ange dans cet uniforme blanc, et elle lui sera à jamais reconnaissante.

C'est aujourd'hui que Véronique doit retourner chez Suzie avec Isabelle. Elle appelle le beau-frère afin de vérifier sa disponibilité. Tout se passe à merveille. La belle-sœur se montre très chaleureuse et sait la mettre à l'aise une fois de plus. Vers la fin de la soirée, Véronique lui fait part qu'elle écrira à Léonard avant d'aller dormir. Il devient urgent pour elle de partager l'espoir que lui a transmis le spécialiste. Dans la lettre, elle lui explique qu'une lumière brille pour eux désormais et lui partage le dialogue tenu avec le chirurgien :

«Grâce à cet homme complaisant, les relations sexuelles nous seront dorénavant possibles en toute quiétude. Il y a quinze jours, nous n'avions aucun moyen contraceptif à notre disposition, voilà que deux méthodes nous sont disponibles dès aujourd'hui.

Elle sent le besoin de préciser que ce cadeau leur parvient à un moment opportun :

«Une nouvelle possibilité d'apprécier notre jeunesse et de la vivre nous appartient désormais, lui écrit-elle. Ce médecin, d'une écoute encore jamais vue, nous redonne des ailes. Je n'ai qu'à rencontrer le pharmacien qu'il m'a recommandé.»

Les informations les plus récentes au sujet de leur fille complètent la missive à laquelle elle inclut à la toute fin le désir de dormir dans ses bras.

Léonard ne tarde pas à lui faire parvenir une réponse. Il ne peut lui téléphoner à cause des indiscrétions de la part de ses parents. Le retour est prévu le 8 mars, jour de l'anniversaire d'Anne. La mère et l'enfant reviennent à bord du train. Un voyage plus long qu'en automobile, mais beaucoup moins fatigant, car elle peut se permettre de la coucher sur un banc près d'elle. Léonard les attend à la gare avec la voiture de son frère Léopold.

En franchissant le seuil, après une si longue absence, elle reste sous l'impression que la maison était différente, presque étrange au premier coup d'œil. Par contre, le comportement de ses beaux-parents l'a vite convaincue du contraire. Leurs sourires traduisaient, dans une large mesure, la joie de les retrouver. Isabelle, âgée d'un an maintenant, a aussitôt tendu les bras à sa grand-maman lorsque celle-ci s'est avancée. Dans leur regard marqué par l'anxiété, Anne et Samuel avaient des larmes de joie au coin des yeux.

Malgré que la capacité de marcher de leur fille ne soit guère plus encourageante, il demeure que le danger d'être exposée aux bactéries est maintenant éliminé. Pour Véronique, c'est beaucoup, elle éprouve depuis une sensation de liberté. Appréciant que sa fille ait remporté la bataille, la mère éprouve un grand soulagement. Néanmoins, plusieurs interrogations demeurent en suspens. Ils ne peuvent extirper les inquiétudes qui entourent la destinée d'Isabelle, et ils n'ignorent pas non plus que les problèmes prendront de l'ampleur avec sa croissance. La douleur de ne pas la voir courir avec les enfants de son âge fera en sorte qu'ils s'en sortiront tous grandis.

«Selon un proverbe, les gens moins exigeants sont davantage doués pour le bonheur, murmure la maman.

— Un jour à la fois suffira, renchérit Léonard.»

Un psychologue a écrit plus tard :

La vie nous malmène pour nous inviter à nous souvenir de notre richesse. Ainsi tout se passe comme si nous avions un précieux génie à l'intérieur de nous. Cet esprit se manifeste et veut prendre part à la vie. Il est notre trésor.

GUY CORNEAU

L'ultime dépassement

On sait que le calme provient d'une paix morale qui n'est pas troublée. Compte tenu que la tension de devenir enceinte est chose du passé, on peut supposer que Véronique et Léonard seront beaucoup plus sereins. Si on considère que le fait de vivre en harmonie leur apporte une plus grande stabilité, on peut imaginer qu'ils supporteront avec plus d'aisance les besoins grandissants d'Isabelle et toutes les ingratitudes que la vie leur réserve. Faut-il préciser ici que, depuis leur engagement au pied de l'autel, cette jeune femme désire le respect, la clarté et l'égalité dans leur relation? Le but premier du mariage n'est-il pas d'être compris par le conjoint et de grandir dans une union cohérente? Autour d'eux, la lumière change l'état des choses, mais pas celle de leurs pensées. Ce sont leurs tristes expériences vécues au début de leur vingtaine qui les ont forcés à devenir pragmatiques.

Depuis, la vie courante des jeunes ménages qui vivent dans leur entourage prend une nouvelle dimension. Extirpés avec détermination de l'adversité qu'ils ont traversée, ils manifestent l'idée de se rapprocher du voisinage afin de se créer une vie plus épanouissante. Leurs sens plutôt bien aguerris, ils seront éventuellement à l'affût de l'évolution qui s'opère dans leur région. En un mot, ils se rallient à la population, à la réalité, et se donnent à fond dans leur boulot quotidien.

Notamment, ils apprendront par des amis que la pilule anticonceptionnelle venait d'être mise au point aux États-Unis, au cours de la même année. Une preuve formelle que le chirurgien était à la fine pointe des recherches en cours. Quant aux préservatifs, Léonard a compris qu'ils circulent depuis longtemps chez nos voisins du Sud. Il a fait la découverte de sa vie au cours de l'été suivant en se rendant à la pêche avec les deux Américains qui passent leurs vacances à la ferme. Une canne à pêche fait défaut alors qu'ils sont au milieu de la rivière. L'un deux dit alors :

«J'ai sans doute ce qu'il faut dans la boîte à gants de ma voiture pour réparer cela.»

Toujours vite comme un taon, Léonard, en trois bonds, est déjà hors de l'eau et court en direction de l'automobile. En fouillant pour trouver ce qu'il cherchait, il déniche des préservatifs. Stupéfait sur le coup, il en a tout de même profité pour taquiner ces derniers sur leurs prouesses amoureuses. Ils en ont ri longtemps en catimini, surveillant, encore à l'âge adulte, la présence de leurs parents. Ces deux garçons célibataires avaient fait leur entraînement militaire au cours des années précédentes. Bien entendu, pour eux, de légères aventures souvent cocasses étaient reliées à ce gadget encore méconnu de la plupart des Québécois.

Par un dimanche après-midi, une autre anecdote en réveille plusieurs. Au sein du village, une jeune ingénue accompagne une connaissance qui avait émigré au New Hampshire. De passage pour ses vacances, il stationne sa voiture près du restaurant, le temps de se procurer des liqueurs et des cigarettes. En l'attendant, la jeune fille se permet de fouiller dans sa boîte à gants et y trouve un préservatif. Elle en fait un ballon au vu et au su de tous ceux qui se pavanent sur la galerie. Lorsque son ami revient à sa voiture, il l'aperçoit et tente de le lui enlever. Elle baisse la vitre et agite le mystérieux échantillon en dehors de la voiture en criant :

« Tu ne l'auras pas, ma baloune, mon grand... »
Cette histoire, sordide à première vue, questionna
cependant plusieurs témoins.

Si ce n'est que par les intérêts, les expériences et les
ambitions de deux âges dont l'écart se situe aux alentours
de vingt ans, il y avait tout un monde entre leur génération
et celle des grands-parents. Telle une femme équilibrée,
Anne a occupé son temps après le départ de la petite
famille pour l'hôpital et a terminé la pièce au métier.
Véronique est épatée par la complexité de ce travail. Elle
réalise que c'est toute une école. La marge est grande
entre ces deux personnes qui aiment toutes deux cet art.
La plus jeune est capable de l'admirer tandis que l'aînée
en est l'instigatrice. Fascinée par la précision que cela
demande, la jeune femme tient absolument à l'apprendre
d'Anne qui a la réputation d'une tisserande exemplaire.
Le métier avait été démonté avant leur retour de l'hôpital.

Avec les giboulées de mars qui ont fait place au froid,
belle-maman, dans sa sagesse, a prévu le déroulement de
toutes les tâches qui se rattachent à la naissance des beaux
jours. Le temps de faire les semis se superpose à la tonte
des moutons, au lavage et à l'écharpillage de la laine, puis
à la naissance des petits animaux. C'est la même litanie
chaque printemps, le jardin fait suite au grand ménage.
Toutes ces tâches ardues et intensives les attendent d'ici
une ou deux semaines, selon la rapidité de la fonte des
neiges et l'éclosion printanière.
Elle ne s'était pas trompée. Un mois à peine après le
retour de la bru et de la petite fille, la nature explosait.
Dans un joyeux vrombissement sourdant du ventre de la
terre, la sève des arbres éclatait en un foisonnement de
bourgeons, le sol riche d'humus s'offrait au soc de la
charrue, les dernières glaces des lacs calées tardivement dé-
valaient jusqu'au confluent du Saint-Laurent. Un magnifique

printemps s'offrait aux bénéficiaires terrestres. Au temps des semences, en passant au magasin général, Samuel entend des échos qui ont rapport avec une nouvelle édification, ou plutôt un agrandissement de l'école du coin afin d'offrir deux classes aux élèves de l'arrondissement.

La fermeture des écoles effectuées, l'écho de la construction devient réalité. Le commissaire approche le grand-papa pour le poste de surveillant des travaux, qu'il accepte avec plaisir. À l'automne, lorsqu'il reçoit sa paye finale, il se rend au magasin Légaré et fait le choix d'un téléviseur. Quelle surprise! Anne, qui parut déçue à la réception de cette nouvelle découverte, changea vite d'opinion lorsque les romans tels que *Cap aux Sorciers, la Pension Velder* et *Séraphin* sont apparus à l'écran. Suivirent, au cours des années subséquentes, *Le Survenant* et *La Famille Plouffe* et combien d'autres à venir. Quel personnage généreux que ce Samuel!

Leur horaire est tellement chargé au cours du printemps et de l'été que Véronique n'a pas la possibilité de cajoler sa fille comme elle aimerait le faire. Elle lui parle tout en travaillant, la change de position ou la déplace, du siège à la bassinette. De temps à autre, elle s'arrête pour lui redonner des jouets et s'intéresser à ses jeux favoris pendant quelques minutes. Isabelle récupère de manière plus que satisfaisante. Sa condition s'améliore, et contrairement à l'été dernier, Véronique peut lui faire porter de mignonnes petites robes. Si elle ne peut lui donner tout l'amour et toute l'attention qu'elle voudrait à cause des exigences de leur besogne, la jeune maman se propose de prendre sa revanche à l'automne.

«Au beau milieu de la cohue, l'été a tiré sa révérence sans qu'on y prenne garde, confie Léonard à son épouse. Il ajoute aussitôt : Il me semble que le printemps était hier et on eu la première gelée cette semaine. Je suis content, car il ne me reste qu'un champ d'avoine à couper, puis quelques arpents de labour sur le rang d'en haut.»

Le lendemain, après avoir aiguisé les couteaux de la faucheuse, il quitte de bonne heure. La pause du dîner est passée, il persiste encore quelque temps puis décide d'achever sa pièce. Sur le point de terminer, deux ou trois tours tout au plus, la faux se coince. Il descend du tracteur en vitesse pour libérer la traction de la faucheuse en commençant par débourrer le surplus d'herbes accumulées quand, tout à coup, un *clic* lui pince le majeur de la main droite. Le faucheur ne ressent aucune douleur, bien qu'il voie le sang gicler. Muet d'émotion, il se rend compte qu'il a le doigt tranché à la première jointure. Il détache la faucheuse en vitesse et s'empresse de se rendre au coin. De là, il prend un taxi pour Trois-Pistoles, car le docteur Langlais n'a pas encore de remplaçant dans la paroisse. Véronique et Anne s'impatientent d'abord de son retard. Elles avaient fini par craindre le pire lorsqu'elles l'ont vu descendre du taxi, en fin d'après-midi, avec une main enveloppée.

La nuit n'est pas de tout repos. En dépit des médicaments, il sent de la douleur jusqu'à l'épaule. Les élancements devenus insupportables l'empêchent de fermer l'œil. Malgré la ferme opposition de son mari, Véronique insiste pour qu'il retourne consulter le médecin. Selon elle, c'est anormal d'endurer autant de douleurs. Très tôt dans la matinée, elle téléphone au bureau, afin de s'assurer de sa présence. Le docteur Catellier les attend et les reçoit *subito presto*. La visite fut vite interrompue. Examinant la main, il va aussitôt palper l'aisselle :

«Vite, vite, s'exclame-t-il. Embarque avec moi, je te monte à l'hôpital.

Le docteur prévient l'urgence. Léonard est pris en charge à la seconde où il se présente :

— De toute ma vie, dit l'infortuné, je suis monté à Rivière-du-Loup la pédale au fond. Puis en riant, il ajoute : J'ai compris que mon heure ne devait pas être arrivée, lorsque nous sommes descendus de la voiture.»

On lui explique sur place qu'il a contracté le tétanos. Il est prépondérant que Véronique demeure positive quand elle se retrouve près de lui. Un fait saillant a marqué Léonard par le passé. Quelques années seulement se sont écoulées depuis qu'un père de famille de son milieu décéda rapidement après avoir contracté ce bacille impardonnable. Quel triste souvenir! En entendant tétanos, Léonard a revu la scène où cet homme avait subi une déchirure au pouce en coupant de la glace sur la rivière. Aux prises avec des pensées terrifiantes, il sait que c'est une question de seconde qui joue pour sa vie, ou contre elle dans son cas. Le séjour à l'hôpital se prolongea durant deux semaines.

Le tétanos est une maladie provoquée par le bacille de Nikolaïev, qui sécrète une toxine dont l'action sur le système nerveux détermine une contraction douloureuse débutant ordinairement au niveau des muscles, *trismus,* et s'étendant progressivement à tous les muscles du corps.

À la sortie, il était tout à fait guéri et hors de tout danger. Dans le brouillard de son esprit fatigué, le jeune homme apprécie de ne pas savoir d'avance de quoi leur destinée sera faite, car le combat qu'ils avaient livré au cours des mois précédents avec leur fille leur avait causé une pleine ration de désagréments et d'inquiétudes.

Dans leur malchance, ils peuvent compter sur Richard, le frère de Véronique, pour lui apporter l'aide dont elle a besoin pour terminer les récoltes. Avec le soutien de la jeune fermière, l'adolescent, âgé seulement de 14 ans, engrange tous les grains qui restaient sur le champ. Il démontre une fiabilité et une endurance à toute épreuve qui rassurent la jeune femme. Celle-ci lui fait confiance et lui confie le tracteur pour qu'il puisse terminer les labours. C'est dans le besoin qu'elle a découvert les capacités prometteuses de son jeune frère.

Pendant cette lourde période de labeur et de soucis, Véronique vit d'espérance en attendant des jours tranquilles.

Elle anticipe de vivre une sorte de symbiose avec sa petite Isabelle. Les terres fermées, la jeune maman se propose de la bercer tous les soirs au coin du feu, faute de temps pendant la journée. Cette décision permettra à sa petite de se reposer d'avoir été trop longtemps couchée. La mère y trouvera également son compte et pourra se délasser d'avoir vaqué des journées entières à des occupations toutes très épuisantes. Après lui avoir fredonné quelques refrains, elle la borde avec amour pour la nuit. Ce petit ange, à la voix douce et joyeuse comme une musique, lui rend au centuple l'amour qu'elle lui prodigue.

Toutefois, la journée de Véronique ne s'arrête pas là, un tricot l'attend avec patience. Un chandail sans manche pour Léonard est amorcé. Soudain, elle se rappelle le souhait qu'il lui avait exprimé en partant au sujet de ce gilet en marche depuis l'année dernière. Elle le terminera le plus tôt possible, par les soirs, en poursuivant les «programmes» de télévision qui sauront la captiver. Les fêtes passées, les deux femmes ont déjà planifié de tisser des draps avec la dernière laine qu'elles ont filée. Ce seront les derniers, car si leur nouveau projet se concrétise, ils mettront fin à l'élevage des brebis pour se consacrer à l'industrie laitière.

Cet autre but bien précis fera en sorte que Léonard devra s'absenter de nouveau pour le chantier. Il lui faudra bien protéger le fameux doigt qui est demeuré sensible au choc et au froid. Véronique et ses beaux-parents échangent beaucoup entre eux pendant les longues soirées d'hiver. Ceux-ci lui demandent depuis quand cet objectif de construire une nouvelle grange-étable a-t-il germé dans la tête de Léonard? Les projets de son fils, depuis son mariage, n'ont plus la même connotation dans l'esprit du grand-père. Quand on se rappelle comment Samuel se plaignait jadis de la fougue et des ambitions de son fils, voici qu'il le regarde aujourd'hui avec d'autres yeux. Il juge bon d'émettre son opinion :

« À vrai dire la grange-étable actuelle est désuète, le troupeau que vous avez y est beaucoup trop à l'étroit et les génisses pur sang vont donner des veaux le printemps prochain. C'est certain qu'il va manquer d'espace. D'ailleurs, il m'en avait glissé quelques mots au printemps, avant la fonte des neiges.

— Ce projet-là, il le caresse depuis longtemps, précise la jeune femme, vous savez. Léonard me l'avait partagé au cours de nos fréquentations. »

Depuis toujours, Anne, comme toute bonne maman, est affligée de voir son fils peiner autant. Le connaissant bien, elle sait qu'il travaille au-delà de ses capacités :

— Lorsqu'il a un but précis, ce n'est plus la logique qui le guide, mais la quête de réussir. Il a soif de succès dans la même mesure qu'il adore les enfants. Par malheur, la présomption prend vite le contrôle même de ses ambitions les plus modestes. Il est trop fier, trop orgueilleux, devrais-je dire ! Puis, après quelques minutes de silence, elle ajoute : J'espère que c'est la dernière année qu'il va s'épuiser dans les chantiers !

Sur ces paroles qui font mal à Véronique, elle ajoutera d'une voix un peu sarcastique :

— Je suis d'accord avec vous, espérant qu'il ne soit pas déjà en train d'élaborer un autre plan à la suite de celui-ci. »

Depuis la donation de leur bien, la grand-mère réalise avec acuité combien leur héritier est entreprenant et qu'il ne fait jamais rien à moitié. Depuis que la terre est à son nom, elle observe davantage son attitude. Elle remarque une lueur qui brille dans ses yeux chaque fois qu'il se concentre sur l'élaboration d'un nouveau projet. Cependant l'âge de la sexagénaire ne lui permet pas de se soustraire à une collaboration qui rejoigne les ambitions de son cher cadet. Elle juge nécessaire de faire une mise au point avec la belle-fille afin d'éviter toute ambiguïté susceptible de s'accentuer au cours de l'été houleux qui s'annonce. Dès le lendemain, elle lui fera part de la décision qu'elle a prise dans la nuit :

«J'aurai 65 ans en mars, si vous vous construisez une grange-étable et que vous nourrissez les employés, je te remets les casseroles et le tablier. Je continuerai à t'aider pour la vaisselle mais il est hors de question que je fasse la cuisine pour des groupes d'hommes. C'est toute une expérience que tu vas connaître, ma pauvre Véronique!»

Interloquée, la bru ne dit rien. Que fera-t-elle pour se sortir de ce pétrin?

La belle-maman avait conservé la maîtrise de la cuisine jusqu'à présent et elle donnait l'impression d'être toujours à l'aise devant le fourneau. A-t-elle vraiment réfléchi avant d'adopter une telle mesure envers Véronique? Depuis, Anne donne l'illusion d'être plutôt fière de sa résolution, même si elle sait que sa bru n'a pas son expertise. En dépit de tout ce qui peut survenir, ses intentions semblent réfléchies et très catégoriques.

La jeune épouse est consciente que son champ d'intérêt et de responsabilités continue de s'élargir d'année en année, mais cette résiliation soudaine, jamais la belle-fille l'avait prévue. La précipitation des évènements ne lui permet pas de reculer. Anne la connaissait assez pour savoir que, une fois la pilule avalée, la grande détermination de celle-ci la pousserait à réagir. En effet, la future *cuistot* n'attendra pas que les ouvriers soient là pour se mettre à la tâche.

Véronique doit avouer que l'absence de son mari, pendant ces longs mois rigoureux, lui a paru beaucoup moins éprouvante que par le passé. Passionnée pour différentes épreuves culinaires, elle collectionne, même à la télé, toutes les recettes qu'elle peut trouver. De plus, la compagnie de sa fille de deux ans, qui continue de s'émerveiller, occupe sans ambages ses heures d'ennuis et d'attente. C'est un amour de bambine qui affiche un visage souriant du matin au soir. Toujours de bonne humeur, s'il lui arrive de pleurer, c'est parce que c'est sérieux, et la maman doit se questionner. Dès l'âge de dix-huit mois, Isabelle commence à faire des phrases. Curieuse à l'extrême, son développement se fait de manière spontanée. Elle adore les livres et ne tarit pas de questions. Une mémoire étonnante lui permet de retenir toutes les explications qui lui sont données. Elle aime également chanter et entendre chanter. En l'occurrence, la grand-maman adore la bercer et lui chanter des berceuses. Lorsque celle-ci arrête de fredonner, elle lui dit :

«Encore, Grand-Maman, chante-moi l'oiseau qui vient de France.»

Malgré son handicap, leur enfant est devenue un rayon de soleil dans leur foyer. Après des décennies, les témoignages touchants des cousins et cousines se maintiennent. La petite fille aime parfois taquiner, et pas n'importe qui. Elle s'avise d'échapper des jouets par terre pour obliger son grand-père à se lever pour les lui remettre. Isabelle n'a pas oublié le jour où il avait trébuché en se penchant et qu'il était tombé à genoux. Elle a cru qu'il voulait faire le clown, comme il l'avait fait bien des fois pour l'amuser. Par contre, il s'avère que, ce matin-là, grand-papa a perdu l'équilibre. Trop jeune pour faire la différence entre la réalité et la comédie, la joyeuse gamine riait aux larmes. Néanmoins, lorsque Anne se porta au secours de son mari pour qu'il parvienne à se relever, les deux femmes ont compris que Samuel était engagé sur la pente du vieillissement.

La perspective de l'été 1957 questionne toutes les personnes concernées par les intentions de Léonard. Véronique a intérêt à se reposer le corps et l'esprit avant d'entreprendre le programme en vue. Une construction de grange, à l'époque, était aussi ardue pour la maîtresse de maison que pour le maître de céans. Il est pertinent de réunir une vingtaine de voisins et d'amis pour faire des corvées, afin d'économiser le plus de salaires possible.

Par contre quelqu'un doit payer : payer de son temps et de son énergie. Il est du rôle de la maîtresse de maison du vingtième siècle de préparer et servir le dîner et le souper à tous les travailleurs bénévoles qui se donnent la main.

Pour mettre le plan à exécution, Léonard avec le maître-ouvrier ont prévu établir trois phases. En tout premier lieu, il s'agit de structurer la charpente. Cette journée demande une préparation de longue haleine. Auparavant toutes les pièces de bois qui composent cette première phase de construction, tels que poteaux, sablières, chevrons, entraits et poutres, ont été taillées sur mesure avec encoches, mortaises et tenons. Le maître-charpentier a placé chaque pièce au bon endroit afin d'éviter la confusion. Le carré en place, vient ensuite la charpente. Celle-ci doit être dressée et bien étançonnée avant la fin du jour. Un important coup de vent peut tout jeter par terre et causer une lourde perte et beaucoup de retard.

À la deuxième phase, vient la couverture. Les choses deviennent plus dangereuses lorsqu'ils s'aventurent au montage de la toiture. Les plus peureux et les moins adroits coopèrent en commençant par le bas du toit. Les ouvriers devront aller asseoir les chevrons sur les sablières. Une mission délicate, dangereuse et ardue! Véronique ne peut témoigner de la hardiesse et de l'adresse de Léonard. Trop occupée à alimenter son poêle à bois, à surveiller l'arrosage et l'assaisonnement des viandes, puis à sortir les gâteaux et les tartes du four au bon moment pour le souper, la cuisinière a manqué la finale.

Le dernier chevron fut mis en place à la fin du jour. Sous l'œil attentif de monsieur Saindon, de son adjoint Florian et de toute l'équipe qui retenait son souffle, le jeune propriétaire n'a pas voulu décevoir ceux qui l'ont connu agile et audacieux depuis son adolescence. Nul autre que ce fonceur invétéré n'a eu l'audace de grimper jusqu'au faîte pour relier les chevrons par une panne faîtière.

Les deux premières corvées ont sollicité une vingtaine d'hommes à chacun des événements. La dernière étape est le mixage puis l'épandage du ciment pour les planchers. Après l'avoir étendu le plus également possible, reste le nivellement, travail des minutieux et des experts. Ceux-ci doivent apporter une attention particulière à la finition du matériau avant qu'il ne durcisse. La journée sera longue pour quelques-uns d'entre eux. Le coulage du ciment pour les enclos et les mangeoires exigera au plus une dizaine d'hommes. Cette troisième et dernière corvée est fixée à la semaine suivante afin de laisser quelques jours aux menuisiers, le temps de préparer les formes.

De toute évidence, des menuisiers, des ouvriers, des plombiers et des électriciens continueront de se succéder jour après jour afin d'installer les portes et les fenêtres, l'eau courante et les abreuvoirs, la trayeuse et l'électricité, et quoi encore! L'installation de la fourche à foin est remise à l'été suivant. La clarté diffuse de l'extérieur a été prévue; de multiples et grandes fenêtres longent les longs murs avant et arrière du nouveau bâtiment. Une chambre à lait, qui communique par l'intérieur, est annexée du côté de la grange. Elle ajoute au confort, à la salubrité et au coup d'œil de la nouvelle construction. Que de coûts! Que de sueurs! Que de satisfaction!

Tout comme l'eau de la rivière, la vie courante suit son cours pendant ces semaines d'investissements de capitaux et d'énergie. Les compromis ne se comptent plus. Gênée par la présence des ouvriers, la belle-mère a aussi démissionné de la traite. Accablée par toutes ces charges supplémentaires et par la pression qui s'exerce autour de chaque étape d'une journée, Véronique ne sait plus où donner de la tête. Il a été convenu avec Léonard qu'elle n'irait pas aux champs. En dépit de leur bonne volonté, ils doivent en plus retenir les services de son frère Luc jusqu'à la fin de l'été.

Faire des plats en quantité suffisante et en contrôler la saveur, pourvoir à l'entretien des lieux, procéder au lavage, au repassage et au pressage des habits, parvenir à sarcler le jardin, sans oublier la traite des vaches, les achats de victuailles et les soins qu'elle doit prodiguer à Isabelle, Véronique ne prévoit pas y arriver sans commettre un impair. Bien qu'elle ait l'habitude des horaires, il n'y a que 24 heures dans une journée, après tout!

Ayant évalué l'empleur de la situation, la jeune maman a donc fait appel à sa famille pour prendre soin d'Isabelle pendant les semaines où se déroulera ce branle-bas, afin que sa fille ne souffre pas de ce contretemps. Elle n'a pas encore deux ans et demi lorsque ses tantes Jocelyne, Romance et France l'adopteront pour une partie du mois de juillet. Isabelle devient de plus en plus attachante. La maman savait à l'avance que celles-ci auraient de l'agrément à partager leurs vacances avec sa poupée. Elles se font une joie de la promener en poussette tant et aussi longtemps qu'elle ne paraît pas fatiguée. En toute quiétude, Isabelle répond avec aisance aux étrangers qui côtoient son nouvel environnement. De compagnie agréable, la jeune promeneuse ne manque ni d'attentions ni d'amour. Si elle avait eu de la peine, les parents seraient vite accourus. Leur attachement pour cet enfant est incommensurable.

La vie de famille reprend son rythme vers la fin du mois d'août. Les derniers ouvriers quittent les lieux, la construction est bel et bien terminée. Il ne reste que quelques coups de pinceaux à donner. Les occupants vont enfin retrouver un pas normal. La belle saison va bientôt tirer sa révérence, car tous les promeneurs ont également gagné leur domicile pour se préparer à l'ouverture des classes.

Doucement, septembre glisse vers un octobre impatient à déployer les splendeurs automnales. Sur le versant de la montagne qui s'étend au loin et qui leur cache la vue de l'horizon, se mêlent des touffes d'orange et de rouge, tels d'énormes bouquets. Les récoltes d'automne s'avèrent des journées interminables et laborieuses. Par surcroît, le soleil est de moins en moins prodigue de ses rayons.

Malgré la fatigue accumulée, Véronique et Léonard essaient de se détendre. Suite à deux années consécutives vécues dans le stress, ils ont la volonté de prendre le temps de regarder ce qui se passe autour d'eux. Par malheur, cette sensation de baigner dans un climat paisible sera de courte durée. Un certain pessimisme se lit sur la figure d'Anne. L'enthousiasme des grands-parents face à la nouvelle construction s'est éteint, un bon matin, comme si une violente bourrasque les menaçait. Ni Anne, ni Samuel n'osent dévoiler le pourquoi de leur récente attitude, prétextant que tout est trop confidentiel. Désireux de partir la tête tranquille pour les chantiers afin de rembourser en partie les dépenses encourues durant l'été, Léonard va droit au but auprès de son ancienne confidente. Anne refuse de se confier :

« Une de tes sœurs nous a fait des révélations. Ignorant de quelle manière les choses se dérouleront, il est encore trop tôt pour en parler ouvertement. Je ne peux rien te dire pour l'instant. »

« Comme c'est étrange, pense Véronique. Les préoccupations qu'elle avait l'automne dernier au sujet de la santé de son fils sont-elles devenues une histoire du passé ? Impossible que Léonard soit aujourd'hui le cadet de ses soucis ! Quelque chose de capital se cache tout à coup derrière le mutisme et l'indifférence de sa belle-mère. Laisser son cher fils partir pour le chantier, la tête pleine de soucis en plus, ne lui ressemble pas du tout... »

Depuis le début de septembre, des lambeaux de brume s'accrochaient aux nuages le matin. Le soleil à peine sorti de son lit, une douce brise venait les chasser. Sous un ciel resplendissant, la nature dégageait de nouvelles fragrances, tantôt des moissons fanées, tantôt de fruits mûrs. Ce temps propice aux récoltes leur a permis de se libérer plus tôt qu'ils ne le croyaient. Sentant la réticence de son épouse à le voir partir, il juge bon de lui expliquer les motifs qui l'invitent à les quitter une fois de plus :

« Les avantages de bûcher durant les mois de l'année où les feuilles ne sont plus dans les arbres s'offrent comme un cadeau aux travailleurs en forêt. Depuis trois semaines, les gelées successives et la brise ont transformé ce merveilleux décor estival en de somptueux tapis multicolores. Ce sont, lui explique-t-il en détail, les semaines idéales pour couper le bois. Ferme tes yeux et imagine l'atmosphère de ce décor champêtre : les arbres sont dénudés et il n'y a pas de mouches, la température est juste fraîche, les jours sont assez longs et la neige est encore loin. C'est formidable, n'est-ce pas ? »

Léonard n'a pas fini de les épater, elle, ses proches et ses pairs, convaincus que son ambition, sa ténacité et sa vision sont les principaux facteurs de son éloignement. L'homme qui vient d'avoir ses 27 ans se montre résolu devant sa fidèle et dévouée compagne qui l'a secondée sans relâche pendant toute la durée de la construction. Il n'ignore pas l'excès de fatigue qu'ils ont accumulée, mais la perspective de cheminer sur la voie de la réussite et de l'amour lui redonne des ailes. Il voit ses rêves de jeunesse se réaliser un à un. Il ne lui manque que des fils en santé pour compléter son tableau.

Au cours de l'été, Léonard a réalisé que le volume de leur entreprise dépassait maintenant les capacités de son père. Il recherche un jeune garçon pour assister son épouse bien-aimée dans la maintenance du cheptel. Elle acquiescera aux désirs de son mari, une fois de plus, comme une brave collaboratrice. La veille de son départ, celui-ci précise :

« Pour occuper les temps libres, l'engagé n'aura qu'à classer le bois qui reste de la construction et que je n'ai pas eu le temps de ranger. Si le temps le permet, il nettoiera toute la cour au complet. Il reste également quelques cordes de bois pour la fournaise à mettre à l'abri. »

Au mépris des résultantes, les beaux-parents sont maintenant concentrés sur le mystère qui entourait la famille de leur fille. Espérant l'impossible, leur aînée Paula a cru jusqu'au bout que le vent tournerait en leur faveur. La catastrophe éclate quelques jours après le départ de Léonard. Anne et Samuel se rendent au village et en reviennent bouleversés. Véronique surprendra sa belle-mère incapable de retenir ses larmes.

Ensemble, ils se rendent à la messe du dimanche et, comme d'habitude, ils lui rendent tous visite pour y laisser Isabelle le temps de l'office. Au retour, la mélancolie et l'inquiétude qui règnent dans ce foyer sont palpables. Avec discrétion, Samuel glisse de l'argent à Claudel en lui disant :

« Tu t'achèteras des souliers.

Un coup d'œil discret vers la fillette, Véronique se dit :

En effet, elle en a vraiment besoin pour l'école, la pauvre petite. »

Sans vouloir investiguer, Véronique remarque que la cuisine accuse un effet dépouillé. Pourtant, elle a toujours eu l'impression que sa belle-sœur vivait dans l'abondance. Bien que l'ouverture des classes date de plus d'un mois, elle constate avec peine que les quatre filles portent les vêtements de l'automne précédent. Leur déjeuner n'est pas copieux et les fillettes ont une mine triste. Ne sachant quoi penser, mille questions fusent dans la tête de la jeune femme. Sous un ciel lourd de gros nuages gris, une véritable énigme plane dans l'air. Le malheur pour elle est que le mystère du moment s'avère aussi désastreux que la méchanceté de la tenir à l'écart. Lorsqu'elle sera mise au courant, l'important pour la belle-fille sera de ne pas confondre. En attendant, elle ne sait quoi penser...

Dans la minute, Paula attire, de manière insidieuse, père et mère dans la chambre à coucher. Derrière la porte close, une conversation houleuse se soulève entre le trio.

« L'insécurité de l'un, l'incompréhension de l'autre et la soif d'indépendance donnent lieu à des disputes stériles, » en conclut Véronique.

À leur réapparition, une morosité envahit chacun d'eux. Le malaise indicible qui régnait déjà à leur arrivée semble s'accentuer au lieu de s'apaiser. Bien qu'elle soit jeune, Véronique éprouve un malaise, et l'atmosphère lui devient suffocante. Elle habille Isabelle et propose de partir. Elle apprendra plus tard que Paula et les siens vivaient le désespoir, car ils n'avaient pas même de sou pour la nourriture.

Le mari de Paula, jadis entrepreneur en chantiers, réussissait fort bien en affaires. Pendant ce temps, il a endossé un ami à la banque concernant l'achat d'un garage. Ce mécanicien débutait une entreprise. Après quelques années, le commerce fait faillite et Charles, le malheureux endosseur, perd sa maison pour rencontrer les dettes d'emprunt à la banque. Première étape suivie d'une seconde tragédie : saisie de tous biens et meubles.

Dès le lendemain, Charles, humilié au plus haut degré par cette défaite aux yeux de la famille et de tous les concitoyens, daigne s'envoler sur la Côte Nord pour y travailler. Sa famille est sur le pavé, et Véronique n'est toujours pas informée.

Quelques jours passent. Aucun indice n'est perceptible à son intuition de femme. Samuel redescend au village. Mercredi soir, Anne apprend à Véronique que les trois derniers de Paula arriveront le lendemain pour habiter sous leur toit jusqu'au printemps. Hélène accompagnera sa mère, Paula, qui a décidé de laisser le logement et de monter travailler à Montréal. La fillette demeurera chez tante Suzie, tandis que l'aînée sera pensionnaire, à Rimouski, chez les religieuses.

Véronique, qui est la principale concernée, ignore tout du scénario qui s'est concocté dans son dos. Elle est ébranlée à la pensée qu'Anne ait promis à Paula de les prendre en charge pour l'hiver, sans même lui en glisser un mot. Plus la bru y pense, plus elle trouve cette conjoncture inacceptable. On n'a même pas daigné lui demander son opinion. En l'occurrence, ils se sont mis d'accord, et tout dénote que les décisions prises à son insu sont imperturbables. Elle est furieuse. Mais, pour qui la prend-on? Comment ses beaux-parents peuvent-ils lui manquer d'égard à ce point?

Outrée à cause de leur indifférence, Véronique s'insurge et leur crie leur manque de savoir-faire. C'est la première fois qu'elle élève le ton. Pourquoi Anne et Paula ont-elles attendu que Léonard soit parti pour décider quoi que ce soit? Trop en colère aujourd'hui pour verser des larmes, Véronique se sent prise dans un piège dont elle ne voit pas la possibilité de s'échapper à moins de provoquer une contestation qui pourrait s'avérer désobligeante. Elle est victime d'un complot, cette pensée la soulève. Exaspérée, elle n'en peut plus et déballe une partie de sa frustration, puis claque la porte pour se rendre au jardin et terminer la récolte des légumes-racines.

Les arbres frémissent sous la brise légère. La splendeur des couleurs d'octobre est maintenant interrompue par la chute des feuilles. La belle-fille renifle le sentiment d'être une épave à la dérive. Au contact de la nature, elle remplit d'air frais ses poumons et essaie de raisonner cette équivoque qui leur a donné le droit d'agir tout comme si elle n'était pas là :

«Anne ou Paula aurait pu et aurait dû faire la démarche qui s'imposait. Après tout, qui tient cette maison et qui cuisine les repas pour la famille maintenant? Trois bouches à nourrir et trois enfants à entretenir, ce sont des dépenses et du travail supplémentaires. Ont-ils réfléchi à cela après l'été de labeurs que j'ai passé?»

Véronique n'a rien d'une personne irascible. Plongée au cœur d'une divergence d'idées et de conduite, elle éprouve le besoin de se réévaluer. La jeune bru n'est pas préparée à les recevoir, ni sur le plan moral, ni sur le plan pratique. À travers sa frustration mêlée de révolte, elle ne peut s'empêcher de penser aux minois attachants de ce garçon de 4 ans et des deux jumelles : « Eux, sont-ils prêts à être accueillis ? » questionne-t-elle en son âme et conscience.

Plongée dans la voie du discernement, elle revoit la mine affligée de ses nièces. Le cœur de Véronique se brise, et des larmes d'apitoiement s'épanchent sur les joues peinées : « Comment peut-on refuser la compassion à quelqu'un qui se retrouve dans le besoin ? Pourquoi je punirais ces pauvres petits qui ne sont pas d'âge à comprendre ce qui leur arrive ? »

Après avoir considéré le problème dans toute sa complexité, son grand cœur lui dicte rapidement qu'elle doit faire un compromis. Une fois de plus, il lui faudra marcher sur son orgueil par amour pour les enfants, et aussi pour conserver un quelconque équilibre dans cette famille éparpillée. Mais, à quel prix ? Et qui paiera encore la note ? Deux filles à préparer pour l'école, les devoirs et les lunchs, puis Laval, un garçon de 4 ans, brillant mais gâté, qui se sentira désemparé. Chacun d'eux demandera beaucoup d'attention et d'amour pour combler le grand vide qui s'installera subitement dans leur quotidien.

Dans le tumulte de ses émotions, la bonté et la fureur ne parviennent pas à faire pencher subitement la balance. Le manque d'égard de la part des adultes, d'une part, et la pitié pour les trois mioches, d'autre part, se livreront une rude bataille dans le cœur et la tête de la belle-fille. Elle demeure très ambivalente sur la conjoncture des lendemains. Anxieuse, elle se dit : « À quoi puis-je m'attendre maintenant ? »

Elle ne peut répondre à cette question, pressentant que tout ne s'arrêtera pas là.

Une fois de plus au cours de sa vingtaine, Véronique se fait violence et se résigne à manifester une grande ouverture d'esprit. Forte de l'amour de Léonard, elle subit l'inévitable. Elle ne s'accroche pas à un passé révolu, mais fait tout ce qui lui est possible pour regarder l'avenir avec sérénité. Capable d'écoute et de charité, elle parvient à s'oublier pour partager ce qu'elle possède. La générosité envers la famille de son conjoint n'est que le prolongement de ce qu'elle est vraiment. Bien qu'elle ait présentement une certaine rancœur, l'éducation qu'elle a reçue la rend empathique aux besoins de son neveu et de ses nièces, et elle se rendra disponible.

Si on se permet de pousser l'investigation sur la route de l'espoir, on découvre que la place d'aînée dans la famille l'a préparée pour ce rôle. Cette jeune maman a reçu, dans son jeune âge, une formation qui lui permet présentement d'affronter les étapes qui lui seraient réservées dans le futur. Ce jour-là, elle comprend nettement pourquoi la destinée ne l'a pas conduite au noviciat.

À la lumière de ce que l'on connaît, l'hiver se déroule sous le signe du don de soi-même et du partage. Tante Véronique prépare les filles pour l'école. Pendant la journée, Laval s'amuse avec Isabelle, et le soir, à la période des devoirs, il préfère faire comme Julie et Lucie, ses deux sœurs jumelles. L'ex-institutrice a l'ambition de les voir réussir leur année scolaire, elle surveille de près leurs études. Léopold, son beau-frère toujours attaché sur le bien, c'est ainsi que l'on définissait sa situation à l'époque, rentre du chantier au début décembre à cause des conditions de travail. Estimant toutes les nouvelles figures qui animent la grande cuisine, il offre à Véronique de la seconder pour la besogne à la grande-étable. Elle accepte volontiers et remercie son employé.

Son époux est de retour une semaine avant Noël, satisfait de la somme gagnée. Comme à l'accoutumée, il procède aux boucheries avec le voisinage. Si Véronique et

Léonard se croyaient dépourvus d'intimité par le passé, ils n'avaient cependant pas connu pire situation. Pour le moment, personne ne se sent encore menacé. Surveillons les mois à venir...

En faisant des emplettes pour Noël avec son mari, elle déniche de jolis coupons dans lesquels elle pourra tailler des robes pour Isabelle après les festivités. La vendeuse lui suggère deux patrons coquets, pas compliqués, tenant compte que Véronique est encore novice en ce qui a trait à la couture. Belle-maman, chevronnée dans l'art de la coupe, lui est d'un grand secours. Au milieu du crépitement des bûches, pendant que les filles sont à l'école, la belle-fille actionne la *Singer* de la belle-mère. Elle découvre une nouvelle passion qui l'aide à vivre les revers de cette saison hivernale. Cette machine ne chômera pas longtemps. Au printemps, Anne renouera avec le passé en confectionnant des robes pour ses neuf petites-filles.

Charles, l'époux de Paula, doit forcément quitter les chantiers à leur fermeture. De retour *au bord,* sa position est pathétique si on évalue les possibilités qui s'offrent à lui pour se loger et se nourrir à peu de frais. Il pourrait trouver chambre et pension à l'hôtel avec la somme épargnée en prévision de leur futur domicile. Mais avant tout, il lui faut considérer la condition de sa famille sur le plan humain. Où sont ses priorités? Son fils et trois des filles sont maintenant installés chez le beau-frère, et il ne les a pas revus depuis six mois. Tiraillé entre la timidité, l'orgueil et l'ennui de ses mômes, il se résigne à frapper chez Léonard et Véronique, la maison du Samaritain. Après quelques jours, il parle de repartir. C'est alors que Léonard lui dit :

«J'ai déjà commencé à faire des chemins pour bûcher du bois de sciage et, du même coup, je coupe mon bois de chauffage pour l'hiver prochain. Si tu veux travailler, reste avec nous jusqu'à Pâques, jusqu'au retour de ta femme.

— Ah oui! dit-il d'un air rassuré et triomphant, ma femme m'a promis fortement de revenir pour Pâques.» jetant sur sa progéniture un sourire complice et un regard complaisant.

Les mois se déroulent. Cependant, lorsqu'il communiquera avec Paula, une semaine avant Pâques, soit la deuxième semaine d'avril, celle-ci lui apprendra qu'elle reviendra un mois plus tard. Ses patrons n'ont trouvé personne pour la remplacer. Charles est furieux, car il a fait des démarches pour obtenir un logement convenable. Il la supplie de descendre le plus vite possible. Ses hôtes comprennent qu'il en a assez de vivre ailleurs. De plus, les travaux saisonniers de la terre sont commencés, et ce n'est pas son boulot préféré. Cet homme de 40 ans est un gars qui a l'habitude des odeurs de la forêt et non des effluves d'une étable. Singulière différence pour l'entrepreneur en chantier qui a vécu des expériences inusitées au cours des dernières semaines, lorsque Léonard l'a taquiné.

Certaines l'ont fasciné, comme celle d'être témoin pour la première fois de la naissance d'un veau, tandis que d'autres, tels que le récurage des enclos des bêtes, lui ont donné des haut-le-cœur. Chaque soir, après souper, il prend un air taciturne. Un enfant pleure d'amertume dans cet homme qui se réveilla d'un coup désœuvré, à la suite d'un geste sympa envers un copain qui n'avait pas vraiment le sens des affaires.

Paula annonce son retour pour la fête de la Reine, le 21 du mois de mai. Il s'ensuit des disputes au téléphone avec son mari. Elle n'était plus la même. Cette faillite avait injecté le cafard dans ses veines, et des sourires ironiques se dessinaient dans la figure de cette femme révoltée. Le langage de Paula se traduisait maintenant par des propos sarcastiques ou par des souhaits empreints de méfiance. Charles devenait exaspéré. Jour après jour, il la suppliait de ramasser ses affaires et de partir se réinstaller dans une maison non loin de l'école des jumelles.

L'horloge continuait d'égrener les heures, les jours, puis les semaines de telle sorte que les semences étaient maintenant terminées et tous les semis du jardin étaient transplantés. Toutefois il ne se passait rien autour des logeurs. Le grand ménage attendait leur départ, et les vacanciers se pointeraient bientôt le nez! Chacun brûlait d'impatience, à l'exception de l'épouse de Charles.

Cette atmosphère exaspérante finit par troubler le calme maintenu jusque-là. Un point de saturation fait qu'un bon matin, personne ne retrouve plus la même vivacité, la même tolérance. Finalement, ils lèveront l'ancre au mois de juillet. La jeune bru s'était comportée depuis le début d'un calme à la limite du stoïcisme.

Dès la minute où elle s'est penchée uniquement sur le bien-être de son neveu et de ses nièces, elle a lâché prise sur l'attitude méprisante des instigateurs de cette manigance. C'est à ce moment qu'elle a pu ouvrir son cœur et ses bras à tous les événements survenus depuis. De cette cohabitation, rendue paisible par compassion et aussi par amour, il reste du positif. Un attachement réciproque les a greffés les uns les autres.

Claudel et Julie ont continué de trouver l'accueil chaleureux dans la maison de leurs oncle et tante. La même invitation leur était lancée pour les vacances, année après année, et pour les fins de semaine. L'aînée et les deux jumelles feront désormais partie de la famille, et bien au-delà de leur majorité. Véronique apprécie largement leur présence et leur entraide. Tout comme leur mère Paula, elles sont minutieuses et vaillantes. À 14 ans, Claudel repasse le linge telle une jeune femme d'expérience. Tant qu'à Hélène, elle a connu la tendresse auprès de tante Suzie.

Parmi tous ses souvenirs, Véronique n'a pas oublié les autres neveux et nièces, les enfants de Luc et de Madeleine, qui déménageront à Laval par la suite. Dès l'âge de 11 et 9 ans, Carole et Jessica se rendaient disponibles chaque fois que leur tante Véronique exprimait le besoin d'un coup de main pour le sarclage du jardin. Déjà Jessica faisait l'époussetage à la perfection. Ces fillettes promettaient de faire des femmes généreuses et débrouillardes. Dès l'âge de huit ans, leur frère Alex a commencé à suivre l'oncle Léonard sur les talons. Le père de ce gamin s'absente les trois quarts de l'année pour du travail à l'extérieur. Le garçon est à la recherche d'un père. Le couple devient quasi ses parents d'adoption. Chaque enfant qui a côtoyé Véronique et Léonard a su mériter l'affection qui leur était donnée. Adolescents, et plus tard adultes, ils se sont taillé une place dans l'âme de ce clan familial qui n'a jamais failli au plaisir de leur tendre les bras.

Boire sa coupe jusqu'à la lie

En raison des proportions que prennent les événements, l'été devient vite un simple écho. Le soleil railleur du mois d'août ne cesse de blondir les grains. Léonard prévoit le début des récoltes pour la mi-septembre. Au cours de la même semaine, survient le décès de tante Clara qui réside dans le Maine. Samuel juge qu'il est incapable de faire le voyage, il demande alors à Léonard de le remplacer. Il s'éloigne pour trois jours. À son retour, la démarche fatiguée de Véronique lui fait prendre conscience de son teint pâle et de son front angoissé. D'un regard attendri qui incite à poursuivre, il lui dit :

« Tu ne m'as pas l'air bien ! Qu'est-ce qui ne va pas ?

Il est profondément inquiet. De son côté, elle tient à le rassurer. Laconique, elle lui répond :

— Je n'ai pas bien dormi pendant ton absence, un simple sentiment d'insécurité ! »

Le surlendemain, elle l'accompagne au champ pour conduire le tracteur. À la fin de l'après-midi, lorsqu'elle descend du véhicule pour ramener le troupeau à la grange, elle sent ses forces l'abandonner complètement. Elle n'a plus la capacité de rester debout et se sent fiévreuse.

Léonard s'empresse de la reconduire à la maison. Véronique demande à belle-maman de s'occuper d'Isabelle et va s'étendre. Éprouvant de fortes douleurs aux jambes, elle s'examine et se rend compte que des taches rouges recouvrent en partie les mollets. Impuissante, elle prend de l'aspirine jusqu'au lendemain. Constatant au réveil que son état ne s'est pas amélioré, ils se rendent chez le docteur Catellier. Celui-ci n'y va pas avec le dos de la cuiller : « Vous devez demeurer au lit, ce qui signifie ne pas travailler et marcher le moins possible. Vous êtes affaiblie, je vous donne ce tonique et alimentez-vous bien. Revenez me voir dans une semaine. »

Navrée, elle se retourne vers son mari.

Le médecin ne se prononce pas sur le nom de la maladie, il lui dit simplement qu'elle a dû prendre un microbe. Après une semaine, il constate une amélioration de son état et il estime qu'il est heureux qu'elle ait eu des signes avant-coureurs. C'est alors que le couple apprend qu'une alerte l'a épargnée d'une maladie grave qu'est la tuberculose. Il procède à des examens plus poussés et lui demande de respecter le repos, au lit le plus possible et, surtout, pas de fatigue inutile dans les escaliers. Aucun effort! Il est formel.

Léonard prend Isabelle en charge pour le coucher et le lever. Il les entoure toutes deux d'un regard complaisant et protecteur. Au cours de ce repos forcé, Véronique n'a jamais autant réfléchi. Elle se répète que l'homme qu'elle a choisi sème sur son passage un parfum de bonheur. Prise avec des problèmes de santé, la convalescente n'a pas vérifié son cycle de menstruations et de légers maux de cœur viennent soudain l'importuner. Se fiant éperdument aux préservatifs qu'ils utilisent avec succès depuis presque trois ans, Véronique ne se tracasse aucunement. Néanmoins, elle téléphone à son médecin qui lui demande de passer au bureau.

Celui-ci l'examine et leur apprend qu'elle est enceinte. Une révélation époustouflante et inattendue pour ces amoureux qui en avaient décidé autrement. Ils mettent le docteur au courant des moyens contraceptifs utilisés et, surtout, de la condition de leur fille Isabelle. Des augures plutôt sombres pour ces amoureux, mais qui ne semblent pas inquiéter ce médecin chevronné et honnête, au sourire à la fois espiègle et chaleureux. Celui-ci leur insuffle foi et tranquillité d'esprit, toujours en se basant sur une grossesse heureuse, il s'entretient longuement avec eux comme un homme d'expérience très inspirant :

« Au repos comme vous l'êtes depuis un mois, et avec le tonique que je vous ai donné, il n'y a aucune raison pour que votre bébé ne soit pas normal. De toute manière, je vous verrai tous les mois. »

Après leur avoir injecté une forte dose d'espoir, il les laisse partir. Bien qu'il soit de nature imposante, ils sont davantage impressionnés par son savoir. Ils ont foi en lui, malgré tous leurs déboires antérieurs. La jeune mère porte un enfant sous la surveillance d'un homme de science. C'est une première !

Véronique profite de la convalescence pour s'occuper davantage d'Isabelle. Vu sa santé chancelante, la mère et la fille auront la chance de bénéficier longuement de la présence de Léonard au cours des deux prochaines saisons. L'automne 1957-58 serait-il devenu une date commémorative ? Le vœu pieux de sa mère déclarant que son fils se faisait mourir au chantier venait de se réaliser.

Toute la maisonnée se réjouissait de l'avoir sous leur toit pour franchir la saison hivernale. Isabelle, en adoration devant son papa, est aux anges à l'annonce de ce revirement.

La famille se prépare à passer un hiver sur l'air de différentes notes, gaies ou tristes. Père et fille feront un magnifique duo lorsque la neige aura jeté son blanc manteau. Grâce à sa disponibilité et à un certain talent, Léonard lui apprendra de magnifiques chansons. L'automne se prolonge comme il se doit.

On se rappelle que les années d'après-guerre furent le début de l'industrialisation des fermes du Québec. Un représentant d'instruments agricoles préparant subtilement son agenda pour l'an prochain ne tarde pas à se présenter à leur domicile. S'entretenant avec Véronique en attendant le retour de l'agriculteur, il s'intéresse à la fillette à quelques reprises. Les réponses d'Isabelle désarment le voyageur. À l'arrivée du proprio, Léonard, en compagnie du vendeur, se dirige vers les hangars. Celui-ci a l'intention de lui proposer tout ce qu'il a de plus innovateur dans le domaine agricole. Tout en conversant, l'étranger se permet de lui faire des éloges au sujet de leur fillette.

En partant, il dit :

«Je peux vous donner mon opinion à propos de votre rayonnante petite fille?

Suite à la réponse affirmative du père, il lui déclare sa perception au contact de l'enfant.

«Cette bambine hyper douée va vous quitter très jeune. Elle est sûrement une vieille âme, profitez-en au maximum, elle vous est prêtée.»

Le père est interloqué, mais fait mine de ne pas le croire.

De retour pour le souper, Léonard joue l'indifférent aux questions posées. Les autres membres de la famille attribuent son attitude à une faible opinion des propositions tenues par l'agent. Personne ne se doute que le jeune papa est bouleversé. De son côté, il cherche par tous les moyens à oublier cette prédiction qu'il juge mal à propos.

Les semaines se succèdent dans l'harmonie. Ils ont enfin trouvé l'assistante qu'il leur fallait pour seconder Anne pendant la longue convalescence de Véronique. Paula a accepté de les aider.

Au cours du mois de juillet dernier, on se rappelle que la famille de Paula et de Charles avait finalement loué une maison située à moins d'un kilomètre de la demeure paternelle. Après quelques mois seulement, voici que ce déménagement, repoussé maintes fois, se définit maintenant comme une prérogative pour Anne et Véronique. Saisissant l'opportunité que Paula habite à proximité et qu'elle ait besoin de revenus, elles ont recours à son aide une ou deux fois par semaine pour le lavage, le ménage et pour terminer les conserves. Léonard prend en charge la propreté de la chambre à lait et des accessoires, et grand-maman reprend ses chaudrons. Tout rentre dans l'ordre !

Octobre a lancé son signal avec ses gelées matinales. Après avoir été flamboyantes, les collines se dénudent peu à peu sous le vent. Les fleurs fanées narguent la froidure et valsent raides et sèches dans la brise glaciale. Le mois de novembre s'empresse alors de prendre sa place et une neige vient blanchir les coteaux. Ces premiers pas vers l'hiver semblent atteindre Véronique. Habituée d'être en avant et au-devant de tout le monde, le temps lui paraît bien long. Le désir d'améliorer ses compétences et l'ambition d'acquérir de nouvelles connaissances en matière de couture et d'artisanat lui accordaient le bonheur de confectionner des ouvrages différents chaque hiver. Cette frénésie mêlée d'émotions venait se fusionner aux multiples ambitions et aux nombreux rêves que les deux amoureux nourrissaient en secret.

Au milieu des regrets qui avaient assombri le regard de la jeune femme pour une partie de la journée, Isabelle se plaint tout à coup du mal de dents. Sa mère est très contrariée de voir qu'elle a trois caries. Jamais ce cas ne s'est produit chez ses jeunes frères et sœurs. Elle élucide avec rapidité l'inquiétant problème. Le chirurgien de l'hôpital a sans doute raison en disant que le fœtus a peut-être souffert d'une carence de vitamines, car l'état de ses dents n'est pas normal. Les parents appellent le nouveau médecin pour vérifier l'état de santé de Samuel. En même temps, ils feront extraire les dents cariées d'Isabelle.

Celui-ci se présente vers les quatre heures de l'après-midi. À leur grand désarroi, ils ont vécu dans l'attente toute la journée, compte tenu que le rendez-vous avait été établi vers les 10 heures. À son arrivée, après les avoir informés qu'il avait passé la journée auprès d'une parturiente, le docteur s'assoit au bout de la table comme quelqu'un qui veut relaxer. Il fixe longuement son attention sur la télé.

Vers cette heure, Isabelle écoute habituellement les «programmes» diffusés sur les ondes à l'intention des tout-petits. À un certain moment, elle tourne la tête vers sa grand-maman et dit d'un air dépité :
« C'est tellement naïf, ces dessins-là ! »
Au fait, ce n'étaient pas les bandes dessinées préférées de la fillette. Surprises par la réflexion d'Isabelle qui émettait tout haut ce que les grandes personnes pensaient en silence, Véronique et Anne jettent un coup d'œil en direction du docteur dont les yeux sont rivés sur l'appareil. Anne retient avec peine un éclat de rire. Les réflexions de sa petite fille sont toujours pertinentes et très drôles à ses yeux de grand-mère.
Le docteur quitte le domicile des Roy après souper. Isabelle prend un verre de lait avant que Léonard la porte au lit. Fidèle aux recommandations du docteur Catellier, Véronique évite toujours de monter le long escalier qui mène au deuxième étage. Lorsqu'il se couche vers 23 heures, Papa la tourne de côté et il approche le lit de la bambine du sien par mesure de précaution.

L'horloge sonne quatre coups. Mu par il ne sait quoi, il se réveille. Les rayons de lune obliquent vers le lit de l'enfant au point de lui permettre de distinguer des taches de sang sur l'oreiller. Propulsé du lit comme par un ressort, il tourne le commutateur. Il n'en croit pas ses yeux. Le petit visage est blanc comme la cire. Il l'enroule dans une couverture et descend auprès de Véronique. Apercevant la pâleur de sa fille et constatant son inconscience, elle explose en sanglots dont les vagues font onduler ses épaules et sa poitrine avant de déferler en saccades dans toute la maison. Sursautant de son lit, Anne vient à la rescousse des parents pris de panique :

Le temps de le dire, Léonard avait téléphoné, s'était vêtu convenablement et il était prêt à partir.

« L'ambulance est en chemin, penses-tu que je devrais aller à Rimouski ? » demande-t-il à sa femme.

Bien que les ambulanciers aient agi rapidement, le temps d'attente leur parut une éternité. En vitesse, ils se mettent en route pour l'hôpital. Peu après leur départ, Véronique commence à ressentir des douleurs au ventre. Constatant que le mal persiste, elle juge nécessaire de partager ses craintes avec Anne. Par mesure de prudence, celle-ci lui conseille de garder le lit. Elle n'a que deux mois de grossesse à ce moment-là.

Léonard est de retour tôt dans l'avant midi. Figée sur le divan, Véronique le fixe droit dans les yeux. Devant le tourment qu'il perçoit chez sa femme, le regard de celui-ci balaye le plancher. Le front vieux, l'œil perdu, les mâchoires serrées par la douleur, sa femme a vite compris son désarroi et sa souffrance. Transi, il se dirige vers elle. Ils tombent dans les bras l'un de l'autre et versent toutes les larmes de leur corps.

D'une voix blanche, il lui apprend qu'Isabelle a rendu l'âme pendant le trajet. Ils se sont rendus à l'hôpital, car l'infortuné papa ne pouvait se faire à l'idée qu'elle était décédée. Selon le diagnostic de l'urgentologue, elle a avalé trop de sang qui a caillé dans l'estomac. Si l'extraction des dents avait eu lieu à l'heure prévue, ce drame ne serait jamais survenu. Les parents bouillent de colère.

La peine d'avoir perdu leur rayon de soleil est indicible. En l'occurrence, le mari se rend compte que Véronique endure des douleurs sans oser se plaindre. Homme de pondération en tout, il a écouté galoper le manège fou de ses pensées avec une anxiété grandissante. La douleur de ne jamais plus revoir le radieux sourire de leur fillette suivie de la peur de perdre l'enfant qu'elle porte se mettent au garde à vous devant Léonard comme deux soldats disciplinés devant son sens des responsabilités.

Conscient qu'il ne peut plus rien en demeurant près d'elle, il s'excuse et repart aussitôt. Il rencontre le vicaire de la paroisse qui vient de terminer la messe du matin. C'est à lui qu'il voulait s'adresser. Ces deux hommes, comme êtres humains, ont des similitudes : grands, forts, généreux et dynamiques. Regard menaçant, physique imposant et épaules carrées, démarche assurée et pesante, ce médecin des âmes l'accueille tout d'abord comme un ami qui nage en plein bonheur. Quelle ne fut pas sa surprise d'apprendre tout ce qui s'était déroulé depuis l'aube. Après avoir pleuré et déblatéré tout le fardeau qu'il portait depuis trop longtemps sans jamais oser formuler une plainte, Léonard s'arrête pour reprendre son souffle. Louis, leur vicaire est pris de compassion. Il lui met la main sur l'épaule et le regarde droit dans les yeux :

« Va t'en chez toi, c'est fini. Ta femme ne perdra pas celui qu'elle porte et elle accouchera d'un bébé en santé. Je te le promets. Ayez confiance tous les deux, tout va bien aller ! »

Il traita leur chagrin avec le baume du temps, celui de la paix intérieure.

Véronique ne bouge pas de la journée. Elle voudrait perdre conscience et s'endormir jusqu'à la fin des temps. Elle monte se coucher au deuxième étage et ne descendra que la veille de l'enterrement après le départ de tous les visiteurs. Les larmes auraient dû être taries, tellement elle en avait versé depuis trois jours, par contre, son chagrin demeurait intense. Léonard quitte la maison pour les obsèques d'Isabelle après lui avoir jeté un regard plein de douceur. Une violente tempête balaie ce rang élevé au-dessus de la plaine. Révoltée, elle crie de douleur à l'idée de ne plus la revoir.

Pendant des semaines, elle l'a cherchée. La jeune maman a perdu sa raison de vivre. Jour après jour, elle évoque le scénario qu'elle vivait en compagnie de sa fille, enfant attachante qu'elle dorlote depuis quatre ans. De manière continue, elle entend son rire joyeux et communicatif. Elle se retourne. Le ton chantant et doux avec lequel elle prononçait *Maman* était pour Véronique une vraie mélodie. Des larmes s'épanchent chaque fois qu'elle passe devant la porte de sa chambre. L'imagination, toujours fidèle, lui remémore les mêmes scènes jour après jour. Sous la chaude douillette, elle cherche en vain son joli minois. Dès l'instant où la jeune maman s'avance pour la contempler, la regarder dormir et parfois la voir sourire aux anges, un épais nuage l'enveloppe. Les soirs où le vent hurle dans les recoins de la corniche, sa douleur devient atroce et lui déchire les entrailles. C'est après plusieurs mois qu'elle parviendra à faire du rangement dans ses jouets. Le choc qu'elle a subi ne s'estompera qu'au fil des ans.

Véronique rejoint plus ou moins un état léthargique. Elle ne se soucie plus de son apparence. Il est heureux qu'on l'invite à s'asseoir à table, sinon elle ne se serait pas alimentée. La jeune femme porte en elle un regard désabusé, et des soupirs tiennent lieu de paroles. Andrée et Isabelle, ses deux filles décédées dans un intervalle de cinq ans sont parties avec un morceau d'elle-même que le moindre souvenir fait renaître chaque jour. Elle avouera, après des années, une fois que sa douleur se sera atténuée :

« J'ai eu tellement de peine à me détacher de celle que je venais de perdre que j'ai négligé les personnes qui me restaient et qui voulaient que je survive».

L'attachement qu'elle éprouve pour son cher mari avait également souffert de son grand chagrin. Cependant, l'approche de son époux n'a pas cessé d'être empreinte de toute la tendresse du monde. Témoin des déchirements de sa femme, sa compassion pour elle l'empêche d'exprimer son propre désarroi. Par respect, pas un de leurs proches n'ouvre la bouche pour attester la tristesse et le vide qui se sont installés dans la maison paternelle depuis le décès de cette merveilleuse enfant. Attachante, la gamine attirait même les personnes âgées.

Ce n'est qu'après avoir bu sa coupe jusqu'à la lie que cette femme tourne une autre page de ses 20 ans. Au fil des jours, Véronique a compris combien sa belle-sœur Paula, qui l'avait indisposée par le retard de son déménagement, a su se faire pardonner par les nombreux services rendus au cours de cette période de deuil. Plus souvent qu'autrement, la frêle maman n'avait pas le goût de faire la conversation. Néanmoins, la présence positive de Paula lui fut d'un précieux secours et l'empêcha de sombrer.

Sans chercher à comprendre pourquoi, Véronique constate qu'Anne a changé d'attitude à son égard. Elle a la sensation d'être maintenant sur un pied d'égalité avec ses filles. Un souhait que la jeune mariée avait formulé en secret quelques jours après son mariage, et qu'elle a dû enterrer après maintes déceptions. Supposant que les nouvelles dispositions de belle-maman ne soient que passagères, sa bienveillance l'intimide au lieu de lui apporter un peu de réconfort. Rien qui vaille ne réussit à amoindrir son deuil.

L'ambiance morose qui règne chez les Roy s'interrompt pour Léonard et Samuel qui participent fidèlement aux célébrations religieuses du dimanche. Entre-temps, la vie journalière de ce noyau familial se déroule dans la tristesse. Après en avoir été privé depuis longtemps, il est regrettable que Léonard soit gratifié d'un hiver de repos dans une atmosphère si peu chaleureuse. Il rejoint parfois les compagnons de cartes, mais il ne se fait jamais attendre. En entrant ce soir-là, il fait cette remarque :

« L'arôme qui flotte dans la cuisine me donne la faim, qu'est-ce que vous avez fait cuire? Ça sent tellement bon!

— C'est un rôti avec quatre sortes de viande.

La table est mise, le patriarche s'avance et chacun prend place. Anne prépare l'assiette de Samuel.

— Sais-tu qu'il y a du porc, du veau, du bœuf et du poulet, veux-tu que du veau et du poulet?

Il la regarde, insulté.

— Donne-moi à manger, puis n'oublie pas le *gravy*, dit-il.

— C'est le soir, dans ton cas, tu devrais éviter le porc.

— Donne-moi à manger, insiste-t-il, je préfère mourir le ventre plein qu'avec un estomac vide. »

Le sujet est clos pour longtemps. Le lendemain, grand-père ne chantait plus la même chanson. Au fait, il ne chantait plus du tout. Samuel est frappé d'inertie, incapable d'agir et de s'exprimer. Il est, au même titre, paralysé de terreur. Il n'a que 71 ans. En l'occurrence, la famille peut lui reprocher d'avoir été présomptueux, car tous se souviennent qu'il avait eu auparavant des signes avant-coureurs. Quelle qualité de vie attend la famille désormais?

Ce n'est sûrement pas dans cette condition que le septuagénaire souhaitait vieillir... À maintes reprises, il leur avait mentionné qu'il ne voulait surtout pas donner d'ouvrage à personne dans son vieil âge. Incapable de se mouvoir, combien longs seront les jours qui lui restent à vivre! De nombreuses questions auxquelles le docteur ne peut répondre. Le silence et la morosité qui régnaient déjà dans leur foyer s'y installent encore plus intensément. Jadis tous et chacun rayonnaient de vivacité et de vitalité, le climat actuel en dit long sur cette mélancolie qui s'est emparée de toute la famille.

Considérant que Samuel doit prolonger ses jours à la maison, Anne endosse la lourde responsabilité d'en prendre soin. Avec toute la patience que lui demande cette tâche, elle le nourrit à la cuiller comme on alimente un bambin. Le déjeuner servi au lit est suivi tous les jours de la toilette. Pendant les premiers temps, il préfère se lever et passer des journées entières dans un fauteuil. Cette position lui permet de suivre toutes les activités qui se déroulent, même à l'extérieur. Léonard apporte de l'aide pour le déplacer, le tourner dans le lit et lui donner un minimum de confort. N'empêche qu'il est souvent au travail et que sa mère doit se débrouiller seule pendant le jour.

De son côté, la bienveillante Véronique se sent coupable de ne pas être en mesure de coopérer à leur bien-être, nonobstant le fait qu'elle l'assiste quand il s'agit de déchiffrer ses signes ou son verbiage. Les heures les plus tendues surviennent lorsque le malade ne parvient plus à contrôler ses moments de découragement. Ces périodes sont fréquentes au cours de la première année. L'accident cardio-vasculaire de grand-papa a contribué à sortir la belle-fille de la torpeur. Sa sollicitude envers cet homme d'un naturel sympathique l'incite à s'impliquer auprès d'eux. À maintes reprises, elle le fera souper, afin de permettre à belle-maman de s'absenter quelques heures.

Pour Anne, ce furent sept années consécutives de nuits entrecoupées. Ainsi perturbée, son énergie est à la baisse. Jour après jour, elle lui sacrifiera néanmoins sa vieillesse dans une totale abnégation. Quoiqu'il en soit, elle accepte cette croix avec résignation. On se souvient combien elle avait été choquée et blessée de ne pas vivre leur retraite au village lors de la donation de leur bien. Chère Anne, comme tout être vivant, elle ignorait son destin. Quant à Samuel, avait-il été inspiré de vouloir demeurer avec les jeunes?

Pris dans des conditions les fragilisant, il va de soi que la présence et le soutien du jeune couple leur sont salutaires et pour le moins rassurants. Ils permettent à Anne de jouir malgré tout d'une vie distrayante et sécurisante malgré l'invalidité de son mari. Elle n'a pas à s'inquiéter de tout ce que comporte le quotidien. De surcroît, leur vie matérielle est garantie jusqu'à leur dernière heure.

Depuis leur union, Véronique et Léonard en ont vu de toutes les couleurs. Leur vie d'adulte les a placés sur une route où ils ont connu le grand amour et le pire échec que deux amoureux ne puissent prévoir. Ces jeunes mariés ont subi des épreuves et ont livré des combats qui les ont fait avancer. Tous les couples ne se retrouvent pas, au cours de leur vingtaine, confrontés à des naissances inhabituelles et à la mort de leurs premiers enfants. Dans l'atmosphère mouvementée d'un toit paternel, ils ont réalisé à maintes reprises que la vie d'adulte n'est pas un fleuve tranquille. Chaque nouvelle étape de leur vie, précédée d'une crise ou d'un choc, les a conduits à une prise de conscience. Au début de leur mariage, il avait été convenu entre elle et lui de se rallier dans leur amour et de se construire une place gratifiante au soleil. Pour y arriver, ils ont déployé temps, énergie et compréhension. Leur grand amour fut une source de courage.

Actuellement, ils traversent encore une période de doute et de questionnement. Ils ont l'impression d'avancer à tâtons. Mais, pour elle qui tient la vie familiale à bout de bras, le bonheur passe aussi par la vie à deux. Quant à Léonard, il a démontré qu'il était le pilier d'un projet gigantesque et un homme généreux. Sur le point de franchir la trentaine, une multitude de ses objectifs restent à réaliser. L'avenir se déroulera-t-il dans des eaux plus limpides? Quelle décision prendront-ils devant leur désir d'élever une belle famille, eux qui adorent les enfants plus que tout au monde? Le désir fou de construire un domaine où leurs descendants pourront fleurir là où ils auront été semés fera-t-il toujours partie de leurs ambitions? Au-delà de tous leurs rêves, leur espoir repose avant tout sur la nouvelle naissance qui approche.

FIN DU PREMIER TOME

À SUIVRE

TABLE DES MATIÈRES

Cet ouvrage, composé en caractères
ITC Garth Graphic 12/13,25
et *ITC Isadora,*
fut achevé d'imprimer sur les presses
de Marquis Imprimeur en novembre 2010.